Christian de MOLINER

Chroniques depuis mon salon

Tome 3

Les éditions du Val

2019

Tour de vis pour les chômeurs : 02.01.2019

Le mouvement des gilets jaunes est en fort recul, aussi le gouvernement montre à nouveau les dents et reprend le bâton après avoir dû distribuer des carottes. Pour éviter de trop provoquer, ils s'attaquent aux chômeurs, car, paraît-il, 80% des Français veulent qu'on serre la vis aux demandeurs d'emploi. Voilà pour le Pouvoir un bon moyen de se montrer sévère tout en prenant une mesure populaire. Les sanctions seront bien plus dures que celles qui étaient annoncées il y a 2 mois. Il faut en effet faire des économies, car M. Macron avait promis dans sa campagne électorale d'étendre le droit aux Assedic aux salariés démissionnaires et aux libéraux. Pour finir, cette promesse a été rognée aux ¾ et au mieux elle ne générera que 60000 nouveaux allocataires Il faut néanmoins la financer d'autant plus que les Assedic sont encore déficitaires et traînent une dette supérieure à 34 milliards d'euros. Pourtant, la réforme adoptée à la fin de 2017 a permis de redresser la barre.

Désormais, si un chômeur ne se rend pas à un rendez-vous chez Pôle emploi il pourra être sanctionné par un mois de suspension de ses allocations. C'est une peine moins sévère que dans l'ancien système. (On risquait 2 mois !) Mais parfois certains sont punis même s'ils ont des raisons valables pour ne pas venir. (Eux ou leurs enfants sont malades, les transports sont défaillants).

Toutes les autres sanctions ont été alourdies. Si entre 2 rendez-vous le chômeur n'a pas mis assez d'ardeur à chercher un emploi, le conseiller pourra supprimer pour un mois les allocations à la première infraction, deux mois à la seconde et quatre mois la troisième. Autrefois pôle emploi ne pouvait que suspendre, seul le préfet avait le droit de réduire les allocations. Maintenant, les conseillers chargés d'encadrer les chômeurs seront tout-puissants. Pour prouver sa bonne foi, l'allocataire devra apporter des copies des lettres et des émail envoyés. Il ne devra pas avoir postulé pour des emplois qu'il savait d'avance hors de sa portée

Si un chômeur refuse 2 offres transmises par Pôle emploi, il sera radié. Jusque-là les contraintes géographiques jouaient peu, mais la nature du contrat (CDD, CDI) et surtout le montant de la rémunération était pris en compte. Vous pouviez refuser d'être payé au SMIG si vous gagniez 6000 €. Désormais, le chômeur devra accepter ce qu'on lui propose, même en CDI, même en CDD voire en temps partiel même payé avec un lance-pierre. Et aussi hors de son champ de compétence sous prétexte que la formation professionnelle existe. Sans verser dans la caricature, si vous étiez cadre dirigeant d'une entreprise. et si vous refusez un poste de plongeur dans un restaurant de 18 h à 2 h du matin, vous ne toucherez plus rien des Assedic ! Comme l'a clamé M. Macron, il suffira désormais de traverser la rue pour trouver un emploi.

Les chômeurs qui vont se ressourcer sur les plages de la Dominique existent, mais ils sont marginaux. En revanche, nous connaissons tous quelqu'un qui passe par des boîtes d'intérim, reste chez lui le plus possible, travaille au noir et ne prend un

CDD que lorsqu'il doit recharger ses droits. Ce comportement est nuisible et il faut l'éradiquer. Pôle emploi considère que 12% des chômeurs sont dans cette configuration, les syndicats parlent de 0,4%. Je crois que 12% est plus proche de la réalité, mais dans ce chiffre on trouve beaucoup de personnes déprimées et découragées. Le tour de vis va sans doute ramener des « fainéants » sur le marché de l'emploi, mais il fera aussi beaucoup de dégâts collatéraux.

L'extension en 1990 de la charia en Grèce prouve la nocivité du scrutin proportionnel : 03.01.2019

La Grèce possède une minorité musulmane (3% de sa population). Suite au traité de Lausanne (1923) la charia a été appliquée aux seuls croyants de la Thrace et dans le domaine matrimonial, ce. En 1990, un gouvernement minoritaire, qui ne pouvait compter a priori que sur 150 députés sur 300, a « acheté » le soutien des 3 députés musulmans Thraces contre l'extension de la charia à l'ensemble des lois civiles et à tous les croyants de la péninsule Hellénique, faisant de ce fait reculer la cause des femmes. Cette décision a posé de nombreux problèmes juridiques dont l'un est monté jusqu'à la cour de justice européenne. Celle-ci vient de rendre un arrêté où il donne raison à une femme musulmane grecque à qui son mari décédé avait légué tous ses biens par testament. Pourtant, la veuve avait été privée par la cour de cassation hellène des 3/4 de la succession au profit des sœurs du défunt, cela en application de la charia. Ce seul exemple qui fait peur suffit à prouver la nocivité de la proportionnelle.

Beaucoup de pays utilisent ce mode de scrutin pour leurs élections législatives. Ils sont bien plus nombreux que ceux qui s'appuient sur le système majoritaire. Les partisans de la proportionnelle vantent son côté démocratique. On représenterait ainsi mieux les électeurs et leur sensibilité.

Cependant, à mes yeux, ce système a de nombreux inconvénients : comme aucun parti n'obtient la majorité avec ce type de scrutin, les tractations ont souvent lieu après le vote et non avant, et le pays ne choisit pas en toute connaissance de cause. Les attelages sont parfois surprenants : récemment, en Italie, la Ligue (un parti situé très à droite de l'échiquier) s'est associée au MI5, un mouvement plutôt classé à gauche ; en Grèce, Syriza (un mouvement appartenant à la gauche radicale) s'est allié avec un parti de droite nationaliste, l'ANEL. Dans ce dernier cas, une élection s'est déroulée après l'accord et les électeurs l'ont avalisé en reconduisant la coalition. Les négociations peuvent durer très longtemps avant qu'une solution (souvent bancale) ne soit trouvée. Nous en avons eu un exemple avec la Belgique qui, pendant la moitié de la précédente législature, a eu un gouvernement démissionnaire qui était chargé seulement d'expédier les affaires courantes.

L'introduction en France d'une part de proportionnelle, si elle est trop importante, risque d'avoir des effets délétères. Nous avons, en France, un parti qui se veut démocrate-musulman comme on est démocrate-chrétien. D'autres mouvements liés à M. Erdogan, le président de la Turquie, sont en voie de constitution. Avec un réservoir de près d'un million d'électeurs motivés, des partis musulmans pourraient dans notre pays obtenir 4 % des députés (soit 16 sur 400) si la proportionnelle intégrale était instaurée. Ce nombre peut paraître faible, mais dans des parlements divisés et fragmentés, ces groupes charnières seront indispensables pour obtenir une majorité comme nous l'avons vu en Grèce. Avec ce type de scrutin, nous prenons le risque qu'un groupe islamique obtienne des concessions inadmissibles pour appuyer un gouvernement : introduction du délit de blasphème, instauration de la charia sans respecter l'égalité homme-femme et application de celle-ci indistinctement à tous les croyants, même à ceux qui ne le souhaitent pas. Ne tentons pas le diable surtout que le risque est moindre avec le scrutin majoritaire.

Ils sont incorrigibles ! Ils veulent à nouveau spolier les héritages des classes moyennes : 04.01.2019

Le Pouvoir semble n'avoir rien appris du mouvement des gilets jaunes. Alors qu'il s'agit d'une révolte fiscale qui dénonce l'ampleur des prélèvements, il laisse certains milieux qui lui sont proches lancer des ballons d'essai pour augmenter encore plus les impôts sur les successions !

Rappelons d'abord que mis à part la Corée du Sud et le Japon, aucun pays au monde ne taxe autant les héritages. En France, nous avons un abattement de 100 000 € qui comprend toutes les donations déjà effectuées et qui ont moins de 15 ans. Au-dessus de 150000 € le trésor prélève 20%. Le dernier taux pour les tranches au-dessus de 1 830 000 atteint le taux faramineux de 45 % ! Dans beaucoup de pays Européens comme l'Italie ou le Portugal les frais sont nuls ou ne dépassent pas 4 % ! Nous sommes déjà une exception dans l'U.E. M. Griveaux qui dirigeait LREM avait au début de l'automne tenté d'ouvrir le débat sur un alourdissement de l'impôt sur les successions, mais le Président aurait affirmé, je cite « il faut arrêter d'emmerder les retraités » et l'affaire en était restée là.

Mais évacuée par la porte l'idée d'une plus grande spoliation revient par la fenêtre. Pour la fondation Terra Nova jadis proche des socialistes et qui a vocation désormais à se situer à l'aile gauche du macronisme, il faut baisser un peu les premiers taux et augmenter le dernier (pourtant à 45%) et surtout moduler l'abattement de 100 000. Si la part qui revient à l'héritier est inférieure ou égale à 200 000 €, l'abattement restera à 100 000 €. Ensuite, il sera réduit progressivement jusqu'à 30 000 € pour ceux dont la part dépasse 1 800 000 € !

Terra Nova prétend que ces revendications sont celles des gilets jaunes qui rechercheraient une prétendue justice sociale. Cette fondation préconise d'augmenter l'impôt sur l'héritage de 25% soit 3,5 milliards supplémentaires. Ce montant est la différence entre ce que rapportait le défunt impôt sur la fortune et le montant actuel de l'IFI qui l'a remplacé. En outre, Terra Nova préconise de ramener l'assurance-vie dans la succession. C'est impossible pour les anciens contrats du fait de notre constitution qui empêcherait ce vol pur et simple, mais cela s'appliquerait aux nouveaux : gain total 1 milliard supplémentaire. Terra Nova propose d'affecter ces 4,5 milliards au financement de la dépendance et à celui d'une mesure « sociale » : chaque jeune à 18 ans toucherait un petit capital pour lui permettre de démarrer dans la vie. Avec les sommes en jeu, son montant serait compris entre 20 000 € et 30 000 €.

Évidemment, on cherche à culpabiliser de ceux qui ont mis de l'argent de côté pour leurs enfants souvent en se privant. Pour Terra Nova, ce sont des égoïstes et des rentiers catégorie que M. Macron déteste particulièrement. Il faut selon ces provocateurs, leur faire rendre gorge.

Si ces mesures étaient appliquées, le résultat serait cataclysmique. Les « riches » fuiraient en masse notre pays pour mettre leur fortune à l'abri. Les classes moyennes qui ne peuvent s'exiler seraient volées à leur mort des économies de toute une vie. Inadmissible ! M. Griveaux a botté en touche lors de sa conférence de presse, prétendant que le gouvernement n'avait aucun projet en ce sens. Mais des sénateurs LREM réfléchissent à changer la législation. Le pouvoir lance-t-il hypocritement de nouveau des ballons d'essai ?

Taxer les classes moyennes plutôt que les « riches » : le honteux rétropédalage du pouvoir sur la taxe d'habitation : 07.01.2019

La politique du gouvernement de M. Macron devient plus en plus choquante et injuste. Le mépris des classes moyennes et la morgue du Président ont été à l'origine du mouvement des gilets jaunes, mais Le locataire de l'Élysée n'a rien appris et continue dans la même veine : pressurer les soi-disant « nantis » qui gagnent plus de 3600 € par mois.

Le gouvernement avait promis à la mi 2018 de supprimer la taxe d'habitation pour tous en 2021. Cette générosité générerait un trou de 23,8 milliards dans le budget, car en principe cette taxe aurait dû être compensée à l'euro près par l'État, les collectivités locales ne pouvant se passer de cette manne. Or, vu la façon désastreuse dont nos comptes sont tenus, cet effort apparaît comme insupportable pour nos finances exsangues. Le gouvernement a un moment agité l'idée d'augmenter la CSG ou la TVA, des impôts intéressants pour des « sérials taxeurs », car ils s'appliquent à tous pauvres comme riches et, de ce fait, rapportent beaucoup. Faire passer de 20 à 21,5% le taux de la TVA aurait suffi à compenser le déficit. Mais vu la fronde des gilets jaunes, le pouvoir n'a pas eu le courage d'affronter la colère populaire qui n'aurait pas manqué d'éclater. Il se rabat sans honte vers une autre solution : revenir sur l'exonération totale et obliger les 20% de la population les plus « aisés » à payer la taxe d'habitation. Le gain attendu sera de 8 milliards, presque autant que ce qui vient d'être concédé en décembre par M. Macron. Le ministre de l'économie, M. Lemaire a sans vergogne écarté l'idée de réintroduire l'impôt sur la fortune qui ne rapporterait que 3 milliards. Seront donc spoliés, non les millionnaires, mais les couples sans enfant qui touchent ensemble 3600 € par mois, soit 1800 € chacun. Est-on riche si on perçoit le salaire moyen ? Bien sûr que non, on continue à faire partie des classes modestes ! Mais le pouvoir n'en a cure. Pour préserver le pouvoir d'achat des 1% les plus riches, il pressure ceux qui ont un salaire à peine convenable ! À vomir ! Et comble de l'hypocrisie, il prétend s'appuyer derrière une demande des gilets jaunes, alors que jamais cette question n'a été mise en avant par le mouvement. Seul, l'ISF est réclamé à cor et à cri.

Ce maintien va faire très mal. L'état ne va compenser qu'en partie l'abandon de la taxe d'habitation. Tous les prétextes seront bons pour ne donner que la moitié ou les 2/3 des sommes promises et ces fonds ne seront concédés qu'en culpabilisant les collectivités locales, décrites par le pouvoir comme dépensières alors qu'au sommet de l'État on gaspille les deniers publics. Il manquera de 6 à 10 milliards par an aux communes et elles les trouveront en augmentant de 20% l'impôt foncier, pourtant injuste, et de 50% la taxe d'habitation pour ceux qui la payent encore : une catastrophe pour les classes moyennes dites supérieures.

Seul espoir : le conseil constitutionnel a montré les dents. Il a sous-entendu que ne taxer qu'un Français sur 5 serait contraire à nos lois fondamentales, car l'impôt doit être juste et équitablement réparti. Le gouvernement avait alors annoncé la suppression totale avant de revenir en arrière. Espérons que le conseil constitutionnel le ramènera à la raison !

Les dividendes des actionnaires du CAC 40 explosent : 10.01.2019

Les actions rapportent de 2 manières : par les plus-values sur les cours, mais celles-ci sont aléatoires et suivent des cycles : le prix des actions atteint un maximum, chute brutalement lors d'un krach retentissant, stagne à un niveau bas pendant plusieurs années avant de remonter et de retrouver les sommets d'avant crise (mais pas plus). En fait les cours sont remarquablement stables, car avec la même quantité d'or, on peut acheter en 2019 autant de titres de sociétés comme Ford ou Air liquide (compagnies qui existaient déjà il y a cent ans) qu'en 1929. Rien n'est plus faux que ce conseil sans cesse ressassé par les magazines économiques : « Achetez des actions et n'y touchez plus car vos titres finiront par s'apprécier sur le long terme ». Depuis 1964, la courbe du CAC 40 oscille autour de deux droites planes séparées par une montée qui n'est que le reflet de la forte inflation de la décennie 1980-1990. Être un rentier dormant est le plus sûr moyen de perdre une partie des fonds placés, car si les prix des actions sont stables sur 20 ans leur pouvoir d'achat diminue en fait avec l'inflation. On peut gagner beaucoup à la Bourse, à la hausse ou à la baisse, mais en spéculant et les traders des banques ne s'en privent pas. Mais pour cela il faut être un spécialiste et disposer des bonnes informations au bon moment, ce qui hors de portée de monsieur tout le monde. Ce dernier est tributaire des banques qui lui vendent des produits si peu performants que, parfois ils se replient même quand la Bourse monte ! En effet, ces sicav servent souvent aux établissements bancaires de dépotoir, c'est-à-dire qu'ils épongent les pertes des fonds réservés aux clients les plus riches (1% du total). Les banques font en effet racheter par les sicav lambda les actions baissières des produits premium alors qu'elles n'arriveraient pas à les céder dans de bonnes conditions sur le marché. Quoi qu'en dise M. Macron, avoir une assurance-vie dont les unités de compte sont libellées en actions est le plus sûr moyen de voir son capital s'éroder !

On gagne aussi de l'argent à la Bourse en encaissant des dividendes, ce qui n'est guère possible avec des sicav et n'est réservé qu'à ceux qui ont de « vraies » actions. En 2018, les détenteurs des titres cotés au CAC 40 ont touché 57,4 milliards au total (en hausse de 12,8%) pour une valorisation de 1500 milliards, soit un rendement de 3,8% avant impôts. Avec le prélèvement forfaitaire à 30% instauré par M. Macron le rendement final des actions du CAC 40 est de 2,66% à comparer aux performances des fonds en euros des assurances-vie (autour de 2% en moyenne). Ce taux est également supérieur à celui de l'immobilier locatif, sauf lorsque celui-ci s'accompagne de travaux importants.

Une partie des dividendes du CAC 40 (10,8 milliards) provient de rachats d'actions destinés à faire artificiellement les cours alors qu'à la place les entreprises auraient pu investir et obtenir un profit comparable en acquérant de nouvelles machines ou en créant de nouvelles usines, ce qui aurait vivifié toute l'économie. Rien n'est plus anticapitaliste et stérile que ces manipulations (légales) du prix des actions.

Ces bons résultats qui irritent la Gauche moralisatrice, sont néanmoins annonciateurs du krach que nous sommes en train de vivre. En effet quand les cours sont valorisés autour de 30 fois les dividendes une sévère correction se produit. Le prix des actions reflète quand le revenu de ces dernières.

Libération a-t-il raison quand il prétend que la dette n'est pas un problème ? : 13.01.2019

Libération publie sous la plume de Savinien de Rivet, un article sensationnaliste et provocateur : la dette ne serait pas (plus ?) un problème : en 2000, les recettes de la TVA représentaient 2,5 fois le montant du remboursement de la dette, alors qu'en 2018, elles sont 4 fois plus importantes. De même le poids des remboursements par rapport au PIB a diminué de 2 ,5 % en 2000 à 1,8 % en 2018. Alléluia tout va bien ! Puisque nous avons de la marge, endettons-nous encore plus et satisfaisons toutes les revendications des gilets jaunes !

Que faut-il penser de cet article ? Les économistes et hommes politiques qui ne cessent de tirer la sonnette d'alarme sur la dette sont-ils des incompétents qui se trompent du tout ou tout ?

D'abord, les chiffres donnés par M. de Rivet sont justes, mais il met de côté celui qui est le plus inquiétant : le montant de la dette est désormais proche désormais de 100% et rien ne semble pouvoir arrêter cette course folle. Ensuite, en schématisant à l'extrême, la dette se décompose en 3 : celle à court terme (6 mois à un an) dont les taux sont négatifs autour de -0.5% (ce qui veut dire que l'État s'enrichit en empruntant ! La dette à 10 ans a des taux autour de 1,5% et celle à 30 ans autour de 3%. Les taux eux-mêmes ne veulent rien dire. Il faut les comparer avec l'inflation sous-jacente. Un taux de 1% avec une inflation à 0% est bien plus coûteux qu'un taux à 10% avec une inflation à 15% ! Actuellement, l'inflation est autour de 1,5%. Donc actuellement, tout va merveilleusement bien pour la dette : les taux à un an sont négatifs, ceux qui sont à 10 ans du même ordre que l'inflation et ceux à 30 ans sont raisonnables et ne sont pas insupportables.

Mais nous sommes à la merci d'un coup de grisou. Actuellement, les prêteurs sont légion et se battent pour que la France les choisisse eux et pas le voisin. Mais la confiance est volatile et si elle est entamée, plus personne ne voudra prêter ses fonds sauf à des taux insoutenables (autour de 10%). Or notre pays est toujours à court d'argent. Il doit sans cesse emprunter (200 milliards en 2019 !). Si le robinet du crédit ne coule plus qu'au compte-gouttes, nous sombrerons corps et biens. La Grèce a connu une telle crise et a failli imploser. Récemment l'Italie a dû capituler et amender son budget comme Bruxelles le voulait, car elle empruntait à 3,8% ! Une crise violente et insurmontable peut éclater d'un moment à un autre.

Cette éclaircie sur la dette s'explique par la politique de la BCE. Celle-ci n'imprime pas des euros pour payer la dette des états mais presque. Elle prête massivement des sommes aux banques qui les fournissent aux états. La BCE rachète ensuite les titres d'emprunts aux banques. Ce jeu d'écriture est une forme de cavalerie financière qui serait une escroquerie si un organisme privé faisait de même. On ne peut absolument pas durer sur cette base et la BCE va remonter ses taux. Le château de cartes va-t-il alors s'écrouler ? Difficile de le dire car l'économie n'est pas une science exacte : on a une chance sur 2 de s'en sortir sans trop de mal et une autre que tout s'écroule. Mais ce qui est rageant, révoltant et désolant, c'est que M. Hollande et Macron n'ont pas profité de ce répit qui dure depuis 2014, pour équilibrer enfin notre budget et nous mettre définitivement à l'abri. L'Histoire les jugera sévèrement !

L'immigration chance pour la France ou fardeau économique ? : 21.01.2019

Le *Figaro* présente une étude fondamentale : 2,85 millions de jeunes entre 15 et 34 ans ne sont pas en formation dans un établissement scolaire et ne travaillent pas, bref sont totalement désœuvrés. Parmi eux 40% sont nés à l'étranger (500 000, dont 330 000 hors U.E) ou ont un parent né à l'étranger (490000). Nous avons donc 25% des jeunes issus de l'immigration qui sont inoccupés, contre 15,4% chez les natifs de natifs (nés en France de parents nés en France). Comme l'université est gratuite ou presque (contrairement à l'Angleterre), sans sélection comme en Allemagne ou en Espagne, que le bac est « donné », ces chiffres traduisent un chômage catastrophique chez les jeunes. Quand ils ont épuisé leurs deux à quatre années d'études possibles dans les facultés, ils ne trouvent aucun travail. En Allemagne il n'y a que 7% des jeunes natifs de natifs sans occupation, contre 10% des jeunes immigrés. La situation est la même dans beaucoup de pays membres de l'U.E. Beaucoup de jeunes ne trouvent pas de travail parce qu'ils n'ont aucune formation utile. Cette inadéquation au marché du travail s'explique par les faibles performances de notre système éducatif. Un jeune peut décrocher le bac tout en sachant à peine lire et écrire. La raison de ce naufrage tient sans doute à l'agitation permanente des cours. Selon une enquête réalisée, l'an dernier, nous sommes avant-derniers sur une trentaine de pays pour la discipline en cours, seulement dépassés dans ce domaine par la Tunisie. Souvent sur une heure, il n'y a que 20 minutes de cours utiles, le reste étant des rappels à l'ordre perpétuels. Comment un élève pourrait-il acquérir des connaissances dans une telle cacophonie ?

Selon l'INSEE il y a 560 000 entre 15 et 34 ans qui sont nés hors de l'U.E. soit un taux épouvantable de 56 % qui ne suivent aucune étude et sont au chômage ! D'après le même INSEE 25% des étrangers (U.E comprise) sont sans emploi contre 9% pour des natifs nés de natifs soit pour un taux de chômage de 33% pour ceux qui sont nés hors de l'U.E. (Les européens ont un taux de chômage semblable aux natifs des natifs). Une partie des immigrés finissent par trouver du travail mais tardivement après des années sans emploi. *Libération* ou *le monde* publient souvent des articles où ils nous présentent l'immigration comme nécessaire pour nos comptes sociaux : les réfugiés paieraient les retraites et les soins des personnes âgées. Tout cela est un mensonge éhonté et choquant. Nous importons en fait des personnes qui vivent des aides sociales et ne cotisent pas à la sécurité sociale. Selon des économistes cités par Douglas Murray dans *l'étrange suicide de l'Europe,* la Grande-Bretagne dépenserait 18 milliards d'euros par an pour les immigrés. Le montant doit être le même en France. Prenons conscience de cette réalité dérangeante : si nous renvoyions chez eux tous ceux à qui l'asile est refusée et si nous leur versions à vie 10% du RSA, ils recevraient plus que le salaire moyen de leur pays et nous économiserions près d'une dizaine de milliards d'euros par an ! Je ne critique pas les immigrés. Ils ont tout à fait raison de profiter de ce système et de fuir la misère de leur pays d'origine. Mais j'en veux à tous ceux qui s'illusionnent ou nous mentent sciemment à longueur de colonnes : l'immigration n'est pas une chance, mais un fardeau économique pour la France.

S'attaquer aux niches fiscales serait une idiotie ! 04.02.2019

Le pouvoir ne veut pas du retour de l'ISF, exigé pourtant par les gilets jaunes et par une majorité de Français (si on en croit les sondages). M. Darmanin qui a choisi pour l'instant de rester ministre essaye une manœuvre de diversion en mettant en avant une autre des revendications des Gilets jaunes : les niches fiscales qui coûtent à l'état 100 milliards au total dont 86 milliards pour les entreprises et 14 milliards pour les particuliers. (donc approximativement 4 fois plus que le différentiel entre L'IFI et l'ISF)

M. Darmanin parle d'abaisser le plafond maximal de 10000 € de réduction ou de mettre les niches fiscales sous conditions de ressources. Pour récupérer 3 milliards, il faudrait que le nouveau plafond ne soit que de 6000 euros ou que 40% de ceux qui payent l'impôt sur le revenu n'aient plus droit à rien.

Il existe 450 niches au total dont l'immense majorité est anecdotiques et ne concernent qu'un millier au plus de contribuables. Ce sont celles-là les plus injustes des niches fiscales, elles ne servent qu'aux fameux « riches », qu'à ceux qui ont des conseillers fiscaux pour diminuer la pression fiscale, mais les sabrer ne rapportera rien ou presque au budget. Les deux principales niches (les plus coûteuses) concernent les emplois à domicile et les aides à la construction. Toucher à la première serait une catastrophe pour les jeunes parents ou les personnes âgées. Comment rémunérer alors nounous et garde d'enfants et financer les personnes qui aident les seniors à rester chez eux ? Réduire d'une manière ou autre la prise en charge du travail à domicile serait une idiotie sans nom qui pour finir coûterait deux fois plus que les économies apparentes qu'elles généreraient. Beaucoup de personnes âgées n'auraient d'autre choix que d'aller en EHPAD, ce qui revient 3 fois plus cher à la collectivité que le maintien à domicile. De même, le travail au noir des nounous et des femmes de ménage exploserait et il y aurait moins de rentrées pour les comptes sociaux et pour l'impôt sur le revenu, bref une catastrophe économique. M. Hollande avait déjà tenté une première réduction de cette aide. Les députés socialistes de l'époque rétorquaient à ceux qui s'inquiétaient des effets de cette coupe de crédits « les ménages aisés peuvent payer ». En réalité, les « riches » ont licencié en masse ou fait basculer leurs employés dans le travail gris (seule une partie des heures effectuées est déclarée) et M. Hollande a dû revenir sur ces coupes sauvages.

S'attaquer aux aides à la construction serait également une bêtise. Tous les dispositifs successifs (Pinel, de Robien, Denormandie) rapportent en fait au trésor plus qu'elles ne coûtent, car ils stimulent la construction, emploient 100 000 personnes dans le bâtiment, font entrer la TVA dans les caisses de l'état et pour finir permettent de loger des millions de personnes dans de bonnes conditions, dans un pays où l'habitat indigne est si répandu !

M. Darmanin est loin d'être bête et sait tout cela. Ses propos sont sans doute de circonstance et il ne réformera les niches que d'une manière symbolique, car aucune autre politique n'est possible

Le gouvernement veut alourdir les impôts : 19.02.2019

Le pouvoir macronien est incorrigible. Alors que la fronde des Gilets Jaunes témoigne d'un ras le bol fiscal général, le gouvernement cherche à augmenter les impôts après avoir concédé dans la panique 11 milliards. En effet, le déficit serait de 3,2% du PIB en 2019 au-delà des 3% imposés par Bruxelles, mais ces prévisions sont basées sur une croissance de 1,7% en 2017, qui paraît bien aléatoire alors que l'Allemagne n'escompte qu'une faible progression de 1% et que l'Italie est en récession. Contre toute logique économique le pouvoir réfléchit à alourdir les prélèvements sans explorer la voie la plus sensée : baisser (intelligemment) les dépenses comme a su le faire David Cameron en G.B en 2010. Tous, du ministre au Président, sont allés de leur petite contribution dans ce concours Lépine de l'augmentation des taxes. On émet une idée, on teste les réactions. Si elles sont trop vives, on prétend que cette piste ne sera pas mise en pratique.

M. Macron a bondi sur une contribution d'un participant au grand débat qui proposait de taxer les plus-values sur la résidence principale en se basant sur l'exemple de Bordeaux où l'arrivée du TGV a fait augmenter le prix de l'immobilier. Mais 99,5% du territoire n'est pas concerné par ce phénomène. En outre, l'impôt sur les plus-values immobilières est l'un des plus injustes qui soient : si on revend moins de 5 ans après l'achat, on n'a pas le droit de déduire les travaux engagés et on est donc taxé à 30% sur le montant de ceux-ci ! En outre, si vous avez acheté un bien 200 000 € et que vous le revendez 216 0000 € après 8 ans soit le même prix que vous l'avez acheté compte tenu d'une inflation à 2%, (donc vous n'avez fait en réalité aucun bénéfice !) vous paierez néanmoins 1800 € de taxes ! Selon M. Lemaire, ne seraient pas visés les logements à 100 000 ou 200 000 € ! Ceux qui sont à 250 000 € seraient -ils dans le collimateur ? Les classes moyennes seront-elles encore une fois sacrifiées ?

On reparle également, mais sans insister d'instaurer un impôt sur les loyers fictifs pour les propriétaires de leur habitation principale ou d'augmenter l'impôt sur les successions, M. Darmanin suggère de baisser les niches fiscales (pas toutes !) pour les plus riches, c'est-à-dire les classes moyennes (ce qui revient à augmenter leurs impôts) mais il a été désavoué par M. Macron. On s'acheminerait plutôt vers une réforme du crédit d'impôt pour l'emploi à domicile qui deviendrait une aide directe, mais rien ne garantit que la ristourne restera à 50% et qu'elle ne sera pas réduite à 30% ou 25% notamment si le gouvernement se contente de baisser les charges sociales. On parle également d'augmenter la surtaxe de 3% sur les revenus soumis à la tranche de 45% de l'I.R pour un montant de 700 millions. Reste la solution la plus cynique : remettre la taxe carbone ! Mme Brune Poirson vient de l'évoquer et d'autres ministres ont applaudi à cette suggestion, comme si le mouvement des gilets jaunes n'avait jamais eu lieu. Gain attendu 2 à 3 milliards.

Le pouvoir prétend vouloir taxer les plus riches, mais quand on regarde de plus près les solutions évoquées toutes sauf une, s'appliqueront sur les classes moyennes voire sur l'ensemble de la population. Ragaillardi par les sondages M. Macron revient à ses vieilles recettes. Peut-être n'a-t-il rien appris de ses déboires ?

Un rapport sénatorial pointe les dysfonctionnements de pôle emploi : 20.02.2019

Une commission sénatoriale vient de se pencher sur le fonctionnement de Pôle emploi, né il y a 10 ans de la volonté de Nicolas Sarkozy de fusionner les Assedic, chargés de rémunérer les chômeurs, avec l'ANPE dont le but était de leur trouver un emploi. Les sénateurs trouvent que ce rapprochement a été une réelle avancée, qu'il était justifié, que Pôle emploi est moderne, plutôt réactif et agile (c'est le terme employé même s'il est un peu étrange). Cependant, son efficacité est médiocre, puisque 18 mois après l'inscription à pôle emploi, seuls 55% des chômeurs ont retrouvé un emploi et donc 45 % sont entrés dans la spirale du chômage de longue durée dont il est très difficile d'en sortir. Un trop grand trou entre deux emplois est stigmatisant vis-à-vis des entreprises. Qui serait prêt à employer quelqu'un qui est resté si longtemps éloigné du monde de l'entreprise ? Dans d'autres pays les organismes similaires à Pôle emploi sont plus efficaces, mais les conditions imposées sont souvent bien plus drastiques que chez nous avec une obligation de prendre un travail même si la rémunération est faible et si le nouvel emploi est loin du domicile du chômeur. M. Macron a décidé qu'il en serait de même en France dans les prochains mois et, sans doute, le taux de 55% va monter en flèche, mais au prix d'un certain dumping social. Être licencié d'un poste de cadre à 4000 € par mois et être contraint au bout de 8 mois de prendre un emploi de plongeur à mi-temps à 800 € mensuel sous peine d'être viré de Pôle emploi est dévalorisant et humiliant. Que le chômeur soit obligé d'accepter une forte décote même en début de droits est normal, mais il y a des limites ! Et un tel déclassement social ne se justifie qu'en fin de droits si le chômeur a continué à rechercher inlassablement sans se décourager, car Il vaut mieux alors travailler qu'être au RSA. Le tout est une question délicate d'équilibre entre efficacité et justice sociale.

Le rapport préconise d'arrêter les réductions d'effectifs à Pôle emploi. En 2019, on va encore supprimer 800 postes sur un total de 50000. Les agents ont désormais un trop grand nombre de demandeurs d'emplois à gérer et ils ne peuvent plus leur apporter une aide efficace. Ils sont en outre stressés, car leur hiérarchie leur met la pression pour obtenir des résultats sans leur donner les moyens d'accomplir leur mission. Les gains obtenus avec la compression de la masse salariale à Pôle emploi sont des fausses économies, car ils ne compensent pas les allocations aux demandeurs d'emploi qu'il faut continuer à verser. Beaucoup d'entre eux en effet restent au chômage faute d'un soutien efficace.

Les sénateurs s'interrogent aussi sur les recours aux opérateurs privés, car une très grande opacité règne sur ces contrats. les parlementaires réclament un audit exhaustif sur les modalités de ces recours à la sous-traitance afin qu'elles soient plus transparentes qu'aujourd'hui. Ils ne remettent pas en cause ce système, car a priori il peut apporter une vraie aide aux demandeurs d'emplois.

Enfin, le rapport préconise d'ouvrir le conseil d'administration de Pôle emploi à d'autres mandataires qui seraient des experts du recrutement, des réels connaisseurs du monde de l'entreprise ou des hommes de terrain. Actuellement sur 19 membres, 10 sont des syndicalistes ou des représentants patronaux.

La proportionnelle est antidémocratique : 21.02.2019

Une grande partie des Gilets Jaunes ainsi que Mme Le Pen et M. Mélenchon exigent qu'on instaure la proportionnelle, de préférence intégrale. Éventuellement Mme Le Pen concède qu'on pourrait l'assortir d'une prime au vainqueur. Pourtant, ce type de scrutin présente de nombreuses tares.

D'abord, évacuons le principal reproche qu'on fait au scrutin majoritaire : en quoi est-ce démocratique que tous les mouvements minoritaires aient un ou plusieurs représentants au Parlement ? Un député d'opposition n'a que peu de pouvoir (si on excepte les commissions d'enquête, mais je reviendrai sur ce point ultérieurement). Que le rassemblement national dans l'opposition ait 8 ou 140 élus ne fait guère de différence. Il suffirait de changer le règlement de la première chambre et d'autoriser les groupes parlementaires à partir de 5 membres pour que le R.N ait les droits qui lui font défaut actuellement. (Comme pouvoir s'exprimer systématiquement sur les projets de lois.)

Pour renforcer la démocratie, pourquoi ne pas réformer plutôt le mode de scrutin du Sénat ? Le système actuel n'a guère de sens (un corps électoral de grands électeurs peu représentatifs, la proportionnelle à partir de 3 sénateurs). Le mieux serait d'élire la deuxième chambre le même jour que l'assemblée nationale à la proportionnelle intégrale, sans compliquer le scrutin puisqu'il suffirait d'obliger chaque candidat à se rattacher à une liste nationale. Les électeurs du premier tour qui voterait pour lui donnerait également une voix à la liste qu'il aura choisie pour le sénat. Si on excepte les révisions constitutionnelles, le seul pouvoir effectif du Sénat est sa faculté de créer des commissions d'enquête, aussi il serait judicieux que tous les courants de pensée politiques aient le droit de contrôler par ce biais la politique du gouvernement.

Les méfaits de la proportionnelle pour la première chambre sont multiples et je vais en citer quelques-uns. Depuis la fondation d'Israël, les laïcs sont majoritaires et tous les sondages montrent que 65 % des israéliens souhaiteraient instaurer un mariage civil. Il est fréquent que des couples soient obligés d'aller à Chypre pour s'unir, car les autorités religieuses de ce pays refusent de célébrer le mariage (C'est le cas pour un juif qui voudrait épouser une musulmane sans renier sa foi) Mais les partis religieux qui sont des partenaires obligés pour toutes les coalitions empêchent toute adoption d'un état civil laïque et Israël est toujours régi par le système des millets hérités de l'Empire ottoman. La démocratie est bafouée.

En Espagne une grande manifestation des partis de droite vient d'avoir lieu dimanche, car on craignait que le gouvernement minoritaire socialiste ne passe un accord avec les nationalistes catalans : l'adoption du budget contre un referendum légal d'auto-détermination pour la province sécessionniste. Le P. S a reculé sur ce point, mais la crainte a été vive.

En 1991, en Grèce, le parti de droite au pouvoir n'avait qu'une majorité étriquée de 150 députés sur 300. Il s'est allié avec un petit parti musulman thrace qui lui a apporté son soutien en échange de l'adoption de la charia obligatoire pour tous les fidèles de Mahomet et pour l'ensemble des lois civiles. De 1923 (date du traité de Lausanne) jusqu'en 1991, seuls les mariages des musulmans thraces étaient régis par la législation islamique. Récemment en décembre 2018 une croyante grecque a dû aller jusqu'à la cour européenne de justice pour pouvoir hériter de son mari, car les tribunaux de son pays l'obligeaient à suivre la charia alors qu'elle et son défunt époux voulaient que la législation commune s'applique à leur cas.

Ce qui s'est passé à Athènes pourrait se reproduire en France. Si nous instaurions la proportionnelle nous risquerions d'avoir des députés islamistes purs et durs. Comme cet électorat se mobilisera plus que l'ensemble des Français, nous aurions sans doute 16 députés intégristes sur 400 (On estime à un million et demi le nombre de musulmans rigoristes en France). Ce chiffre peut paraître faible, mais dans un parlement morcelé les islamistes formeraient un parti charnière qui proposerait son appui pour gouverner en échange de l'adoption de la charia (comme en Grèce) et d'une loi sur le blasphème. Le risque est réel et la Belgique et les Pays Bas sont déjà confrontés à ce problème. Avec le scrutin majoritaire à deux tours, les chances qu'un musulman rigoriste soit élu sont infimes.

Avec la proportionnelle, on ignore quelle politique sera appliquée. On vote dans le brouillard puis les partis ouvrent des négociations et discutent (longtemps) du programme à appliquer. Le peuple est donc dépossédé de l'essentiel de ses prérogatives et c'est une caste d'intermédiaires qui décide à sa place. On l'a vu en Belgique lors de l'avant-dernière législature. Pendant la moitié de celle-ci, comme les partis étaient incapables de s'entendre, un gouvernement démissionnaire sans aucun pouvoir est resté en place. Aucun projet de loi important n'a été adopté. En Espagne en 2016 aucune majorité claire n'est apparue malgré deux votes successifs. Le Parti populaire a d'abord gouverné avant de laisser sa place au parti socialiste tout autant dépourvu de majorité que lui. Les gouvernements ibériques successifs sont impuissants et les lois sont votées au gré de coalitions hétéroclites. Est-ce vraiment cela la démocratie ? Une forme de loterie, où le chantage est roi ? En Suède, en 2018, la droite populiste a fortement progressé et le parti social-démocrate a été désavoué. Après six mois d'obscures tractations, la gauche a été maintenue au pouvoir contre l'avis de la population et continuera sa politique pro migrants alors que celle-ci est vomie par la majorité des suédois. En Italie plusieurs mois de discussions ont abouti à une alliance entre la Ligue placée à droite de l'échiquier et le mouvement MI5 à gauche. Mais en aucun cas les électeurs n'avaient voté pour cet attelage qui leur a été imposé. Est-ce vraiment démocratique qu'un pays découvre après un scrutin comment il sera gouverné ?

Autre défaut de la proportionnelle (moindre néanmoins), les apparatchiks, c'est-à-dire des personnes sans charisme particulier, mais douées pour les intrigues en tout genre et qui peuplent les états-majors de tous les partis, sont élus députés malgré leur impopularité. En outre, on est souvent apparatchiks de père en fils (ou fille) voire comme en Belgique de grand-père puis de père et enfin de fille ! Dans un scrutin à deux tours des fils de Président de la République ou de ministres sont parfois élus, mais ils ont alors une incontestable légitimité démocratique.

Bien sûr, pour éviter l'instabilité liée à la proportionnelle, on peut donner une prime au vainqueur. La seule qui soit efficace est celle qui dépasse 33% voire 40% des sièges. En Grèce, en Espagne, une prime de 25% a été insuffisante pour assurer une majorité. Mais les différences entre une prime de 40% et le scrutin majoritaire sont infimes et au moins le second mode d'élection élimine les apparatchiks trop impopulaires.

Si la proportionnelle était instaurée en France avec une prime de 25% de députés au vainqueur, le pays serait probablement ingouvernable. Si LREM l'emporte, ce parti n'aura pas bien entendu la majorité (aucun mouvement ne l'aura). Ses seuls alliés possibles, le modem, l'UDI et AGIR seront marginalisés avec une quinzaine de députés à eux trois. LREM ne pourra pas se rapprocher du P.S qui lorgnera à Gauche. Il devra se tourner vers LR mais rien ne dit que le parti de droite acceptera une alliance, car sur l'immigration les programmes de deux mouvements sont très différents. Si le rassemblement national l'emporte, Mme Le Pen ne trouvera personne mis à part Dupont-Aignan pour lui tendre la main et elle ne pourra mettre sur pied aucun gouvernement stable.

Mme Le Pen devrait plutôt soutenir le scrutin majoritaire à deux tours si elle souhaite un jour gouverner. Son mouvement s'approche des 30% des voix, ce qui serait suffisant pour obtenir par le biais dans un scrutin à deux tours la majorité à la chambre.

Les marches pour le climat des étudiants sont des mascarades pathétiques : 25.02.2019

C'est maintenant une habitude. Tous les vendredis après-midi, lycéens et étudiants sèchent les cours (avec l'approbation tacite de leurs enseignants) et défilent dans les rues sous le prétexte fumeux d'interpeller le gouvernement et de le forcer à lutter *réellement* contre le réchauffement climatique. Rien n'est plus pathétique que ces cortèges de jeunes vociférant des slogans sans queue ni tête et brandissant des petites pancartes de carton où sont écrit des jeux de mots dont le but est de faire le buzz et d'attirer les caméras. Passer à la télévision est *too much.*

D'abord, contrairement à ce que prétendent les médias, le réchauffement climatique ou du moins les thèses extrémistes du GIEC sont loin de faire l'unanimité chez les scientifiques. En fait, il existe un consensus de fait sur les points suivants :

La concentration du CO2 dans l'air augmente depuis 1880. Il contribue peut-être à l'effet de serre, mais un doute subsiste à la fois sur le mécanisme en jeu et sur l'ampleur de ses effets ; en tout cas, le gaz carbonique a un grand avantage : il dope les cultures. Grâce à lui, les famines ont été circonscrites et celles qui restent sont dues surtout aux guerres et à la mauvaise gouvernance.

Les températures ont descendu de 0.5° entre 1940 et 1970 puis sont remontées de 1,15 ° entre 1970 et 2018. On serait sur une sorte de plateau et les années records sont dues au phénomène El Nino. Les températures vont-elles se stabiliser ? Grimper doucement ou s'emballer comme le craint le G.I.E.C ? L'avenir nous le dira, mais en tout cas tous les modèles mis au point par le G.I.E.C se sont jusqu'à présent révélés faux.

La centaine de milliers de marégraphes disséminés sur toute la planète sont formels : la mer monte doucement et il n'y a rien de catastrophique pour l'instant. La submersion de villes côtières n'est pas d'actualité. Tout dépend en fait des conditions locales, des courants et de la fréquence de tempêtes. Des côtes rongées par l'érosion reculement fortement, des plages au contraire s'agrandissent. L'avancée des océans va peut-être s'accélérer dans les années qui viennent, mais la plus célèbre prédiction du G.I.E.C faite en 1995 : la submersion de Tuvalu ne s'est pas produite. L'île s'est même agrandie

La presse s'est faite l'écho de prédictions apocalyptiques sur les banquises du Groënland et de l'Antarctique. En les lisant, le lecteur pouvait croire que dans deux ans une grande part d'entre elles aurait disparu. Des articles plus mesurés ont été publiés par la suite : le péril n'est pas imminent. Il faut juste surveiller le phénomène et effectuer des mesures précises sur des périodes plus longues. Ce type d'études alarmistes a souvent des explications terre à terre. Des laboratoires cherchent des financements. Pour que les pouvoirs publics leur avancent des fonds, ils prétendent avoir déniché un problème crucial pour l'Humanité et ils accentuent leurs conclusions en choisissant avec soin le vocabulaire employé pour affoler l'opinion, alors qu'en réalité ils savent très bien que le danger n'est pas bien grand. Pour en revenir à la banquise qui recouvre l'Antarctique, d'autres scientifiques se demandent même si elle ne progresserait pas du fait des fortes chutes de neige qui se produisent au centre du continent !

En résumé, il convient d'être prudent. Il se peut que le G.I.E.C ait raison, mais cette hypothèse n'est pas la plus probable. Il se peut qu'on assiste à un réchauffement modéré qui pour finir sera en 2100 de 1,5 ° par rapport à 1940. Il se peut même que les températures baissent dans le futur (Personnellement, je n'y crois pas)

Les cortèges du vendredi sont donc absurdes. Ils résultent d'une manipulation de l'opinion, entreprise par des gens sincères qui se trompent de bonne foi tandis qu'en coulisses s'agitent des lobbies industriels qui s'enrichissent avec la priorité économique accordée à « transition écologique, Ces manifestations sont aussi des rassemblements « mystiques ». Il y a deux siècles, on organisait de grandes processions en brandissant des croix et en hurlant. « Dieu, pardonnez-nous nos péchés ». Les marches pour le climat procèdent du même mécanisme expiatoire. Ce sont avant tout des cérémonies religieuses.

En outre, les jeunes participants à ces meetings sont souvent hypocrites. Ils réclament des mesures concrètes, mais ils refuseraient énergiquement celles qui feraient réellement baisser la quantité de CO_2 émise par la France. Il faudrait en effet interdire totalement l'avion, les croisières, revenir aux voiliers et aux trains, augmenter le prix du carburant jusqu'à un niveau tel que les consommateurs effrayés diviseraient par deux leurs déplacements. Pour ces jeunes bobos habitués depuis leur enfance à un certain confort, l'addition leur semblera vite trop lourde : ils n'auraient plus droit à vacances en Dominique ou en Grèce, aux échanges Erasmus, aux séjours de six mois aux USA. Nous arriverions peut-être avec cette politique écologique extrémiste et totalitaire à abaisser les rejets de CO_2 de 30% (mais rien n'est sûr). En tout cas, toutes les autres mesures seraient trop cosmétiques pour avoir une quelconque influence. Or d'après M. Gervais, auteur de *l'urgence climatique est un leurre* avec 30 % de baisse des émissions de gaz carbonique, les températures mondiales diminueraient de 0.01 ° ! Cela vaut-il vraiment 6 millions de chômeurs ?

Il serait temps que M. Blanquer fasse preuve de fermeté. Manquer des cours pour une raison vaseuse et peu convaincante est inadmissible. Et même si nous étions menacés réellement par un réchauffement catastrophique (ce qui n'est pas le cas), se priver volontairement de « savoir » est un acte absurde (stupide ?), une forme de suicide. On a besoin d'ingénieurs, de biologistes, d'archéologues, de géologues, d'économistes pour surmonter la fin du pétrole et pour faciliter le passage à des énergies propres.

L'euro aurait fait perdre 56000 € par Français en 20 ans : 28.02.2019

Une étude récente vient de jeter un pavé dans la mare : l'euro aurait fait perdre 56000 € par Français en 20 ans. Avant de s'affoler et de rêver à ces 56000 € qu'on aurait pu dépenser si la monnaie unique n'avait pas été adoptée, revenons à la façon dont l'enquête a été menée et regardons ce qui se cache derrière ce chiffre de 56000 €.

D'abord, les auteurs de l'étude reconnaissent eux même qu'elle est empirique. Ils ont reconstitué l'évolution des PIB de chacune des nations participant à l'euro si elles n'avaient pas adopté la monnaie commune, en utilisant des algorithmes, en se basant sur ce qui s'était produit dans le passé et en tenant compte de l'évolution des pays restés à l'écart de l'euro. Rien ne dit que dans la réalité, tout se serait passé ainsi ! On peut même en douter sérieusement : les auteurs de l'enquête ont utilisé les mêmes algorithmes qui servent à anticiper l'évolution du PIB de l'année suivante ; or, il y a toujours une différence entre les prédictions et les chiffres réels (de l'ordre de 0.2% à 0.5%). Le décalage entre l'évolution sur 20 ans et la réalité serait sans doute énorme au point que les chiffres annoncés par l'étude n'ont guère de sens.

Si la France n'avait pas opté pour l'euro, elle aurait sans doute depuis 20 ans connu 1 à 2 dévaluations qui auraient dopé sa compétitivité, renchéri les importations, ce qui aurait favorisé la consommation de produits fabriqués en France, mais augmenté sensiblement le coût de l'énergie.

Selon l'étude, le PIB des Allemands et des Néerlandais aurait moins progressé sans l'euro (−24000 € et −21000 € par personne) celui des Grecs serait le même. Il y aurait eu peu de différences pour les Belges et les Espagnols, mais les Portugais ont perdu 40000 euros, les Français 56000 € et les Italiens 70000 €. Les gains entre pays ne compensent pas les pertes. La monnaie unique bride plus ou moins fortement la croissance pour 80% de ses utilisateurs.

Que chaque Français ait perdu 56000 €, signifie que la somme des différences de PIB a sur 20 ans atteint 3600 milliards. Ce chiffre paraît effrayant, mais un rapide calcul montre qu'il correspond à une perte de 0.3 % de croissance en moyenne par an, ce qui n'est pas rien quand le PIB croit généralement à 1,5% par an, mais n'est pas une déroute. D'autre part, nous ne serions pas vraiment plus riches individuellement si nous avions refusé l'euro. Sans doute, la France serait moins endettée et donc le gouvernement aurait plus de marges de manœuvre pour la redistribution. Mais nous n'aurions pas chacun 56000 € de plus sur notre compte en banque. D'autres nations ont un niveau de vie équivalant au nôtre avec un PIB par habitant largement inférieur ou largement supérieur. Le produit intérieur brut est déconnecté de la richesse individuelle.

Faut-il supprimer l'euro ? Son abandon induirait sans doute une grave crise économique : les PIB des nations qui reviendraient à une monnaie nationale se contracteraient fortement avant de rebondir un peu. En fait la monnaie unique est comme un train sans frein. Il aurait mieux valu ne pas monter dedans, mais une fois qu'on est à bord, il faut patiemment attendre que le convoi s'immobilise de lui-même. On risquerait sa vie à sauter en marche.

Un précurseur oublié de l'écu et de l'euro, l'Union Latine : 04.03.2019

L'idée de stabiliser les cours des monnaies les unes par rapport aux autres pour fluidifier les échanges économiques est ancienne. La première tentative, l'Union Latine date de Napoléon III. En effet, une convention monétaire a été signée le 23 décembre 1865, entre la France, la Belgique, la Suisse et l'Italie (en fait le royaume du Piémont-Sardaigne). La France avait alors un système monétaire dit du Franc Germinal, car il avait été institué par la loi 18 germinal an III (7 avril 1795) complétée par celle du 7 germinal an XI (27 mars 1803). Ce Franc germinal était peu ou prou équivalent au sol tournois du temps des rois, qui était le vingtième de la pièce de base, la livre tournois, et qui correspondait à 4,22 grammes d'argent fin soit environ 0,35 grammes d'or car 12 g d'argent valait sous les rois 1 g d'or. Le Franc germinal valait lui 4,5 g d'argent et 0.29025 gramme d'or, car l'État avait profité de ce changement de monnaie pour procéder à dévaluation, vu qu'un gramme d'or correspondait désormais à 15,5 g d'argent. Le système était bimétalliste, car l'or et l'argent avait cours légal. Ce principe a permis une grande stabilité de l'économie pendant tout le dix-neuvième siècle sans brider la croissance. Mais ce système avait des défauts. En effet, la ruée de l'or en Californie (1848) puis en Australie (1850), a augmenté la quantité de ce métal dans ce marché. Par contre-coup la plus grande rareté relative de l'argent modifiait le rapport entre les deux métaux. La valeur physique de l'argent dépassait son cours légal, il devenait intéressant de fondre les monnaies d'argent. Il y avait donc un effet de thésaurisation et un désordre monétaire : on cessait d'émettre des pièces en argent : la France a produit 0.16 millions de pièces d'argent en 1865 contre 54,4 millions en 1856. D'autres pays diminuaient le taux d'argent dans leurs pièces.

Aussi pour rétablir la confiance, une convention monétaire s'est réunie à Paris en 1865. Elle a décidé de limiter le nombre de pièces émises par un pays à raison de 6 francs par habitant, l'émission de billets de papier et des pièces de menues monnaies en cuivre restant libres. Chacun des pays signataires gardaient son nom de monnaie, (Franc pour la France, la Suisse et la Belgique, lire pour l'Italie, drachme pour la Grèce) mais ils ne pouvaient émettre que des pièces d'or de 100, 50, 20, 10 et 5 unités (avec pour chacune un poids imposé en or) et des pièces d'argent de 5, 2, 1, 0.5 et 0.2 unités avec également un poids imposé en argent. La frappe était libre et leur pouvoir libératoire illimité, c'est-à-dire que tout particulier pouvaient apporter or et argent pour être transformé en monnaie et était obligé d'accepter en paiement les pièces de métal. Les signataires se sont donc alignés intégralement sur le système français.

Il s'agissait donc d'une véritable union monétaire pour les pièces en tout cas, puisque celles d'un membre de l'union étaient acceptées comme paiement chez tous les autres signataires et que le titre et le poids en métal étaient rigoureusement les mêmes d'un pays à l'autre. En 1867, s'est tenu à Paris un congrès universel où un grand nombre de pays européens, l'Empire Ottoman, les États-Unis et la Russie décidèrent d'adopter un système international basé sur la pièce de 5 francs-or et ses subdivisons. Cependant, l'Angleterre et la Prusse dépourvues de banques centrales firent capoter ce congrès et empêchèrent l'audacieuse création d'un système monétaire mondial, unifié et universel. Néanmoins, l'Union Latine s'est élargie. Au plus fort de son expansion elle concernait 32 pays. En effet, la Grèce s'est jointe à elle en 1868. L'Autriche Hongrie, la Suède, la Russie, la Finlande, l'Espagne se sont liés par des accords bilatéraux. D'autres se sont alignés unilatéralement sans signer de traité (Serbie, Venezuela,

Argentine, Chili, Pérou, Brésil). En 1868, la convention de Vienne a unifié les tarifs télégraphiques en prenant le Franc comme unité de base.

Les variations du prix des métaux sur les marchés ont créé des problèmes à l'Union Latine. Si le prix de ce métal était inférieur au prix légal, les particuliers l'amenaient à la frappe pour qu'il soit transformé en monnaie et empocher la plus-value. Cette entrée dans la circulation monétaire contribuait à accroître le prix du métal sur le marché libre, ce qui rétablissait l'équilibre. Si au contraire le prix du métal sur le marché libre était supérieur au cours légal, on thésaurisait les pièces et on les fondait faisant baisser en retour le prix du métal. Malgré ces mécanismes d'autorégulation, le système n'a pas supporté l'introduction massive du métal argent dans les années 1870 suite à l'ouverture de mines dans le Nevada. Les États-Unis ont brutalement abandonné la frappe de l'argent en 1873. L'Union Latine a d'abord introduit un contingentement des frappes de l'argent en 1874, avant de suspendre la frappe de monnaies d'argent en 1878 avec le métal amené par des particuliers. En 1885, on a décidé de rembourser en or les écus d'argent, ce qui revenait à supprimer le cours légal de ce métal. En 1893, on a renoncé à l'intercirculation des monnaies d'argent italienne puis, en 1908 à celles du royaume de Grèce. L'Union Latine est donc passée d'un système bimétalliste au monométallisme et à l'étalon-or.

La première guerre mondiale a ruiné l'Union Latine. Les belligérants ont vendu leur or pour financer le conflit et émis beaucoup de billets papiers. En outre, la France a introduit le 5 août 1914, le cours forcé des billets et suspendu la convertibilité des monnaies en or. En conséquence, les cours des monnaies de l'Union ont fortement divergé entre elles, alors qu'elles étaient restées stables jusqu'alors. D'autre part, le cours de l'argent-métal a fortement fluctué après le conflit. Après 1918 on essaya divers subterfuges pour prolonger l'Union, mais la frappe des monnaies d'argent devenant trop déficitaire, la France cessa d'en émettre, désorganisant son système monétaire et obligeant les chambres de commerce à frapper des monnaies de nécessité. De guerre lasse, la Belgique dénonça en 1925 la convention de 1865 qui prit fin le 1 janvier 1927.

Malgré les apparences, cette union latine a été un grand succès et n'a succombé qu'après le cataclysme économique qu'était la Première Mondiale. Certains économistes estiment même que nous pourrions remettre ce système au goût du jour, car il permet une croissance régulière et rend le crédit sain. Sans revenir à la circulation de pièces d'or, tous les pays pourraient en frapper quelques-unes, dont le poids en or serait le même partout et créer une deuxième monnaie stable, qui serait thésaurisée et permettrait de régler nos dettes en confisquant une partie de l'inévitable spéculation qu'elle créerait. Elle pourrait également être utilisée dans les échanges économiques pour les rendre plus sûrs et éviter les problèmes de change. En outre, nous ne connaîtrions plus les problèmes de variations trop importants des métaux sur les marchés libres comme on en a connu avec la découverte de nouveaux gisements, car on ne produit désormais que des quantités faibles d'or et d'argent.

La taxe sur les ordures ménagères va-t-elle remplacer la taxe d'habitation ? : 06.03.2019

Un vent de fronde souffle sur la France et la taxe sur les ordures ménagères est contestée par les malheureux contribuables. Certes personne ne met en cause son existence et chacun doit être incité à produire le minimum de déchets. Cependant, dans un certain nombre d'agglomérations des collectifs vont devant les tribunaux pour contester le montant de la facture d'enlèvement des ordures, jugé opaque ou est excessif. 5000 recours ont été déposés contre la TEOM un des trois modes possibles de prélèvement et 2000 sont encore en cours. Souvent la Justice est allée dans le sens des plaignants en se basant sur un avis du conseil d'État qui affirme à deux reprises que la TEOM ne doit, en aucun cas, servir au financement du budget général. Du coup les villes de Livry-Gargan et d'Aubières poursuivies par des hypermarchés ont dû baisser leurs taxes. De même la Canol une association lyonnaise attaque chaque année depuis 2011 le taux de la TEOM de Lyon et obtient gain de cause. Des entreprises qui ont demandé le remboursement intégral de la taxe l'ont obtenu et la Canol a décidé de mener une action groupée pour qu'il en soit de même pour les particuliers. Selon le vice-président de la Canol 400 millions d'euros auraient été indûment extorqués aux contribuables lyonnais.

Remplir les caisses communales par le biais de la TEOM est tentant alors que la taxe d'habitation est supprimée et que l'État diminue sa dotation. En effet, cette taxe s'applique indifféremment à tous, locataires comme propriétaires sans dégrèvement possible ne dépend que des bases locatives et nullement de la composition de la famille occupant le logement. Augmenter chaque fois la TEOM au maximum que le permet l'État, même quand les dépenses pour les traitements des ordures sont stables permet rapidement de se constituer un magot. Il vaut mieux prélever indûment 10 € sur les 5000 foyers d'une commune que légalement 100 € sur 450 familles, les autres étant exonérées pour une raison ou une autre. Taxer les pauvres est toujours rentable.

Cela risque en outre d'empirer ! Car se met doucement en place la REOMI (redevant d'enlèvement des ordures incitatives) qui comme le mot « incitative » l'indique est en partie liée à la quantité d'ordures produite. Les dispositifs varient : certaines communes font payer au poids, d'autres instaurent un nombre de levées obligatoires (17 par an à Montargis) que l'on doit payer même si on ne sort que 3 fois sa poubelle dans l'année. Toute levée supplémentaire est taxée au prix fort.

Rien n'est plus absurde que ce mode de facturation et ses conséquences sont catastrophiques. Si on paye au poids, une guerre des poubelles se met inévitablement en place. Des contribuables malhonnêtes (ou qui s'estiment malins) remplissent les poubelles des voisins. Si on taxe au nombre de poubelles sorties, les contribuables jettent leurs ordures n'importe où, d'où un grave problème de santé publique et de pollution. Ce mode devrait tout bonnement interdit, car si limiter les déchets est souhaitable, il faut tenir compte de la nature humaine ! Malheureusement, l'État pousse à mettre en place la REOMI en autorisant les communes à augmenter sans justification de 10% leur taxe. En mettant un nombre bas de poubelles autorisées, la REOMI devient très rentable et renfloue les communes. À Montargis certains contribuables payent 3 fois plus qu'avant son instauration !

M. Macron va-t-il renier sa promesse et augmenter l'âge du départ à la retraite ? : 18.03.2019

M. Macron l'a juré pendant la campagne électorale : l'âge du départ à la retraite resterait à 62 ans, même si un système à points sera introduit. En revanche aucun engagement n'a été pris sur la durée de cotisation nécessaire pour avoir une retraite à taux plein. Actuellement, il faut 42 ans. Beaucoup de ceux qui ont commencé leur carrière en 1977 avaient 20 ans quand ils ont commencé à travailler. Mais ceux qui ont fait des études universitaires sont souvent obligés de prolonger jusqu'à 65 ans pour éviter de toucher des pensions ridicules. Or l'âge d'entrée sur le marché du travail ne cesse d'augmenter. Il n'est pas rare désormais de trouver des jeunes qui ne décrochent qu'à 28 ans leur premier emploi. Rapidement le nombre de personnes prenant leur retraite à 62 ans va fortement diminuer et cela sans qu'on change les curseurs.

Néanmoins, Mme Buzyn, ministre de la santé a proposé au micro de RTL de repousser formellement cette limite d'âge. Devant les réactions suscitées chez les auditeurs, elle a admis qu'elle s'exprimait à titre personnel avant de botter en touche et de prétendre que lors du Grand Débat, certains participants ont suggéré spontanément cette mesure et donc qu'il est légitime d'en discuter ! La ficelle est vraiment trop grosse et frise l'hypocrisie : je doute fort qu'il y ait un seul Français qui ait proposé d'augmenter l'âge de la retraite, d'autant plus que celui qui trouve qu'à 62 ans on est trop jeune pour s'arrêter de travailler peut continuer sans problème jusqu'à 67 ans. Il n'a pas à décider pour les autres.

Le pouvoir a pris aussitôt ses distances avec Mme Buzyn et précisé que rien de tel n'a été décidé ni même envisagé. Cette continuelle cacophonie gouvernementale, où les ministres s'expriment en leur nom personnel et tirent à hue et à dia est insupportable. M. Philippe devrait taper du poing sur la table et révoquer tout ministre ou secrétaire d'état émettant dans le futur une suggestion qui sera en contradiction avec la politique décidée au plus haut niveau de l'État. Les prédécesseurs de M. Macron tenaient bien mieux leur gouvernement !

Pour revenir au problème des retraites, il existe trois leviers pour ajuster les recettes aux dépenses : augmenter les cotisations pesant sur les actifs (fait par M. Hollande) diminuer les pensions (arme préférée de M. Macron) et augmenter la durée de cotisation permettant de toucher une pension complète en jouant sur les décotes et sur les surcotes (choisi par les partenaires sociaux pour les retraites complémentaires). Comme je l'ai déjà dit, l'âge où peut toucher une pension est en fait symbolique. Avant la réforme de M. Mitterrand avançant l'âge de la retraite à 60 ans (réforme à l'époque finançable dans un premier temps, mais que tous les économistes jugeaient en 1982 insoutenable sur le long terme), on pouvait déjà partir à 60 ans mais avec 20% de son ancien salaire. Personne bien entendu ne prenait cette option ! C'est ce qui va se produire dans les années qui viennent. On pourra en théorie partir à 62 ans, mais 80% des seniors continueront jusqu'à 64 ou 65 ans. Le système des retraites sera bientôt en équilibre : M. Rocard qui prétendait que le problème des retraites ferait chuter tous les gouvernements qui lui succèderaient avait tort !

Déficit de la France un léger mieux artificiel avant une nouvelle descente aux enfers : 26.03.2019

Le gouvernement plastronne ! Le déficit 2018 serait de 2,5% du PIB au lieu de 2,6% attendu jusqu'alors. Mais il oublie que le projet de loi de finances prévoyait 2,3% (objectif qui a été abandonné en cours d'année 2018) et que le déficit de 2017 vient d'être remonté à 2,8% au lieu de 2,6% annoncé en mars 2018. Assisterons-nous en 2020 à une telle révision du déficit 2018 ? Ce léger mieux (il s'agit du meilleur résultat depuis 2006) s'explique par une moindre progression des dépenses de fonctionnement et par une meilleure maîtrise des dépenses : +1,9 % à euros courants donc en tenant compte de l'inflation. Ne pavoisons pas : un gouvernement efficace dépenserait en euros constants (et non courants) moins ou autant que l'année précédente. Néanmoins, le poids des dépenses est passé de 56,4 % du P.I.B à 56%. Les recettes, elles, ont augmenté de 2,3% malgré la baisse de la taxe d'habitation. Le taux de prélèvements obligatoires par rapport au PIB a reculé de 45,2 % en 2017 à 45% en 2018. Mais n'oublions pas la « tricherie » du pouvoir qui a augmenté la CSG dès janvier et baissé les cotisations sociales qu'en octobre. En outre, cette progression s'explique par l'envolée de la taxe carbone sur l'énergie et les carburants et par la hausse de la CSG des seniors, mesures qui ont impacté des populations peu aisées. La dette est restée en pourcentage du P.I.B inchangée à 98,5%, mais son montant a encore grimpé de 56 milliards (alors que le total des recettes du budget s'élève à 401 milliards). Ce résultat reste affolant.

Pour 2020, tous les signaux sont au rouge et les comptes vont se dégrader fortement. Du fait de la transformation du CICE en baisses de charges, le déficit va augmenter mécaniquement de 0,9% en 2019, uniquement. Mais M. Macron a dû concéder des mesures pour calmer le mécontentement des gilets jaunes d'un montant total de 11 milliards. Le pouvoir a réussi en augmentant l'impôt sur les sociétés en taxant le numérique et en gelant des crédits à récupérer 3,6 milliards. Mais il est à bout de solutions et le déficit va exploser en 2019 à 3,2% du P.I.B. Les perspectives se sont assombries pour les années suivantes. Le gel de la taxe Carbone s'il se prolonge en 2020 coûterait 8 milliards, car les hausses de 2019 et 2020 seront annulées. Le gouvernement va tenter sans doute d'augmenter à nouveau la taxe carbone, au risque de se heurter aux gilets jaunes. De même le gel des pensions pour 2020 a été retoqué par le conseil constitutionnel qui a demandé qu'il soit revoté en 2019. Mais devant la grogne des seniors le pouvoir hésitera à les spolier une nouvelle fois. En principe, selon les recommandations de Bruxelles qui pour une fois sont sages, nous devrions baisser notre déficit de 0,5% par an. Le gouvernement en est incapable. En fait la gestion du chef de l'état est tout simplement lamentable. Un gouvernement efficace aurait fait fortement baisser les dépenses alors que nous sommes encore en croissance, pour pouvoir avoir des marges quand la crise reviendra. Les historiens du futur considéreront sans doute comme un drame l'élection de M. Macron. Il aura gâché les chances de la France.

Un imam espagnol somme Felipe VI de s'excuser pour la Reconquista ! 30.03.2019

Le Président mexicain Obrador qui exige des excuses de la part des Espagnols et du Pape pour la conquête de son pays en 1512 a fait des émules : l'imam de la mosquée de Séville a écrit au roi d'Espagne Felipe VI afin que ce dernier s'excuse pour la Reconquista et pour la violation des accords signés en 1492, lors de la prise du dernier royaume musulman de la péninsule Ibérique : l'émirat de Grenade. Lorsque la ville s'est rendue, Isabelle II, Reine de Castille et son mari Ferdinand, roi d'Aragon avaient en effet promis la liberté de conscience et de religion aux musulmans aux Juifs tandis que Boabdil dernier souverain de Grenade recevait la jouissance d'une petite principauté dans les montagnes des Alpurrajas. La légende prétend que Boabdil alors qu'il allait franchir un col se retourna pour voir son ancienne capitale et se mit à pleurer. Sa mère alors le sermonna « Pleure comme une femme ce que tu n'as pas su défendre comme un homme ». L'ancien émir fut rapidement exilé en Afrique du Nord et une autre légende affirme qu'alors que son bateau s'éloignait des côtes, il aurait jeté son épée dans la mer en promettant d'aller la chercher.

Isabelle II renia immédiatement sa promesse pour les Juifs et les obligea à choisir entre la conversion et l'exil. 10 ans plus tard, à la suite d'une insurrection réprimée par la force, les musulmans ont été eux aussi contraints d'embraser le catholicisme, mais leur conversion était superficielle et ils continuaient à pratiquer l'Islam en secret. Après une nouvelle révolte en 1568, ils ont été dispersés dans toute l'Espagne avant d'être expulsés au Maghreb en 1609. Cependant, la moitié d'entre eux sont revenus et se sont fondus dans la population espagnole. C'est donc pour les crimes et l'intolérance (réelle) de ses ancêtres que Felipe VI est sommé de s'excuser. Mais s'il le fait, en toute bonne logique, les musulmans devraient à leur tour demander pardon, pour les pogroms de Grenade où 1000 juifs ont péri (c'est le plus spectaculaire des massacres d'israélites, mais il y en a d'autres), pour la mise à mort totalement injustifiée de Parfait de Cordoue en 850, pour les persécutions qui ont purgé les émirats musulmans des chrétiens. En effet à partir de 1066, de nombreux catholiques et juifs ont été contraints sous la pression de l'Islam à se réfugier dans les états chrétiens du Nord. La légende d'un Al Andalus musulman où les trois monothéismes vivaient en paix côte à côte est en grande partie fausse, alors qu'en réalité ce sont les royaumes de Léon, d'Aragon, de Navarre et de Castille qui ont été pendant plusieurs siècles des havres de paix et de tolérance. Ainsi, Alphonse VI de Castille (1040- 1104) n'hésitait pas à se proclamer empereur des 3 religions.

Les musulmans expulsés d'Espagne ont été nombreux à s'installer au Maroc et pendant des siècles ils se sont transmis de génération en génération la clé de leur maison en Andalousie. D'autres ont organisé une république corsaire à Salé près de Rabat ; ils ont mené une guerre implacable contre l'Espagne et réduit de nombreux chrétiens en esclavage. Si on suit la logique absurde de l'imam de Séville, ses coreligionnaires devraient demander pardon pour avoir asservi 1 250 000 Européens en 400 ans ! La traite des chrétiens ne prit vraiment fin à Alger qu'en 1830 avec la conquête Française. Les torts ne sont pas, et de loin tous du côté de l'Occident !

Croisades, halte aux « Fake News » musulmanes ! 01.04.2019

« Croisés » est une insulte pour les musulmans et avec ce terme ils (dis)qualifient toute intervention d'un état occidental dans un pays du Moyen-Orient. Alors qu'un Imam de Séville vient de sommer le roi d'Espagne Felipe VI de s'excuser au nom de ses ancêtres pour la Reconquista, la reconquête de la péninsule Ibérique par les Chrétiens, l'Occident est de même invité à demander pardon pour les croisades (1097-1291) et pour la création de la Principauté d'Antioche, du Comté d'Édesse, du Comté de Tripoli et du Royaume de Jérusalem, les états croisés qui recouvraient la Syrie du Nord, le Liban et la Palestine.

Pourtant exiger que les chrétiens s'excusent pour ces expéditions militaires est complétement absurde et frise l'outrecuidance. Jusqu'au quatorzième siècle, les chrétiens (Maronites, Arméniens, Jacobites, Orthodoxes) étaient majoritaires dans les contrées où se sont établis les croisés et les musulmans n'étaient qu'une minorité. Ils n'avaient aucun droit particulier à régner sur ces pays si ce n'est celui du glaive : ils avaient arraché entre 630 et 644 le Moyen Orient et l'Égypte à l'Empire Byzantin continuateur de l'Empire romain, qui les possédait depuis 700 ans ! Les fidèles du Prophète envisagent-ils de s'excuser auprès des Grecs pour ces conquêtes ? Bien sûr que non et ils seraient ridicules de le faire. Les mêmes raisons jouent donc pour les croisés. Ils étaient certes des envahisseurs, mais les musulmans tout autant sinon plus ! Et n'oublions pas que les croisades ont été provoquées par l'interdiction des Pèlerinages à Jérusalem, seule ville sainte de la chrétienté, (à l'époque elle n'avait pas pour l'islam l'importance qu'elle a de nos jours ni celle qu'elle avait aux yeux de Mahomet qui, pour hâter le retour du Christ, voulait à tout prix s'en emparer). Si les musulmans avaient été plus tolérants et avaient permis aux chrétiens d'aller prier sur la tombe du Christ comme ils en ont eu le droit entre 634 et 1066, jamais les guerriers de l'Occident ne se seraient mis en marche. Que diraient les croyants si les Américains s'emparaient de la Mecque et leur interdisaient de pratiquer le *Hadj* ?

Les musulmans reprochent aux croisés la brutalité de leur conquête. En fait, si on excepte le sac de Jérusalem où toute la population juive et musulmane a été exterminée en représailles à leur refus de se rendre (C'était malheureusement une coutume barbare de l'époque) et le massacre de Césarée perpétré par les marins italiens, en dépit de la sauvegarde accordé par le roi Baudouin 1^{ier} à la population musulmane, les capitulations des villes de Palestine ou de Syrie du Nord se faisaient le plus souvent par convention : les fidèles du prophète avaient en général un mois pour émigrer en emportant leur bien à condition qu'ils versent une contribution en or à leurs vainqueurs. S'ils choisissaient de rester, ils devaient payer un impôt spécifique du même montant que celui que versaient les chrétiens sous domination musulmane. On loue la modération de Saladin lorsqu'il a repris Jérusalem en 1187, mais il n'a fait que reproduire l'accord qui a permis à Bertrand de Saint Gilles de s'emparer de Tripoli au Liban en 1109. Quant à la sauvagerie, on la retrouve au côté musulman lors des sacs d'Édesse en 1144, de Tripoli en 1289 et de Saint-Jean d'Acre en 1291. Lors des prises sanglantes de ces villes, toute la population Franque a été anéantie. Pourquoi se focaliser sur les torts d'un des belligérants et oublier ceux de l'autre ? Le royaume de Jérusalem a eu des très grands rois, Baudouin I et Baudoin II appréciés des musulmans et qui sont l'exact pendant du chevaleresque Saladin. S'ajoute à ces grands souverains Baudoin IV le roi lépreux qui remporta en 1177 à 1 contre 10 la brillante victoire de Montgisard. Il s'en est fallu d'un cheveu que Saladin ne fut tué lors de ce combat, ce qui aurait changé le cours de l'Histoire. Il eut bien sûr des croisés retors et sans honneur qui firent beaucoup de mal à leur cause. Renaud de Châtillon fut le prototype de ces aventuriers. Après sa victoire écrasante d'Hattin en 1187, Saladin qui avait capturé toute l'armée Franque, relâcha aussitôt le roi de Jérusalem avec des conditions fort douces, mais il fit décapiter Renaud de Châtillon pour ses crimes ainsi que le Grand Maître des templiers. Il faut voir les croisades comme une magnifique page d'Histoire où les exploits, les gestes chevaleresques et les vilenies ont été équitablement réparties et personne n'a à demander pardon ni l'Occident ni l'Orient.

Note : si vous souhaitez vous informer sur cette période passionnante, je vous recommande de vous procurer l'extraordinaire « Histoire des croisades et du royaume Franc de Jérusalem » de René Grousset qui reprend la synthèse de toutes les sources Franques, Grecques et musulmanes. Aucun livre ne l'égale à mon sens.

Fin du Grand Débat : va-t-on enfin baisser les impôts des classes moyennes ? : 04.04.2019

Le grand débat tire à sa fin et le Pouvoir se gratte la tête pour choisir les annonces qui prétendront prendre en compte les discussions. Bien entendu, les propositions qu'il sera amené à faire, ne seront pas le résultat d'un consensus quelconque, car le grand débat n'a été, comme il fallait s'y attendre qu'un stérile gloubi-boulga où chacun a émis sa petite proposition dans un chaos total. Les participants ont fait preuve d'une grande naïveté et ont demandé des mesures irréalistes qui coûteraient au bas mot une trentaine de milliards d'euros.

Les annonces qui vont être faites ne seront donc que des décisions gouvernementales. Cependant, le Pouvoir tire à hue et à dia, chacun des ministres ayant sa propre idée qu'il développe dans les médias dans une cacophonie assourdissante

Dans ce désordre ambiant M. Lemaire propose de diminuer de 5% les impôts sur le revenu de ceux qui y sont assujettis en modifiant la première tranche. Les républicains, son ancien parti, souhaitent avec raison qu'on aille jusqu'à 10% mais 5% serait toujours bon à prendre, d'autant plus que ce geste trancherait avec les politiques précédentes consistant à exonérer de plus en plus de contribuables au point que l'Impôt sur le revenu est principalement concentré sur les 20% des

Français, qui sont soi-disant les plus riches. On parle de redistribuer au total 5 milliards pour les classes moyennes, celles qui sont à l'origine de la révolte des gilets jaunes. Bien entendu, le Pouvoir revient sur sa promesse irréaliste d'éradiquer le déficit en 2022. Actuellement, avec la baisse de la croissance, le déficit sera encore à 1,2% du PIB à la fin du quinquennat de M. Macron, mais cette prédiction est sans doute trop optimiste.

Néanmoins, les forces qui ne voient dans les classes moyennes que des vaches à lait à traire sans vergogne, ceux qui voudraient qu'on sorte du grand débat en augmentant l'impôt sur le revenu et non en le diminuant ont passé immédiatement à l'offensive et leurs arguments présentés par l'INSEE et repris par des médias bien-pensants sont particulièrement stupides et malhonnêtes. En distribuant 5 milliards aux classes moyennes on augmenterait le taux de pauvreté de 0,2 % ! Bien entendu, M. Lemaire n'a jamais parlé de taxer les « pauvres » pour donner aux riches et les 5 milliards seront financés par le déficit, mais le revenu moyen va croître et du coup le seuil de pauvreté qui se définit par rapport à lui va augmenter. Si le revenu moyen est à 1700 € le seuil de pauvreté (60%) est de 1026 €. Si le revenu moyen grimpe à 1780 € le seuil de pauvreté passe à 1084 € sans qu'aucun des plus défavorisés ne soit dépouillé ou ne perde un euro. C'est juste une définition comptable sans aucun effet notable.

Évidemment, les bien-pensants qui sont sourds et aveugles sur les raisons de la révolte des gilets jaunes trouvent tout de suite un meilleur usage des 5 milliards : augmenter le RSA et autres minima sociaux. Dans un monde idéal il faudrait sans doute aider les plus pauvres et les classes moyennes, mais là vu les contraintes budgétaires, vu que depuis 2008 ceux qui payent encore l'impôt sur le revenu ont supporté hausses sur hausses et n'en peuvent plus, c'est à eux qu'il faut penser en premier : question de justice et d'équité !

Le Waterloo des maths dans le primaire ! : 07.04.2019

Rien ne va plus dans l'enseignement des maths en primaire en France. Les chiffres sont catastrophiques et font froid dans le dos : 69% des enfants réussissent les additions en 2017 contre 90% en 1987, 64% les soustractions contre 87% et le plus terrible 34% en 2017 les divisions contre 74% en 1987.

Or manquer le coche en primaire est dramatique. En sixième et en cinquième, même si on revient sur les opérations, on étudie d'autres notions si bien que le temps passé à compter est réduit. Cet analphabétisme numérique aura des conséquences tout au long de la vie : les calculettes et les ordinateurs peuvent aider, mais comment tenir un budget, prendre des décisions rationnelles pour son argent, si on ne sait ni additionner, ni multiplier, ni avoir une idée de la grandeur des nombres ? Comment former suffisamment d'ingénieurs si le vivier d'étudiants à l'aise dans les matières scientifiques est réduit ? Certes les mathématiques nécessitent un « don ». Les humains ne sont pas tous égaux devant elles loin de là. Ceux qui prétendent que l'essentiel vient de l'enseignement et qu'il suffit de rendre les maths claires pour que tout le monde puisse les dominer totalement ne sont que des charlatans et des affabulateurs. Mais à partir de son « capital de base » dans cette matière on peut travailler, le faire fructifier et atteindre un niveau acceptable quel que soit son point de départ. Et surtout acquérir des compétences suffisantes dans les opérations (ce qui n'est la même chose que de comprendre l'abstraction mathématique) est à la portée de 99% des humains surtout si l'instituteur utilise des techniques d'apprentissage adéquates.

Sous l'impulsion de Cédric Viviani dont on peut certes critiquer l'orientation politique, mais qui est un très grand mathématicien (seuls des cracks dans cette matière obtiennent la médaille Fields) on s'achemine vers une réforme cohérente de l'apprentissage des mathématiques. D'abord, on va augmenter les temps de formation des professeurs des écoles. Souvent issus de filières littéraires, qui parfois n'ont plus fait de maths depuis la première, ils n'ont actuellement que 60 heures de formation dans cette matière contre 400 heures il y a quelques années. Comment enseigner correctement le calcul si son niveau en cette matière ne dépasse pas celui d'un élève de primaire ? La France va également adopter la méthode dite de Singapour. Celle-ci a été inventée dans la ville-état et a fait preuve de son efficacité. Elle consiste à manipuler des objets pour comprendre les nombres et pour passer du concret à l'abstrait. Pour donner un exemple, l'élève étudie le chiffre 9 en utilisant 9 petits cubes. Il peut les regrouper de plusieurs façons (1+8,2+7,3+6,4+5,3×3). L'enfant apprivoise ainsi ce chiffre et le démystifie. Mais bien entendu pour enseigner la méthode de Singapour, il faut avoir suivi une formation adéquate et pointue.

Je propose pour compléter ces mesures de réformer le concours de professeurs des écoles, de le rendre moins théorique (les dissertations sur les méthodes pseudo pédagogiques sont à fuir) et de donner les plus gros coefficients à l'orthographe, à la grammaire et au calcul. Il est grand temps de réagir, sinon la France va régresser, voire plonger dans le sous-développement si elle continue à mal former les enfants du primaire !

Le bitcoin est-il une escroquerie ? 24.04.2019

Le Bitcoin est souvent paré de toutes les vertus : monnaie non étatique, elle serait le moyen de paiement du futur. Beaucoup rêvent du moment où le dollar, l'euro, le yen et le yuan seront relégués au même niveau que les pièces d'or, c'est-à-dire à celui d'antiquités qui ont fait leur temps. Pourtant, le bitcoin pose de nombreux problèmes et certains commentateurs se demandent si nous ne sommes pas en présence d'une vaste escroquerie. Certes ce moyen de paiement est sécurisé et garantit l'anonymat des transactions. Mais il utilise un algorithme complexe (le minage) qui oblige les ordinateurs à fonctionner longtemps avant de résoudre l'énigme permettant de certifier la transaction, aussi des écologistes se sont inquiétés de la chaleur dégagée par ces appareils qui pourraient, paraît-il, accentuer le réchauffement climatique. Cette crainte est sans doute exagérée. Quant à l'anonymat est-ce vraiment un progrès ? Des trafiquants de drogue, des maîtres chanteurs ou des vendeurs d'armes de guerre se servent du bitcoin pour effectuer leur coupable trafic loin des yeux des policiers. Pour lutter contre le crime organisé il faudrait en toute bonne logique interdire le Bitcoin, malheureusement nous n'en sommes pas là.

Une monnaie d'un état est pour finir gagée par les impôts que ce dernier peut encaisser. Si on excepte des pays gérés en dépit de tout bon sens comme le Zimbabwe ou le Venezuela, les monnaies étatiques fluctuent sur dix ans dans des marges acceptables (entre 60% et 140%). Le Bitcoin lui n'a aucun support, aucune contrepartie, son cours fait d'invraisemblables montagnes russes et défie toute logique économique. Il n'est pas comparable à une action, car celle-ci se base sur la valeur de l'entreprise et rapporte des dividendes (autour de 6%). Le cours d'un Bitcoin est passé de 20000 dollars en décembre 2017 à 3800 dollars en décembre 2018. Rappelons qu'au départ 1 bitcoin valait 1 dollar ! Cette monnaie électronique n'est donc qu'un objet de spéculation et sur le fond n'est qu'une forme de schéma de Ponzi. On fait croire au public qu'un titre a une valeur qui croît exponentiellement et on le vend au plus haut à des gogos. Il arrive à un moment où la supercherie est éventée et tout s'écroule. Cependant, contrairement au schéma de Ponzi, les monnaies électroniques ne s'effondreront jamais entièrement, car les auteurs de transactions illégales feront en sorte qu'elles garderont un minimum de valeur. Un rapport récent de Bitwice Inc (un fournisseur de données) corroboré par un article du CNBC (une chaîne d'information économique) jette un éclairage trouble sur le Bitcoin. 95% du volume des transactions de cette monnaie serait truqué ! Pour faire monter artificiellement le cours du bitcoin et faire croire qu'il existe une forte demande de (faux) acheteurs passent de colossales commandes de matériels en Bitcoin qu'ils annulent avant la livraison. D'autres acquièrent de fortes sommes en Bitcoin puis les revendre immédiatement dès que le cours a explosé. Ils s'enrichissent ainsi sans dépenser 1 euro ! Sur 6 milliards de dollars de transactions seulement 280 millions de dollars seraient légitimes et correspondraient à une demande réelle. Affolant ! Un particulier peut peut-être gagner beaucoup d'argent avec le Bitcoin, mais il a autant de chances de faire fortune par ce moyen que de toucher le gros lot à euro -millions.

Les classes moyennes vont-elles disparaître ? : 24.04.2019

Le mouvement des gilets jaunes était porté au moins en son début par les classes moyennes, elles se plaignent de leur paupérisation croissante et de leurs conditions de vie qui se dégradent. Le rapport publié le 20 avril par *le centre pour la recherche économique et ses applications* (CEPREMAP) apporte un nouvel éclairage sur la crise qui s'abat sur cette catégorie de Français.

La définition des classes moyennes est floue et beaucoup de critères différents sont employés pour la recenser. Selon le plus communément utilisé, on appartient à la classe moyenne si ses revenus sont 30% plus élevés que le seuil de pauvreté (fixé à 50% du revenu médian) et s'ils se situent en dessous des 20% des classes les plus riches (le seuil de richesse est le double du revenu médian). Donc avec les chiffres de 2016 une personne appartient à la classe moyenne entre 1265 € et 2275 €, un couple sans enfants entre 2468 € et 4423 € de 3302 € à 5743 € avec 2 enfants. Les chiffres ont peu varié pour 2019. Néanmoins le revenu disponible de cette partie de la population après les dépenses obligatoires (impôts, nourritures, déplacements) sont en net recul depuis 15 ans, même si du fait même de sa définition ses revenus de départ restent fixes.

66% des Français appartiendraient à la classe moyenne (contre 50% seulement aux USA) mais ce nombre est en diminution si on en croit le rapport du CEPREMAP. Entre 1994 et 2014 (dernière année disponible) on estime que le nombre de smicards a augmenté de 3,5%, celui des ouvriers non spécialisés a diminué de 4,14% celui des ouvriers qualifiés de 3,32% les employés de bureau de 4,05 % tandis que le management (classes supérieures) progressait de 2,74% et les ingénieurs de 5,76%.

Le nombre de personnes dépendant des classes intermédiaires ont donc fortement diminué en 20 ans au profit des smicards et des classes supérieures et leurs revenus ont baissé du fait de la montée des impôts. Il n'est pas étonnant qu'elles ressentent un sentiment de déclassement et qu'ils aient violemment réagi.

Cette diminution va s'accentuer à court terme. Mais à moyen et à long terme ce sont les classes supérieures qui vont être impactées. En effet, la montée en puissance des programmes experts servis par des intelligences artificielles de plus en plus performantes va rendre inutiles nombre d'emplois d'ingénieurs ou de cadres. Des robots ont un bien meilleur diagnostic que les médecins les plus médiocres dans la détection de maladie. À l'avenir des infirmières pourront donc remplacer nombre de docteurs. En Estonie, une intelligence artificielle va rendre des jugements en matière civile pour désengorger les tribunaux. Pourquoi alors pourquoi recruter des juges ?

Nous risquons d'assister alors à un double mouvement : les classes moyennes rejoindront les smicards et les classes supérieures diminueront en nombre et en revenus. Il est donc urgent dans la formation de développer le codage et l'informatique, car un système expert aura toujours besoin d'un humain pour le programmer et le surveiller. Nous avons là la seule source future d'emplois. Heureusement, l'unique avancée de la controversée réforme du bac de M. Blanquer est d'avoir introduit l'informatique comme spécialité en première.

L'art de M. Macron de faire prendre des vessies pour des lanternes ! : 25.04.2019

M. Macron a l'art de communiquer à défaut de savoir prendre les mesures adéquates pour redresser la France. Son show d'hier sur la forme était bon, mais si on écarte les baisses promises d'impôts sur le revenu et les broutilles concédées aux retraités, le reste sonne terriblement creux

Conscient que les seniors sont remontés contre lui, alors qu'ils avaient voté en masse en sa faveur à l'élection présidentielle de 2017, il essaye désormais de les caresser dans le sens du poil. Les Européennes approchent et le pouvoir essaye de limiter les dégâts et d'éviter une victoire trop nette du rassemblement national. Il avait déjà en décembre étendu l'exonération de la hausse de la CSG aux pensions comprises entre 1300 € et 2000 €. Spolier les retraités aux revenus faibles pour donner un léger avantage aux salariés n'avait pas effrayé M. Macron en 2017 et il a fallu plus d'un an avant qu'il ne corrige le tir. Auparavant, il avait même essayé, comble du cynisme, d'éteindre l'incendie en disant « Merci » aux retraités, ce que nous pouvons traduire par : *Je vous spolie mais je vous serre chaleureusement la main pour vous faire oublier ce désagrément !* Évidemment, cette tentative n'avait pas calmé les retraités

Avant les manifestations des gilets jaunes, le gouvernement avait sans vergogne pris une mesure tout aussi cynique : celle de ne revaloriser les pensions en 2019 et 2020 que de 0,3% alors que les prix ont augmenté de 1,1% sur un an en mars 2019. Le conseil constitutionnel a retoqué la mesure pour 2020, car elle n'avait pas lieu d'être dans le budget 2019 ; les députés doivent la voter en son temps et non en avance. Devant l'indignation des retraités, M. Macron n'est pas revenu sur la spoliation de 2019, mais a promis jeudi 25 avril que les pensions inférieures à 2000 € seraient revalorisées autant que l'inflation en 2020. Son art du camouflage est intervenu à fond : lors de sa conférence de Presse, il a présenté ce recul en affirmant : *nous réindexerons les petites pensions en 2020 et toutes en 2021*. En réalité, depuis 30 ans, les retraites doivent augmenter autant que l'inflation et que si le gouvernement veut déroger à cette règle. il doit faire voter un projet de loi ! M. Macron présente comme un cadeau, le fait de ne pas spolier les 2/3 des retraités, et plus aucun d'entre eux en 2021, alors que la non-indexation n'avait été, au départ, prévue que pour 2 ans. La sous réévaluation des pensions pour 2020 ayant été retoquée par le conseil constitutionnel, le gouvernement va demander au parlement d'approuver pour l'année prochaine, la spoliation des seniors ayant la malchance de gagner plus de 2000 € par mois.

Baisser les pensions est l'obsession du gouvernement et tous les moyens sont bons. La mobilisation des gilets jaunes l'a fait reculer pour un temps, mais gageons qu'il repassera bientôt à l'offensive.

L'état est-il volé par les concessionnaires d'autoroutes ? : 26.04.2019

Après les privatisations partielles de MM. Jospin et Raffarin, Dominique de Villepin a vendu en 2006, contre 15 milliards d'euros, la totalité des titres des sociétés d'autoroutes restés en possession de l'État alors que l'exploitation du réseau commençait à rapporter après que sa construction eut été amorti. La vente serait sous-évaluée de 10 milliards selon un avis de 2009 de la cour des comptes. Le trésor s'est ainsi privé de 2 milliards de bénéfices par an ! Le prix des péages devait rester sage, avec un seuil garanti de 70 % de l'inflation, l'emploi préservé mais les effectifs des salariés ont baissé de 30% et la hausse des tarifs a été de 20% en 10 ans bien plus que l'inflation. Les sociétés autoroutières ont obtenu que leurs tarifs soient revalorisés en échange de travaux que, souvent elles étaient obligées de faire. M. Hollande avait protesté promis de renationaliser, laissé les députés créer une commission d'enquête, mais comme l'État était incapable de financer des travaux d'infrastructure nécessaires, le gouvernement socialiste a imité M. Sarkozy et prolongé de 3 ans la durée des concessions en échange d'investissements. En 2015 les tarifs ont été gelés, mais avec la promesse d'un rattrapage entre 2019 et 2023. La contrepartie donnée par l'État en 2015 est estimée à 15 milliards par la cour des comptes alors que les investissements réalisés en échange se montaient à 3,2 milliards. Le contrat de 2015 était resté secret et il a fallu que M. Avrillier un tenace écologiste grenoblois saisisse la justice pour qu'il soit enfin rendu public

M. Migaud, le président de la cour des comptes vient de rendre un rapport très sévère : l'État serait un piètre négociateur. Il n'a pas obtenu le juste prix du patrimoine, lors de la cession en 2006 ni obtenu des clauses permettant de réviser le partage des bénéfices si ceux-ci augmentaient trop tandis que les investissements obligatoires n'étaient pas précisés. Les compagnies autoroutières sont soupçonnées d'avoir introduit des travaux déjà programmés dans la liste de ceux qu'elles proposaient en échange de l'allongement des concessions : 23 sur 57 seraient ainsi abusifs. Elles feraient également coup double, en faisant réaliser au prix fort les travaux par des sociétés de travaux publics qu'elles contrôlent. En outre, le calcul des compensations dues aux sociétés autoroutières qui intègrent inflation, trafic routier, coût des travaux sont bien trop pessimistes et défavorisent systématiquement l'État. M. Migaud estime qu'il y a urgence à redresser la barre, alors que de nouvelles négociations vont s'ouvrir. Selon lui les évaluations des contreparties devraient être confiées à un organisme indépendant, car les agents de l'État seraient moins habiles que ceux des sociétés d'autoroute pour manier la calculette. Les concessionnaires disposeraient au sein des commis de l'État de relais efficaces. (Que cache cet euphémisme ?) Et surtout la cour des comptes exige qu'on introduise des clauses restituant au trésor public une part des bénéfices si ceux-ci sont supérieurs aux prévisions. Les ministres concernés défendent leurs services en citant un déluge d'articles de loi et de décrets censés empêcher les dérapages, mais M. Migaud a raison sur toute la ligne et on devrait renoncer à la privatisation des aéroports et de la française des jeux.

Pour que leurs enfants héritent, beaucoup se privent du minimum vieillesse : 27.04.2019

Lors de sa visite du samedi 23 février 2019 au salon de l'Agriculture, M. Macron a rencontré un retraité qui a fini en larmes dans ses bras. Le senior était désespéré de ne toucher que 690 € par mois, ce qui est fort peu. Beaucoup de personnes se retrouvent en effet avec des retraites très faibles soit parce qu'ils étaient en temps partiels payé au smic, soit parce qu'elles ont eu des trous dans leur carrière (longue période de chômage non indemnisé ou autre)

Une voiture-balai a été prévue pour eux : le minimum vieillesse ou ASPA. Cette allocation permet de compléter la retraite reçue jusqu'à 868,20 € par mois pour une personne seule et 1347,88

€ pour un couple. C'est très peu, mais cela permet de manger et, avec l'aide de la CAF, de se loger.

En 2019, cette allocation concerne 500 000 personnes (sur 14,1 millions de retraités). Elle n'est pas attribuée automatiquement et il faut la demander pour la percevoir. Or beaucoup (31 % des potentiels bénéficiaires selon une estimation) n'y font pas appel, car il existe un loup : les sommes versées au titre de l'ASPA sont récupérées sur la succession dès qu'elle dépasse 39000 €. En clair si vous êtes propriétaire d'une maison de 150000 € que vous ayez touché pendant 20 ans un complément de 450 € par mois, après votre décès vos enfants n'auront que 42000 € à se partager.

Beaucoup de seniors préfèrent se priver plutôt que dépouiller leur progéniture. L'héritage malgré toutes les attaques auxquelles se livrent contre lui les Think-tank de gauche est une notion bien ancrée chez les Français même les plus modestes. On a envie de transmettre un petit quelque chose à sa descendance quitte à manger tous les jours des pâtes de mauvaise qualité pendant 20 ans.

Ce phénomène de non-recours est encore plus aigu dans les départements ruraux. Car un grand nombre de paysans retraités (aux pensions agricoles ridicules) sont « riches » (même si leurs comptes en banque sont vides) . Ils possèdent des corps de ferme des logements afférents à ceux-ci et des terres agricoles, qui peuvent valoir cher. Or les enfants ne peuvent pas s'installer s'ils n'héritent pas sans rien débourser de « l'instrument de travail » de leurs parents. On a récemment sorti des biens de la succession servant à rembourser l'ASPA, les corps de fermes et les habitations afférentes, mais ce geste n'a eu aucun effet et le taux de non-recours à l'ASPA reste élevé dans les départements ruraux. Certains experts préconisent d'abandonner cette notion de recouvrement *post mortem*, car, pour finir, le minimum vieillesse participe à la solidarité nationale. Seront-ils entendus ?

D'autres causes expliquent aussi le non-recours : l'impression de demander la charité en sollicitant le versement du minimum vieillesse, la peur de la stigmatisation. Joue également beaucoup le manque d'informations, le découragement de certains qui n'ont pas assez de ressort pour entamer des démarches.

Ce taux de 31% de non-recours (=250 000 personnes) à l'ASPA est préoccupant et il faudrait sans doute supprimer la récupération des sommes sur la succession et rendre automatique le minimum vieillesse. Serait-ce dans les conclusions du Grand Débat ?

Pseudo baisse de l'impôt sur le revenu : les Français moyens seront-ils les dindons de la farce ? : 30.04.2019

Le gouvernement ne se présentera qu'en juin le mécanisme retenu pour baisser l'impôt sur le revenu. Il dispose de plusieurs leviers : réintroduire la tranche à 5,5% supprimée par M. Hollande, jouer sur la décote, ou abaisser les taux des tranches de 14% et de 30% en augmentant les deux autres pour que les « plus aisés » n'obtiennent rien. Pourtant, cette dernière catégorie (500 000 contribuables) est à 90% constituée de Français moyens (Quelqu'un qui gagne 8000 € par mois peut-il être qualifié de riche ?). Malheureusement, ils risquent d'être encore plus taxés et d'être les grands perdants de cette réforme, les super riches ayant eu de véritables cadeaux fiscaux en 2018.

Le ministre de l'économie, M. Lemaire a esquissé la réforme qu'il compte présenter au Président, le seul décideur en la matière : avec ce qu'il propose, le gain serait de 350 € pour ceux qui ne dépassent pas la tranche de 14% (12 millions de contribuables), soit, si le taux est uniformément raboté, une baisse moyenne de 14% de l'IR pour un couple sans enfants et de 7% pour un couple avec deux enfants. Le gain serait de 180 € pour ceux qui atteignent la tranche de 30 % (4,5 millions de contribuables) soit en moyenne une baisse ridicule de 2% pour un couple et de 0,6% pour un couple avec 2 enfants. Un pur gadget ! Mais bien entendu tout dépendra du mécanisme mis en place. L'État peut choisir de privilégier le premier tiers de la tranche à 30%, mais dans ce cas une grande part des Français moyens sera écartés de ce prétendu cadeau fiscal.

Les gouvernements se suivent et se ressemblent. Ils concentrent de plus en plus l'impôt sur le revenu sur les plus hautes tranches rendant celui-ci insupportable aux malheureux qui le subissent : la tranche à 0 % coûte 1,5 milliards d'euros avec la prime d'activité, celle qui est à 14% rapporte 16,4 milliards, à 30% 30 milliards à 41 % 11,5 milliards et à 45% 9,2 milliards. 18% des contribuables paient 77 % de l'impôt sur le revenu ! M. Lemaire souhaite accentuer ce phénomène. On est loin de la baisse générale de 10% pour tous proposée, avec raison, par LR.

Mais il y a pire ! Ce prétendu cadeau coûtera 5 milliards à l'État. Or celui-ci est désargenté. Il ne peut plus laisser filer le déficit qui est déjà trop important. Le pouvoir est incapable de trancher dans les dépenses de fonctionnement et de dégager une marge de 10 milliards d'économies, comme la France pourrait le faire si elle était bien gouvernée. On parle donc pour combler le déficit d'abolir certaines niches fiscales. Le gouvernement prétend qu'on ne touchera pas à celles des particuliers : il ne veut pas être accusé de reprendre d'une main ce qu'il donne de l'autre. Il souhaite donc supprimer des niches pour les entreprises. Mais le patronat veille. On ne touchera ni aux baisses de charges pour les bas emplois ni au crédit recherche. Du coup on parle d'augmenter les taux de TVA qui s'applique à la restauration ou aux travaux chez les particuliers. Il n'y aura pas de miracle : les classes moyennes paieront l'addition pour finir. Si la TVA sur la restauration monte à 20% un couple qui va deux fois au restaurant par mois avec une note moyenne de 50 € aura en un an une facture 1310 € de restaurant contre 1200 € actuellement. Déjà 110 € de repris sur les 180 € ! Et que dire si en plus la TVA sur les travaux chez les particuliers repasse à 20 % ?

L'Italie sort de la récession au premier trimestre 2019 : 02.05.2019

L'Italie avait enregistré à chacun des 2 derniers trimestres de 2018 une baisse de 0,1 % du PIB, ce qui signalait son entrée en récession. Ce terme technique signifie qu'un pays a deux trimestres consécutifs subi une baisse même modeste de son P.I.B, ce qui était le cas pour l'Italie, mais avec une marge si faible que cela ressemblait plus à une stagnation qu'à un recul. Le premier trimestre 2019 est plus encourageant pour nos voisins transalpins, car le PIB a cru de 0,2 % et marque la fin de la courte récession. Ce chiffre était attendu après la hausse surprise de la production industrielle qui a augmenté de 0,9% en février après +1,9% en janvier. La hausse du P.I.B a été portée par tous les secteurs (agriculture, industrie, services) et a été surtout tiré en avant par le commerce extérieur, la demande intérieure étant toujours en recul.

Néanmoins, la croissance italienne reste très faible et sur un an le P.I.B n'a cru que de 0,1%. Le gouvernement populiste s'était, lorsqu'il était arrivé au pouvoir, tourné vers les ménages et avait abandonné au nom du changement toute une série de mesures qui avaient fait leurs preuves. Il a décidé début avril de changer de cap : simplification de l'impôt sur les bénéfices avec une baisse du taux appliqué (24% en 2019, 20% en 2022), simplification des appels d'offre, crédit d'impôt pour les particuliers investissant dans les PME, suramortissement à 130% jusqu'à 2,5 millions d'euros des investissements pour leur transformation digitale. L'abandon de cette dernière mesure avait contribué à faire baisser l'investissement de 2,5% pour 2019 contre une hausse de 5% en 2018. Il s'agit d'une politique de l'Offre qui amènera +0,2% de plus de croissance en 2019, +0,4% en 2020 et +0,5% en 2021.

Le gouvernement italien de M. Conte a jusqu'alors pratiqué une politique de la demande en augmentant dans un premier temps le revenu des Italiens. Or celle-ci n'a pas eu les résultats escomptés puisque, comme nous l'avons vu, l'anémique croissance du premier trimestre est tirée par l'extérieur et freinée par la demande intérieure. Les politiques de la demande échouent le plus souvent et ne font qu'aggraver les déficits au point d'imposer l'austérité. M. Macron vient d'en faire l'amère expérience : contraint de lâcher du lest, il n'a pas obtenu tellement mieux que l'Italie (+0,3%) alors que le déficit du commerce extérieur se creuse et devient préoccupant.

La zone euro fait mieux que notre pays (+0,4%) elle est tirée en avant par la très dynamique Espagne (+0,7%) L'union européenne fait +0,5% dans son ensemble. On ne connaît pas encore le chiffre de l'Allemagne, mais elle a abaissé à +0,5% pour 2019 ses prévisions de croissance. La France fanfaronne toujours et prétend atteindre +1,4% en 2019, mais pour cela il faudrait qu'à chacun des autres trimestres nous fassions +0,42% ce qui paraît très difficile ! Le gouvernement italien est plus prudent, il ne s'attend qu'à +0.1% en 2019, une misère ! En conclusion, l'Europe va un peu mieux que prévu surtout les pays hors de la zone euro, mais elle ne se compare pas aux flamboyants USA de Trump dont la croissance caracole à +3,2%. Et dans l'U.E, trois pays sont à la traîne : la France, l'Allemagne et l'Italie.

Les prix du Carburants ne cessent de monter : 06.05.2019

La crise des Gilets Jaunes a commencé en octobre 2018 quand le prix du carburant a atteint un sommet et que le gouvernement français a annoncé l'augmentation de la taxe carbone 2019, uniquement pour renflouer son budget et sans vrai souci écologique. Depuis M. Macron a renoncé à accroître la taxe carbone en 2019, mais n'est pas revenu sur les hausses précédentes. Le recul du prix du brut au moment des fêtés avait fait diminuer celui des carburants et le mouvement des Gilets jaunes a cessé de se focaliser sur lui.

Hélas, chassé par la fenêtre le problème est revenu par la porte. En effet, la quantité de brut qui a le droit d'être vendu se raréfie. Les États-Unis devenus les gendarmes du monde veulent faire cesser les exportations iraniennes et Vénézuéliennes, deux piliers de l'OPEP, qui fournissaient 4 millions de barils par jour sur un total de 97,6 millions. En outre, l'Arabie Saoudite ne semble pas avoir la même politique d'ouverture des vannes qu'elle déployait jusqu'alors quand le pétrole manquait. Au contraire en novembre 2018 avec l'OPEP et la Russie, elle a décidé de fermer sensiblement ses robinets pour éviter la surproduction pétrolière. Veut-elle faire payer à son protecteur américain son attitude pendant l'affaire Jamal Khashoggi où le Président Trump titillé par son congrès s'est montré trop insistant aux yeux des Séoudiens ?

Un déséquilibre même léger sur le marché du brut entraîne une hausse de ce dernier pendant un à deux ans, avant que l'extraction de pétroles sales et bitumineux ne redevienne rentable. Des anciens puits abandonnés sont réouverts et permettent d'ajuster l'offre à la demande. En attendant cette décrue du prix du brut qui aura lieu inévitablement à partir du printemps 2020, nous devons la subir et si les producteurs ne reçoivent qu'une petite part du prix payé à la pompe, (sur 1,6 €

l'état récupère 1 €, le producteur 0,41 €, le raffineur 0,13 € et le transporteur le reste) toutes les taxes sont proportionnelles au prix du brut. Quand il monte, le gouvernement en place se frotte les mains. Ses recettes explosent et il peut vertueusement prétendre qu'il n'y est pour rien, que cette hausse est due à des événements extérieurs sur lesquels il n'a pas de prise. Le gouvernement Philippe ne déroge pas à cette règle : par la voix de sa porte-parole Sibeth Ndiaye, il vient de faire savoir qu'aucune mesure d'urgence n'est prévue, qu'on a mis en place des aides et des primes à la conversion pour acquérir des véhicules neufs et que celles-ci suffiront. De toute façon, même si le Pouvoir en avait la volonté, que pourrait-il faire ? Baisser provisoirement la taxe sur les carburants ? C'est ce qu'avait choisi le gouvernement Jospin, se privant de 2,1 milliards d'euros pour une baisse ridicule de 1,2 centime sur le prix du litre du carburant. Pour annuler la hausse actuelle, l'État devrait baisser ses taxes de 10 c par libre. Il perdrait 10 milliards d'euros de recettes. Ce nouveau trou serait impossible à financer.

Le gouvernement est donc impuissant. Il ne peut plus que croiser les doigts et espérer que cette flambée du carburant ne relancera pas les Gilets Jaunes !

Le coût effarant de l'immigration pour l'Allemagne : 23 milliards ! : 21.05.2019

L'Allemagne a le courage qui manque à la France : elle publie le coût de l'immigration alors que chez nous demander à combien se monte la facture est considéré comme raciste.

En 2018, l'Allemagne a dépensé 23 milliards pour ses réfugiés un chiffre colossal ! L'addition ne se montait qu'à 20 milliards en 2017. Cette somme gigantesque donne le vertige et on peut légitimement se demander si elle n'a pas été versée en vain, puisque d'après des statistiques publiées par nos voisins d'outre-Rhin. 50% des nouveaux venus sont toujours au chômage 3 ans après leur arrivée. Trouveront-ils un jour un travail ? Certains n'ont aucun diplôme et leurs difficultés en Allemand rendent difficile toute formation. Beaucoup d'autres sont des déclassés : des ingénieurs se font veilleurs de nuit ou manutentionnaires. Certains Syriens avouent sans fard avoir un niveau de vie bien inférieur à celui qu'ils avaient dans leur pays natal. Mais ils ont le mérite de vouloir s'intégrer et de prendre un emploi même loin de leur qualification.

La venue de plus d'un million d'hommes célibataires, parfois peu respectueux des femmes a sans conteste augmenté la criminalité et multiplié les agressions sexuelles. On ne compte plus le nombre d'affaires lamentables qui secouent régulièrement l'Allemagne.

Le bilan est donc très négatif. Mme Merkel s'imaginait dans sa naïveté importer des Bac+5 bien formés qui compenseraient la faible natalité allemande. Ses rêves ont été balayés par l'amère réalité. Elle semble l'avoir compris, car sur les 23 milliards dépensés 7,3 l'ont été pour dissuader l'immigration de se poursuivre ! Un chiffre effarant. Cette somme élevée, qui plus que tout montre l'inanité de l'ouverture des frontières et la sottise de Mme Merkel en 2015, est donnée d'une manière hypocrite et peu glorieuse. Elle va en partie à la Lybie, aux milices et aux deux gouvernements qui se disputent ce pays : le but est de retenir à tout prix les immigrés dans ce pays, de les dissuader de monter dans des bateaux et s'ils le font, de les intercepter pour les ramener au point de départ, ce qui leur fera perdre beaucoup d'argent en vain. La Turquie est également soudoyée pour qu'elle empêche le million de réfugiés qu'elle abrite de partir pour la Grèce tandis que les pays africains en échange d'une aide généreuse délivrent les papiers nécessaires au rapatriement des déboutés du droit d'asile. Enfin, l'Allemagne paye aussi de la publicité dans les pays de départ pour leur montrer la réalité de l'immigration et dégoûter les candidats au départ.

Douglas Murray dans son livre *le suicide de l'Europe* avance un coût de 18 milliards annuel pour l'immigration pour la Grande Bretagne. Au vu des chiffres allemands son évaluation est sans doute juste. Cen France, les dépenses doivent être du même ordre : coût des centres de rétentions, de l'aide médicale, de la prise en charge des mineurs isolés (dont la moitié peut-être n'en sont pas), des aides sociales, du RSA délivrés à tous les régularisés et pour une très longue période, du coût de logement et de la sécurité sociale pour les migrants chômeurs. 20% du déficit de la France découle de l'immigration, près de 3000 euros par Français ! 12000 € pour un couple avec 2 enfants ! On peut juger que l'immigration est une excellente chose, qu'il faut ouvrir nos frontières en grand, mais il faut cesser de croire que c'est gratuit.

Quels sont les pires génocidaires de l'Histoire ? : 29.05.2019

L'histoire est riche en massacres et en tueries de masse. Certes, il est délicat de tenir une macabre comptabilité, mais nous avons néanmoins quelques indications. Hitler et ses séides auraient tué 25 millions de personnes dont 15 millions de Soviétiques et 6 millions de Juifs. On attribue 20 millions de morts à Staline dont 11 millions dus à la grande famine organisée en Ukraine pour éliminer les Koulaks, ces paysans supposés riches. La palme du XX ^{ième} siècle revient incontestablement à Mao qui aurait fait 70 millions de victimes : 35 millions de Chinois seraient morts de faim après l'inepte *bond en avant* qui a désorganisé le pays tandis que 25 millions d'entre eux auraient péri dans les camps de travail et rééducation. Si les nostalgiques du nazisme sont heureusement fort peu nombreux, il reste un noyau de communistes qui relativisent les exactions de Lénine et Staline et surtout des intellectuels maoïstes renommés qui sont toujours en admiration devant le Grand timonier. Pol Pot, le khmer Rouge insensible et cynique, est responsable de la mort de 2 millions de ses compatriotes, mais si on rapporte ce chiffre au total de la population du Cambodge, il détient un morbide record : un khmer sur 4 !

Les Turcs auraient massacré entre 800 000 et 1,5 millions d'Arméniens. La quasi-totalité des Arméniens déportés par le gouvernement Ottoman sont morts et il ne restait qu'une dizaine de milliers de membres de ce peuple vivant en Anatolie en 1923.

En 1994, les Hutus auraient exécuté entre 800 000 et 1 000 000 de Tutsis ruandais soit 75 % de cette ethnie. Les Hutus, réfugiés en République démocratique du Congo (ancien Congo Belge) ont été victimes à leur tour d'un génocide quand des milices tribales soutenues par l'Ouganda et le Ruanda se sont emparées des provinces de l'Est de l'ancien Zaïre.

Les Allemands de l'empereur Guillaume II ont à partir de 1904 massacré les Héréros et les Namas de l'ancien Sud-Ouest Africain (aujourd'hui la Namibie). Beaucoup d'indigènes ont été tués lors d'opérations militaires qui étaient en fait des campagnes d'extermination, d'autres sont morts dans des camps de concentration dignes de l'Allemagne nazie (200 survivants sur 3200 prisonniers dans le camp de Shark Island). 80 % des Autochtones de ce territoire auraient été tués par les armes ou par la famine.

Au XIX [ième] siècle, les musulmans de Serbie ont été exterminés ou expulsés lors de la guerre d'indépendance qui a commencé en 1805. L'Empire Ottoman s'est bien entendu vengé. D'une manière générale, les nombreuses guerres qui secoué la péninsule Balkanique entre 1800 et 1913 se sont toutes accompagnées de sanglantes tueries ethniques.

Les mongols païens ou chrétiens de Gengis Khan ont fait des carnages épouvantables en Chine, dans la Transoxiane ou l'actuel Afghanistan. Ils avaient l'habitude de dresser des pyramides de têtes devant les villes qu'ils prenaient de force.

Le nombre d'Amérindiens a été divisé par 10, suite à l'arrivée des Européens, mais ce sont les maladies (variole, tuberculose, …), contre lesquelles les Autochtones n'avaient aucune défense naturelle, qui sont principalement responsables de ce carnage.

Certains historiens estiment cependant que le pire génocide de la longue histoire humaine a été commis par les conquérants musulmans qui se sont emparés de l'Afghanistan et de l'Inde. Les Hindous de l'Afghanistan ont tous été exterminés sans exception, tandis que la population de l'Inde serait passée de 600 millions d'âmes à 200 millions, du fait d'une conquête brutale et d'une déportation massive hors du sous-continent. La grande majorité des Hindous qu'on envoyait en esclavage hors de leur patrie mourraient de faim et de froid en franchissant l'Himalaya.

Mais peut-être que le plus effroyable carnage s'est déroulé lors du Néolithique : 3 000 avant Jésus-Christ, un peuple d'éleveurs, les Yamnayas, a conquis l'Europe Occidentale et exterminé la population locale constituée de paisibles agriculteurs. Selon des analyses génétiques, 90 % des habitants de l'Angleterre auraient disparu. Les Yamnayas auraient tué tous les mâles de la Péninsule Ibérique tout en forçant les femmes de cette région à devenir leurs épouses.

L'homme est un loup pour l'homme. Gageons malheureusement que les orgies de sang dont je viens de parler seront un jour dépassées !

Faisait-il plus chaud au temps des Romains que de nos jours ? : 03.06.2019

Les faits sont têtus, mais les « réchauffistes » l'ont longtemps nié : le site Futura rapporte que selon une étude scientifique sérieuse basée sur la mesure des cernes de troncs d'arbres datant de l'époque romaine ou de la fin du Moyen Âge la température moyenne en Scandinavie entre 20 et 51 après JC était supérieure de 1,05° à celle mesurée entre 1951 et 1980 (donc égale à la température actuelle !) et de 2° par rapport à celle qui prévalait entre 1451 et 1480, période froide. Depuis le début du premier millénaire, le climat n'a cessé de changer dans un sens ou un autre. Après un optimum climatique sous l'empereur Tibère, (Des anciennes routes romaines sont toujours emprisonnées sous les glaciers en 2019) les températures d'abord chuté de 0,41 ° vers l'an 200 après JC du fait, paraît-il, d'une utilisation trop massive des feux de bois (enfin selon une étude réchauffiste moralisante dont j'ignore la valeur) avant de s'effondrer de 4° entre 530 et 560, années terribles où l'éruption d'un volcan cumulée à un refroidissement provoqué par un moindre ensoleillement a conduit l'humanité au bord de l'extinction. Entre 1000 et 1340, la Terre a connu un nouvel optimum climatique (nié par les réchauffistes, mais bien réel, puisque selon les sagas islandaises on semait et récoltait une variété particulière de céréales au Groënland, chose impossible de nos jours) avant d'être affectée par une nouvelle période très froide à la fin du règne de Louis XIV (La Seine et la Tamise gelaient en hiver !). Les changements climatiques ont souvent été brusques : selon les sagas islandaises vers 1350 il est devenu quasiment impossible de rejoindre les colonies vikings du Groënland du fait de l'apparition subite d'icebergs sur les routes commerciales. Acculés, les réchauffistes nient en remettant en cause des études pourtant sérieuses, car elles contrarient leur doxa ou en prétextant que le CO2 reste le grand coupable du réchauffement actuel, mais qu'il aurait peut-être contrecarré un nouveau refroidissement. (Le gaz carbonique serait-il alors bénéfique ?). Néanmoins selon des scientifiques tout à fait respectables, on confondrait cause et conséquence : le réchauffement serait dû à une variabilité naturelle du climat et il entraînerait un dégazage du CO_2 contenu dans les océans, ce qui expliquerait pour une part non négligeable l'augmentation du gaz carbonique dans l'atmosphère. Je suis bien entendu incapable de trancher dans ce débat pointu. Plus inquiétant : selon une autre étude scientifique parue récemment et qui porte sur les cycles du soleil, nous serions à la veille d'un nouveau minimum de Maunder comme notre planète en a connu un entre 1645 et 1715, époque glaciale dont j'ai déjà parlé dans cet article et qui serait due à l'absence prolongée de taches solaires. Si c'est effectivement le cas, si les réchauffistes ont raison, alors le CO_2 compensera en grande partie les effets délétères du refroidissement solaire, sinon l'humanité grelottera et les récoltes seront durablement affectées provoquant la famine.

Comment sortir de l'euro ? : 04.06.2019

La majorité des économistes le reconnaissent : l'euro est une erreur économique majeure. Cette monnaie commune a certes beaucoup d'avantages qu'on oublie à force de les utiliser (notamment elle met fin à l'incertitude sur les changes et favorise de ce fait les échanges commerciaux). Elle a pour principal inconvénient d'obliger les économies des pays du Sud (France, Italie, Espagne, Grèce) à s'aligner sur les prospères pays du Nord. Les états en difficulté sont asphyxiés, car ils ne peuvent plus recourir à l'arme de la dévaluation. L'ajustement se fait par l'austérité et le chômage, qui en Espagne ou en Grèce a dépassé le taux effrayant de 20%. Mais mettre fin à l'euro sans casse est difficile, voire impossible. La meilleure comparaison de la situation que l'on puisse faire serait celle d'un train dont les freins auraient lâché : les passagers auraient mieux fait de ne pas emprunter ce convoi, mais une fois qu'ils sont montés, ils ne peuvent qu'attendre que la locomotive finisse par s'immobiliser d'elle-même sans dérailler : sauter du convoi en marche étant le plus sûr moyen de se rompre le cou. Il existe certes une façon de mettre fin à l'euro sans drame : lors d'un week-end prolongé tous les pays concernés par la monnaie commune se réunissent et décident d'arrêter l'expérience. Pour éviter une débâcle des marchés et une crise économique pire qu'en 2008, il faudrait prendre les spéculateurs par surprise et donc que rien ne filtre des intentions des gouvernements. Mission impossible !

Un pays peut toujours essayer de sortir unilatéralement et brutalement de l'euro en décidant d'imprimer à nouveau une monnaie nationale, mais les taux de ses emprunts s'envoleraient et il serait étranglé. Il devrait sans doute faire défaut sur sa dette, ce qui le transformerait en état paria sur les marchés, avec pour corollaire des conséquences sociales désastreuses. L'exemple de l'Argentine où 40% de la population a été plongé dans la misère suite à la décision de ce pays de ne rembourser qu'en partie ses prêts fait office de repoussoir. Si l'Islande a pu s'abstenir sans dommage de ne pas honorer les dettes de ses établissements bancaires, c'est que les Pays Bas et le Royaume Uni ont dédommagé les banques qui avaient prêté à l'île nordique. Les Islandais qui grâce à l'argent venu de l'étranger ont eu pendant plus de dix ans un niveau de vie confortable, ont pu avec la meilleure conscience du monde décider de faire l'impasse sur leurs dettes sous les applaudissements des anticapitalistes du monde entier : en fait ce sont les contribuables Britanniques et néerlandais qui ont été dépouillés, ce qui n'a entraîné aucunes représailles des marchés.

Il reste néanmoins une voie étroite, qui permettrait de préserver les grands équilibres et de relancer l'économie, mais au prix d'une spoliation d'une grande partie des habitants du pays qui se livrait à cette manipulation : il suffirait qu'un gouvernement décide de payer ses fonctionnaires ou les entreprises qui ont travaillé pour lui avec des reconnaissances de dettes cessibles. Le pays en question émettrait en fait une seconde monnaie et il n'y aurait aucune limite au montant mis en circulation. La planche à billets marcherait à fond ! En réalité, il s'agirait d'un emprunt forcé : l'état obligerait ses fonctionnaires ou les entreprises à lui prêter de l'argent. Ceux-ci essaieraient de se servir de ces titres pour régler leurs dépenses. S'ils pourront payer ainsi leurs impôts, leurs titres ne seront pris chez les commerçants ou les autres entreprises qu'avec une décote qui s'accentuera avec le temps. La loi de Gresham est implacable : la mauvaise monnaie chasse la bonne ; les euros seront thésaurisés et deviendront plus rares. Si on vous paye votre salaire de 2000 € avec des reconnaissances de dette et qu'en les échangeant à la banque, vous ne recevrez que 1000 €, si les commerçants exigent des euros, vous perdrez une bonne part de votre rémunération. Pour finir, un pays qui se livrerait à cette manipulation serait expulsé progressivement et en douceur de l'euro par ses pairs, ce qui évitera une crise économique brutale, le fardeau de sa dette sera allégé, des milliards d'euros seront réinjectés dans l'économie, ce qui la relancera et compensera les effets récessifs de l'extorsion de fonds que sont les reconnaissances de dettes cessibles, mais ses citoyens paieront les pots cassés. Malgré ces inconvénients, c'est sans doute ce qui va arriver dans un ou plusieurs membres de l'union monétaire, car c'est la seule issue possible.

Deux avocats assignent les gouvernements européens devant la CPI : 05.06.2019

Deux avocats, dont Juan Bravo le médiatique avocat des Gilets Jaunes ont assigné les États Membres de l'Union Européenne devant la CPI (cour pénale internationale) pour crimes contre l'humanité, meurtres, traitements inhumains et déplacements forcés commis à l'encontre des migrants fuyant la Lybie. Selon les 2 avocats, l'U.E serait coupable de vouloir enrayer les migrations vers l'Europe au prix de meurtres de milliers de civils innocents en refusant de porter secours aux réfugiés en mer, pour dissuader les personnes dans la même situation de se réfugier en Europe. En outre, les pays européens sont accusés d'avoir en fournissant des vedettes rapides à la marine libyenne de maintenir en détention 40 000 réfugiés dans un véritable enfer. La suite de cette action en justice est incertaine. La procureure de la CPI n'est pas tenue de prendre en compte les plaintes provenant de particuliers ou d'ONG.

Mais sur le fond, ce dépôt de plainte n'a absolument aucun sens. Pourquoi ces deux avocats n'ont-ils pas attaqué en priorité les 2 gouvernements qui se partagent le pouvoir en Lybie, puisque l'ancienne colonie italienne serait selon eux une épouvantable prison où les réfugiés seraient torturés et soumis à des exactions ? S'il y a des responsables et des criminels, ce sont d'abord et surtout les Libyens. Et pourquoi les migrants continuent-ils à affluer en Lybie ? Ils se jettent d'eux-mêmes dans la gueule du loup et embarquent par la suite sur de frêles et dangereuses embarcations en payant très cher (plusieurs milliers d'euros) des passeurs. Le Smig annuel en Guinée est de 500 €. Le prix payé à un passeur permettrait donc de vivre 6 ans sans travailler dans ce pays qui est un gros fournisseur de réfugiés. Les migrants sont rarement des personnes nécessiteuses qui seraient chassées par la misère, mais plutôt des membres des classes moyennes et supérieures qui vont manquer cruellement à leur pays. Est-ce le rôle de l'Europe de piller les élites des pays Africains ?

Mais surtout la plainte des deux avocats est fort mal rédigée, car elle ne vise pas le vrai « scandale » : si les gouvernements de l'U.E sont coupables selon la logique des pro-migrants, cela serait plutôt de ne pas accorder de visas à tous les Africains qui souhaiteraient venir en Europe ! En refusant d'ouvrir en grand leurs frontières, ils obligent les réfugiés à tenter le dangereux voyage à travers le Sahara, à risquer leur vie en Lybie, et à monter dans des barques surchargées susceptibles à tout moment de sombrer ; si les visas étaient automatiquement délivrés, les migrants n'auraient qu'à prendre l'avion pour arriver à Paris ou à Berlin. Ils ne couraient aucun risque. Même si les Européens recommençaient à recueillir les naufragés en Méditerranée, cela n'empêcherait pas des milliers de candidats à l'exil de périr en route. Or il est bien sûr impossible de permettre à tous ceux qui le veulent de s'installer en Europe sous peine de voir notre continent plonger dans le chaos et la guerre civile.

En fait, l'unique manière d'éviter que les cadavres ne s'accumulent dans le désert, en Lybie, c'est d'arrêter totalement l'immigration sauf pour les cas réels d'asile politique, ce qui ne concerne que quelques pays comme le Soudan, l'Éthiopie ou l'Érythrée. Quand les Africains comprendront que même s'ils franchissent les obstacles si dangereux, ils ont 98% de chance d'être rapatriés dans leur pays par la suite, nous sauverons des milliers de vies.

Régler la question de l'immigration par un double referendum : 05.06.2019

Même si elle a été occultée pendant la campagne pour les Européennes, la question de l'immigration reste centrale. Il existe deux camps irréconciliables : d'une part ceux qui veulent ouvrir les frontières de notre pays et permettre à tous ceux qui le souhaitent ou presque de s'installer chez nous. À l'opposé, d'autres veulent réduire l'immigration à un mince filet en adoptant la politique musclée de Matteo Salvini le ministre de l'Intérieur italien. Le Parlement a certes voté en 2018 une loi censée régler le problème, mais à peine adoptée elle est contournée et ne change rien : on estime à 240 000 par an l'arrivée de nouveaux venus sur le sol Français dont 80 000 à 90 000 clandestins, les autres, suite au regroupement familial et autres dispositions légales. Les centres de rétention tournent à plein régime en 2019, mais le nombre d'expulsions reste exactement le même que celui des années précédentes et le dispositif coûte une fortune : 500 millions d'euros par an ! Cela reviendrait nettement moins cher de financer généreusement l'aide au retour, surtout lorsqu'on sait que dans beaucoup de pays Africains, 10% du RSA représente plus que le revenu médian. L'immigration est probablement un gouffre pour les finances publiques. Selon Reuters, elle a coûté 23 milliards d'euros à l'Allemagne en 2018, dont 7,6 milliards ont servi à dissuader par divers moyens les potentiels immigrés de venir outre-Rhin. Je suis incapable de certifier la valeur de ces chiffres balancés sans décompte précis et je laisse à Reuters la responsabilité de leurs affirmations ; cependant ce montant annoncé a de grandes chances d'être exact, car 65% des immigrés arrivés à partir de 2015 dans la République Fédérale sont toujours sans emploi et vivent d'aide sociale. Pourtant, le taux de chômage est bas en Allemagne, autour de 5%.

En France, si le chiffre donné par Reuters est exact, nous arriverions en faisant une règle de trois sur les PIB respectifs des deux pays à un coût de 17 milliards d'euros pour l'immigration : 20% de notre déficit, autant que ce qui a été accordé pour juguler la crise des Gilets Jaunes. Néanmoins, cette somme étant injectée dans l'économie Française, elle n'est pas perdue corps et biens, loin de là.

Pourquoi ne pas consulter le peuple pour régler définitivement ce problème qui saperait les bases de notre société selon ceux que M. Macron qualifie de populistes ? Si on organisait non pas un, mais deux referendums avec deux projets de loi radicalement différents : l'un proposant d'ouvrir complétement les frontières et de régulariser tous ceux qui arrivent en France, l'autre restreignant l'immigration au seul droit d'asile, tout en supprimant ou en suspendant le regroupement familial ? Le premier texte de loi soumis au peuple pourrait être rédigé après une large consultation en tenant compte des observations et des desideratas des ONG qui mènent une guerre perpétuelle pour empêcher les expulsions et exigent la régularisation de tous.

Il est impossible que les deux projets de referendums soient tous les deux acceptés. Si un seul l'est on appliquera les dispositions choisies par la majorité du peuple Français. Si tous les deux sont refusés, la France continuera à appliquer la politique actuelle. Tous les cas la question aura été tranchée et la démocratie représentative aura enfin fonctionné !

2022, le chaos au parlement ? : 12.06.2019

Le président de la République tient à introduire une dose de proportionnelle dans l'élection de la chambre des députés. On parle de 25% seuil maximal que peut accepter la droite sénatoriale majoritaire dans la Haute Assemblée. Faire des prédictions pour 2022 à partir des Européennes est difficile, car un scrutin n'est pas l'autre. On peut, par exemple, voter pour les écologistes pour le Parlement de l'U.E et préférer LR pour les députés nationaux. Cependant, le risque de n'avoir aucune majorité dans la prochaine chambre est grand. Vu la réduction du nombre de parlementaires souhaitée par M. Macron, il n'y aura plus que 400 députés après 2022 dont 300 élus au scrutin majoritaire. Si l'abstention est la même qu'en 2017, dans beaucoup de circonscriptions, seuls seront qualifiés les deux candidats arrivés en tête. En 2017, le pourcentage de voix du Front national et de la France insoumise avait été divisé par 2 aux législatives par rapport aux présidentielles, LR et la gauche modérée s'étaient maintenus au même niveau, tandis que LREM avait fortement progressé. Ce schéma n'aura sans doute plus cours en 2022, si M. Macron est réélu contre Marine le Pen au second tour. Sa victoire sera en effet moindre, plus proche de 55% contre 45% que de 66% contre 33%. Le RN conservera cette fois-ci aux législatives une bonne part de ses voix des présidentielles et sera sans doute présent dans 2 duels sur 3 au second tour des législatives. Pour finir, LREM aura un peu moins de la moitié des députés élus au scrutin majoritaire, RN un gros quart, le reste se répartissant entre LR, LFI, PCF, PS et écologistes.

Admettons LREM et ses alliés obtiennent 140 députés, le RN 80, les écologistes 20 et LR 25 au scrutin direct. S'y rajouteront 27 LREM et alliés, 25 RN, 13 écologistes et 9 LR, au scrutin proportionnel. Pour finir LREM aura 167 députés, les écologistes 33, LR 34 et RN 105. Même s'il fait alliance avec les écologistes, M. Macron n'aura au Parlement qu'une majorité étriquée au mieux d'une dizaine de voix. Mais LREM et les écologistes pourront-ils conclure un pacte qui tiendra pendant 5 ans ? Les deux partis ont des visions divergentes sur le nucléaire et sur l'immigration. Sachant qu'ils seront indispensables pour obtenir une majorité au Parlement, les verts ne se contenteront pas de demi-mesures comme du temps où ils étaient alliés au PS. Les socialistes pouvaient à l'époque se passer d'eux sans problème et, de ce fait, les revendications des écolos n'étaient que faiblement prises en compte. Rien de tel dans la prochaine législature. Mais M. Macron et l'aide droite de LREM renâcleront sans doute à passer par les fourches Caudines des écologistes d'où une instabilité qui ne cessera de grandir à mesure que la législature avancera.

Il est certes difficile d'anticiper ce qui se passera en 2022. Les lignes actuelles risquent de bouger et souvent le vainqueur désigné par les sondages d'automne des présidentielles n'est pas celui qui gagne pour finir. Cependant, vu les nouvelles dispositions qui vont être adoptées, il est plus probable qu'aucune majorité ne se dégagera que le contraire. Or contrairement aux idées reçues, notre république est parlementaire et non présidentielle. La paralysie guette-t-elle la France ?

Je suis un dinosaure : je reste un électeur de la droite traditionnelle : 13.06.2019

Les médias annoncent depuis une grosse semaine la mort du camp auquel j'ai toujours appartenu. (sauf à 9 ans : en 1965 j'étais pour François Mitterrand, la honte !) M. Bellamy n'ayant fait que 8.5% l'avis de décès de L.R a été signé par tous les prétendus experts politiques et les électeurs des républicains sont sommés de rejoindre, suivant leurs affinités, soit le RN soit LREM. Personnellement aucune de ces deux formations ne me convient et je ne pense pas être le seul. À mes yeux, Mme le Pen appartient à l'arc constitutionnel, ses idées sont respectables, j'adhère totalement à son discours sur l'immigration, mais son programme économique me fait peur (enfin c'est mon opinion, elle n'engage que moi). Je trouve en effet qu'il est trop de gauche, voire dangereux, je préfère celui de sa nièce, mais Marion n'a aucun poids au RN. Ce n'est pas un hasard si 60% des électeurs de LFI sont prêts à voter pour le RN au second tour des présidentielles et pour cette raison je ne me vois pas déposer un bulletin au nom de Marine Le Pen, sauf si elle est opposée à M. Jadot, l'écologiste qui m'effraie encore plus. (Instaurerait-il une dictature verte ? On peut le craindre). Quant à M. Macron, je le trouve insupportable, non que sa politique soit à jeter à 100% (seulement à 70%), mais je suis révulsé par sa suffisance et son totalitarisme mou (nous sommes encore en démocratie heureusement). J'ai vraiment l'impression comme l'a affirmé un député LREM aussitôt désavoué par son camp que ceux qui ne sont pas pour le Président doivent être traités comme des ennemis ! Faut-il les mettre dans des camps comme en Corée du Nord (Je plaisante !). Or outre sa personne qui me hérisse, mes désaccords avec lui portent sur l'immigration contre laquelle il ne fait rien et sur la dette qu'il ne réduit pas en traquant les dépenses inutiles. À sa décharge il suit la ligne de ses prédécesseurs qui n'ont rien fait ou presque pour régler ces problèmes ; néanmoins on peut toujours rêver que si LR accède à nouveau (par miracle ?) au pouvoir il applique enfin son programme avec lequel je suis d'accord à 100% !

Je suis donc un électeur LR, je suis déterminé à voter LR aux prochaines élections, uniquement pour les vrais LR pas pour les « traites » (terme un peu fort, mais parlant) pas pour les hommes de « droite » qui par peur d'être balayés aux prochaines municipales, régionales ou départementales signent une tribune où ils prétendent soutenir M. Macron. Pourtant dans la semaine du 19 au 25 mai, quand M. Bellamy était crédité de 13% d'intentions de vote, un grand nombre de maires LR qui paraissaient « Macro-compatible » ont appelé à soutenir le philosophe versaillais. La déroute du 26 mai a changé leur opinion. Comme disait M. Edgar Faure célèbre pour ses volte-face, *ce n'est pas moi qui change, mais le vent.*

Je suis sans doute un dinosaure, mais j'ai la constante de mes idées et je préfère que mon camp favori perde dans les urnes plutôt que de voter pour un candidat au programme trop loin de mes convictions.

Va-t-on vers un quota individuel de CO2 : 14.06.2019

Un petit article du Figaro de la rubrique *consommation* est passé sans doute inaperçu. Alors qu'il était à la une ce vendredi 14 juin à 9 h, il l'a quittée à 11 h. Ce papier intitulé « achat refusé, vous avez dépassé votre plafond de CO2 » présente une nouvelle carte rattachée au géant Mastercard et mise au point par une start up suédoise (le pays le plus en pointe pour l'écologie) ; elle calcule pour chaque achat la quantité de CO2 généré par sa fabrication. Si vous vous offrez un pull, le programme regarde la matière qui compose le vêtement (fibre synthétique ou naturelle) le lieu où il a été fabriqué et la façon dont il a été amené au magasin (par camion, par le rail ou par péniche). Le possesseur de la carte se fixe un plafond (de son plein gré !) et s'il le dépasse son achat est refusé, de la même façon qu'il serait bloqué s'il n'avait pas assez d'argent sur son compte.

Pour l'instant, nous restons dans le volontariat, mais je ne peux m'empêcher de frissonner et d'imaginer un univers où le plafond serait imposé à tous. La technologie semble au point, même si, sans doute, il faudra l'affiner pendant quelques années. Chaque produit proposé à la vente pourra se voir accoler une note « CO2 » à côté de son prix. L'argent liquide, les chèques, seront bannis. Seules resteront les cartes de crédit qu'on peut plus facilement contrôler ; elles permettront d'attribuer précisément à chaque citoyen sa dépense en CO2, chose impossible avec les billets de banque ou les chèques. Chaque acte de la vie d'un consommateur sera évalué et noté : le logement où il habite (on déterminera s'il est énergivore ou pas), le mode de transport, collectif ou individuel sera contrôlé (les utilisateurs de bicyclette étant favorisés), les vacances (ceux qui prennent l'avion pour aller au soleil seront fortement pénalisés). Un plafond de CO2 sera établi et voté par le Parlement. Il sera sans doute familial, car il est difficile de le rendre individuel, mais il dépendra de l'âge : un couple de retraités générant moins de CO2 que de jeunes parents, on leur attribuera un plafond plus bas. Ceux qui dépassent leur quota de gaz carbonique verront leurs achats dans les magasins ou les sites internet bloqués. Mais comme il est difficile de couper le chauffage d'un logement, d'empêcher un employé de se rendre à son travail ou de priver de nourriture des citoyens, des mécanismes de compensation se mettront en place : soit des amendes dont le montant sera d'autant plus élevé que vous aurez abusé, soit une bourse où ceux qui n'utilisent pas entièrement leur quota vendront leur reliquat. Il faut aménager un espace de respiration pour que ce système fonctionne sinon il explosera. Ce monde futur sera furieusement libéral ; les pauvres incapables de payer le moindre dépassement de quota se priveront, voire essaieront de gratter au maximum pour revendre leurs droits. Aux États-Unis on vendait parfois son rein pour survivre, bientôt on ne se chauffera plus pour disposer d'une marge à négocier. Cette « dictature » écologique qui s'instaurerait serait diablement efficace. Les pays qui appliqueraient ces quotas verraient le niveau de CO2 plafonner voire régresser fortement. On n'aura même pas besoin d'imposer aux entreprises et aux entreprises d'être vertes. Elles le deviendront spontanément, puisque les consommateurs rechercheront les produits qui consommeront le moins de CO2. Par exemple, une société qui produit des logiciels, fera en sorte que le chauffage de ses locaux soit le moins énergivore possible, puisque la quantité d'électricité consommée sera répercutée dans ses produits.

Comment l'Inde ou la Chine vendront-ils leurs produits s'ils continuent à libérer dans l'atmosphère trop de gaz carbonique ? Alors qu'ils seront déjà pénalisés par le coût écologique du transport, leurs marchandises ne seront plus attractives pour les Occidentaux.

Cette méthode est donc vertueuse ; elle risque de devenir incontournable, même si je pense que nous avons devant nous dix à quinze ans de répit le temps de surmonter les bugs.

Mais ce nouveau monde me fait peur, tant il sera inégalitaire ; nous assisterons au triomphe du capitalisme dans sa forme la plus abjecte, même si cette politique prendra les oripeaux du progressisme écologique et sera approuvée par les « bien-pensants ».

Bienvenue dans la dictature verte !

Au Brésil comme en France la réforme des retraites va enflammer la rue 15.06.2019

Élu triomphalement, Le Président brésilien Jair Bolsonaro est aux commandes depuis 5 mois et demi, mais sa popularité est déjà en berne. Courageusement il a voulu s'attaquer au problème des retraites dont le déséquilibre est bien plus important que le nôtre. Au brésil, il manquerait en moyenne dans les caisses de retraite 27 milliards d'euros par an (1,6 % du PIB) alors que notre gouvernement s'alarme devant un déficit annoncé à 0,4% en 2024. Le système Brésilien est, comme le nôtre, basé sur la répartition : les actifs financent les retraites de leurs aînés. Le Président Bolsonaro a dans un premier temps proposé de passer à la capitalisation où chacun cotise pour soi pendant toute la durée de la vie active et touche les dividendes du capital qu'il a accumulé à la fin de sa vie. Ce système évite tout déficit public, mais il est souvent cruel, car comment trouver des placements qui soient pérennes et rapportent à coup sûr ? Aux États-Unis pays où la capitalisation est reine, comment de seniors se retrouvent ruinés, car ils avaient misé sur des actions d'entreprise qui ont fait faillite ? Devant l'opposition unanime contre ce changement si radical, devant la tiédeur du Parlement dont seulement 10% des membres sont des soutiens inconditionnels du Président Bolsonaro, le nouveau pouvoir Brésilien a dû reculer. Son projet ne prévoit plus que 206 milliards d'euros d'économies sur 10 ans au lieu de 274. Il espère ainsi obtenir la majorité des trois cinquièmes des parlementaires nécessaire pour faire passer sa réforme, mais rien ne dit qu'il y arrivera. Car la rue et les syndicats sont vent debout contre le tour de vis sur les retraites. Après les manifestations monstres en faveur de l'éducation qui ont secoué le Brésil à la mi-mai, de nouvelles actions encore plus massives sont en train de se mettre en place, alors que s'ouvre *la copa América* la compétition de football qui fait vibrer le continent américain et qui se déroule cette année au Brésil. Les transports d'une centaine de villes sont bloqués ou tout au moins ralentis. À São Paulo une ligne de métro était à l'arrêt, tandis que les trois autres étaient perturbées, mais les autocars et les trains fonctionnaient normalement. À Bahia, le métro fonctionne normalement, mais ce sont les bus qui sont ralentis. Comme souvent dans ces mouvements sociaux, la population hésite entre soutien total et opposition aux blocages si nuisibles à l'économie.

En France, Jean-Paul Delevoye peaufine ses propositions. Pour l'instant, rien ne bouge, car le médiateur prétend que rien ne changera. Quand son projet sera dévoilé au cœur de l'été les illusions tomberont. Il y aura nécessairement des perdants, les veuves, les professions libérales et les enseignants faisant sans doute partie des catégories qui seront sacrifiées. La contestation montera alors en flèche. Au Brésil, la pression de la rue risque d'être gagnante et de repousser toute réforme sérieuse du fait de la tiédeur du Parlement. En France LREM et le modem étant largement majoritaires à la chambre des députés, la réforme des retraites sera adoptée quelle que soit l'ampleur des manifestations.

Les cadres sacrifiés par la réforme de l'Unedic ? : 18.06.2019

Le Premier Ministre vient enfin d'annoncer des mesures pour rééquilibrer les comptes de l'Unedic, l'organisme qui paye les allocations chômage. Le montant de la dette de ce dernier dépasse les 35 milliards pour des dépenses annuelles de 38,4 milliards et un déficit annuel de 3,4 milliards. La situation ne pouvait pas durer plus longtemps ; les partenaires sociaux ayant échoué à se mettre d'accord l'exécutif a repris la main pour imposer sa réforme. La principale mesure consiste à exiger des demandeurs d'emploi d'avoir travaillé 6 mois sur les 24 derniers (au lieu de 4 sur 28) pour être indemnisés. Les conditions de « rechargement » seront durcies : il faudra avoir eu un emploi pendant 6 mois durant son année de chômage (au lieu d'un seul) pour recharger ses droits d'autant. Nous connaissons tous des personnes qui calculaient finement leurs droits et n'acceptaient que des missions d'intérim courtes et minimales pour avoir un revenu un peu en dessous du smig tout en restant la moitié du temps chez soi. Ce petit arrangement deviendra impossible. De même en principe, personne ne pourra percevoir une indemnité de l'Unedic supérieure à son ancien salaire (un chômeur indemnisé sur 5 était, paraît-il, dans ce cas). Autre tour de vis, les cadres licenciés qui perçoivent plus de 4500 € par mois verront leurs indemnités diminuer de 30% à partir du sixième mois, avec un minimum de 2261 € et une exemption pour les cadres âgés de plus de 57 ans. Selon une étude, opportunément mise en avant par le gouvernement, ceux qui ont un niveau de remplacement important restent plus longtemps au chômage que les autres. Toujours selon la propagande du gouvernement pour dénigrer les cadres privés d'emplois, des allocataires toucheraient plus de 6000 € par mois (0,05% des chômeurs, une paille !) tandis que d'autres feraient même le tour du monde aux frais de l'Unedic (Encore Un mythe !). En fait beaucoup de cadres profitaient de leur période d'indemnisation pour tester leur entreprise, la lancer et atteindre un niveau suffisant de rentabilité. On verra donc à partir de 2021 une baisse notable du nombre de créations d'entreprises, mais le Pouvoir n'en a cure. Selon lui, les cadres peuvent retrouver facilement du travail, vu que le chômage est faible dans leur branche. Cet argument est un peu spécieux, car les cadres âgés de plus de 50 ans ont du mal à s'insérer à nouveau sur le marché du travail ; lorsqu'ils y arrivent, ils subissent une forte décote salariale. Ces mesures anti-cadres qui rapporteront 240 millions d'euros sont d'autant plus injustes que les versements de ces derniers constituent 42% des recettes de l'Unedic pour 15% des dépenses ! Soyons clair : désormais l'Unedic volera les cadres.

Le gouvernement va aussi taxer les CDD d'usages d'un forfait de 10 € et établir un système de bonus-malus pour 7 secteurs dans le but de dissuader les employeurs d'avoir recours aux contrats courts. Le MEDEF est vent debout contre la mesure. Et, bien entendu, le gouvernement ne s'attaque pas au régime des intermittents du spectacle qui selon la Cour des comptes générerait un déficit de 1 milliard d'euros. Les progressistes ne s'attaquent pas aux artistes bien-pensants. Le gouvernement espère générer 3,4 milliards d'économies pour l'Unedic et remettre 200 000 chômeurs au travail, mais rien ne dit que ces objectifs seront atteints.

Chamil, un précurseur au XIX ième siècle des terroristes islamistes de notre époque : 18.06.2019

Au début du XIX ième siècle, la Russie après avoir subjugué et pacifié la Géorgie fut amenée à intervenir au Daguestan pour protéger des raids des montagnards musulmans les hameaux cosaques installés dans la plaine du Kouban. Après avoir essayé vainement d'acheter la paix en versant des tributs à des notables qui prenaient l'argent tout en continuant leurs rapines, la Russie opta pour la manière forte et son armée entreprit de brûler en représailles des villages Tchétchènes. La violence appela la violence ; les Caucasiens jusqu'alors divisés en tribus et en khanats de taille modeste se regroupèrent derrière des imams désignés pour diriger la lutte. Le premier de ces leaders Mohamed Ghazi se fit d'abord connaître par ses prêches religieux. Rallié très jeune au muridisme, un mouvement de l'islam basé sur le soufisme, il prônait d'appliquer strictement la

Charia et de rejeter les coutumes locales des montagnards. Refusant toute compromission avec les Russes, il déclencha la guerre sainte contre les forces du Tsar et fut tué au combat en 1832. Son successeur fut assassiné en 1834 par un chef tchétchène mécontent ; son ami Chamil prit le relais et devint à tout juste trente ans l'âme de la résistance des montagnards. Il entreprit d'organiser son imanat sur un mode théocratique, leva des impôts et contrôla les populations d'une main de fer. Il châtia sévèrement les villages qui se compromettaient trop à son goût avec les Russes et s'imposa par la terreur. Une anecdote est significative : les habitants d'une agglomération tchétchène située dans la plaine étaient à la merci des Russes. Ayant peur de l'imam, ils lui envoyèrent une délégation pour l'implorer d'être indulgent et de leur permettre de collaborer avec les troupes du Tsar suffisamment pour éviter des représailles. Les ambassadeurs s'adressèrent à la mère de Chamil et la convainquirent de plaider leur cause auprès de son fils. Le rebelle écouta les arguments développés par sa mère et se contenta de répondre qu'il allait demander conseil à Dieu ; il s'enferma dans la mosquée pour prier toute la nuit. Au matin, quand il sortit, il prétendit que Dieu lui avait parlé et qu'il avait exigé d'infliger 100 coups de fouet à sa mère. La malheureuse s'évanouit au cinquième coup de knout. La foule demanda pitié. Chamil hurla que c'était impossible, car Allah avait ordonné ce châtiment, mais il s'offrit pour être puni à la place de sa mère. Il reçut impassible les 95 derniers coups de fouet, avant de faire exécuter les ambassadeurs. Le village qui les avait délégués fut sévèrement châtié.

En 1838, Chamil fut encerclé dans sa « capitale » d'Akhoulgo, un petit village protégé par la boucle d'une rivière et l'avancée de deux pitons. Le siège dura 8 jours et se termina par un carnage. Les Russes perdirent 3000 hommes sur les 6000 qu'ils engagèrent, les 4000 défenseurs tchétchènes furent presque, tous massacrés, mais Chamil réussit à s'éclipser. Il retint la leçon. Plus jamais il n'affronta directement les troupes du Tsar et se contenta de pratiquer une guérilla meurtrière. Néanmoins, en 1839, il fut à nouveau encerclé et il dut livrer son fils aîné, Djemmal Endin, comme otage dans l'espoir d'ouvrir des négociations. Celles-ci échouèrent, mais Chamil réussit une nouvelle fois à s'échapper avec sa première femme et son second fils. Djemmal Endin fut traité avec respect et élevé dans un collège militaire. Reçu à plusieurs reprises par le tsar, il fut nommé lieutenant dans un régiment lituanien. La guerre s'éternisa pendant trois décennies et fut particulièrement féroce ; les forces russes étaient tenues en échec tout en concédant des pertes considérables. Les montagnards tuaient notamment tous les prisonniers qui refusaient d'embrasser l'islam. En 1855 un raid audacieux dans les plaines permit aux tchétchènes de s'emparer de trois princesses familières de la cour de Saint Pétersbourg. Elles furent échangées contre Djemmal Endin et 40 000 roubles. Le fils de Chamil regrettant sa vie en Russie sombra dans la dépression et mourut de Tuberculose. Pendant la guerre de Crimée (1853-1856) les Anglais essayèrent en vain de s'allier avec Chamil, mais ce dernier se déroba, car il ne voulait pas que son pays devienne une province de l'Empire Ottoman. Le traité de Paris qui marqua la fin de la guerre de Crimée signé, les Russes mobilisèrent 200 000 hommes pour en finir et leurs tactiques devinrent enfin efficaces : ils défrichèrent la forêt, percèrent des routes, installèrent toute une série de postes et pratiquèrent un blocus sévère. Chamil acculé dut augmenter les impôts qu'il prélevait et il devint de plus en plus impopulaire. Plusieurs de ses lieutenants se rallièrent au Tsar et l'imam dut fuir la Tchétchénie pour se réfugier chez les circassiens. En 1859, il fut à nouveau encerclé alors qu'il n'avait plus que 400 hommes avec lui et fut contraint de se rendre. Lui qui s'attendait à être condamné à mort pour avoir fait exécuter tant d'officiers russes fut traité avec égard et après avoir rencontré le Tsar, il fut assigné à résidence dans une ville située à 200 km de Moscou. Il était libre de ses mouvements et fut intégré à la noblesse locale. En 1870, il fut autorisé à se rendre en pèlerinage à la Mecque. La légende prétend qu'il rencontre l'émir algérien Abdelkader pendant son voyage. Chamil mourut à Médine en 1871. Sa capture ne marqua pas la fin de l'insurrection tchétchène, même si les combats diminuèrent d'intensité.

Chamil malgré sa férocité et son fanatisme fut populaire en Angleterre. Il était souvent à la une des journaux britanniques. La Grande Bretagne en effet souhaitait ménager un état tampon entre l'Empire des Tsars et la Perse pour protéger ses possessions en Inde. En Russie même l'audacieuse prise d'otages ordonnée par Chamil donna lieu à de nombreuses publications plutôt élogieuses, tandis que la guerre du Caucase inspira des écrivains russes de premier plan comme Pouchkine ou Tolstoï. La fascination pour les terroristes sanguinaires n'est donc pas l'apanage du XXI ième siècle. Tous les arguments développés par Daesh se retrouvent dans la prédication des imams Tchétchènes du XIX ième siècle : la nécessité d'appliquer strictement la charia, la corruption des états musulmans qui du fait de l'affadissement de la loi islamique ont été mis en tutelle par les puissances infidèles, la justification de l'esclavage, l'impureté des mécréants qu'il ne faut en aucun cas fréquenter. L'Histoire n'est qu'un perpétuel recommencement.

La précarité menace les étudiants : 20.06.2019

Pour les 450 000 jeunes qui poussent jusqu'au master2 leurs études durent au moins 5 ans, souvent 6 ou 7 s'ils doivent redoubler 1 à 2 fois. Souvent, les facultés qu'ils fréquentent ne sont pas situées dans la ville où résident leurs parents, ce qui les oblige à prendre un logement. Certes l'APL existe, mais elle ne couvre pas tous les frais. Il faut aussi se nourrir (heureusement les restaurants universitaires existent), mais aussi se déplacer, acquérir des ouvrages pour les cours, voir se payer quelques loisirs. Toutes ces dépenses constituent un budget incompressible qui avoisine un demi-smig. Or 60 % des étudiants n'ont pas de bourse et même quand ils en ont une celle-ci ne dépasse pas 500 €. Beaucoup de parents, y compris dans les classes moyennes, sont incapables d'aider financièrement leurs enfants, tant leur propre budget est serré. 60% des étudiants sont contraints de prendre un travail d'appoint pour améliorer l'ordinaire, la moyenne est une douzaine d'heures par semaine ; celles-ci ont un impact sur les études en réduisant le temps que les jeunes leur consacrent.

La MGEN a fait réaliser une étude sur 1000 étudiants âgés de 16 à 18 ans. Les résultats sont édifiants : 68 % des étudiants sauteraient de temps à autre un repas par manque de ressources, 33% le font une fois par semaine. Leur budget nourriture journalier est en moyenne de 12,20 € (le prix d'un repas du restaurant universitaire étant de 3,25 €, inchangé depuis 2015) ; le petit déjeuner est parfois sacrifié ou réduit au minimum. Beaucoup de jeunes n'équilibrent pas correctement leur alimentation et sont parfois carencés. 25% des étudiants ont déjà participé à une distribution gratuite de nourriture (Restos du cœur ou autre) contre 5% dans la population Française. Beaucoup d'étudiants ont déjà fait l'impasse sur des soins médicale, dentaires ou autre, qu'ils étaient incapables de financer. Le reste à payer après une visite chez un médecin étant trop cher pour eux surtout en Île-de-France où les dépassements d'honoraires sont la règle plus que l'exception. Une jeune fille sur 3 ne voit jamais de gynécologue, au risque d'avoir une grossesse non désirée. Toutes ces difficultés à joindre les 2 bouts génèrent de l'angoisse, voire de la dépression. 30% des étudiants seraient dans ce cas, mais ils ont rarement recours à un psychiatre. Désargentés, ils s'en remettent au soutien de leur famille et de leurs proches ou font plus de sport. Ce mal de vivre un impact sur la consommation de drogue ou de cannabis, ce qui crée un cercle vicieux : me sentant mal, je prends des substances illicites qui accentuent ma dépression. Or les étudiants sont souvent mal informés de leurs droits. Ils ignorent qu'ils peuvent ne régler que ce qui n'est pas pris en charge par la sécurité sociale. Ils comprennent mal le rôle des mutuelles, vite remboursées, surtout si on prend la pilule. La faillite de la MNEF à la gestion calamiteuse est la cause principale de ce gâchis. La sécurité sociale ayant pris le relais, on peut espérer que ces problèmes de santé se résoudront. Le RSA étudiant serait une bonne chose, mais il coûterait 30 milliards. Or les caisses de la France sont vides.

L'Italie va-t-elle émettre de la monnaie frelatée ? : 21.06.2019

M. Salvini, l'homme fort de la coalition actuellement au pouvoir à Rome défie une nouvelle fois Bruxelles. Son pays est englué dans une stagnation dont on ne voit pas la fin (selon les prévisions, le PIB ne va augmenter que 0,1% en 2019) le déficit dérape même s'il est moins élevé qu'en France ; or le total des dettes italiennes culmine à 132 % du PIB contre près de 100% en France. Pourtant, nous sommes déjà considérés comme un des « hommes malades » de l'Europe. Néanmoins, nous empruntons à des taux négatifs et les banques et les établissements financiers se précipitent pour nous proposer leurs capitaux ; il n'en est pas de même, loin de là pour l'Italie. Les taux de ses emprunts ne cessent de monter et atteignent 2,5% par an. En France la charge des intérêts est faible, ce qui contribue à masquer le déficit budgétaire, ; l'Italie devra, elle, bientôt sortir plus de 50 milliards d'euros par an pour ne payer que les intérêts : une somme insoutenable : et si la situation se tend encore, les taux italiens risquent de dépasser les 5% entraînant la faillite de la péninsule. Lorsque les taux grecs ont atteint ce niveau, l'Europe a été contrainte de venir au secours d'Athènes, mais l'Italie est trop importante pour qu'on puisse la soutenir. Il faudrait en effet lui donner plus de 500 milliards d'euros ! Effrayée, la commission européenne sortante menace l'Italie de sanctions financières (prévues par les traités établissant l'euro) : 0,2 % du PIB soit 3,5 milliards d'euros. L'U.E exige que l'Italie économise 0,6% de son budget par an pour revenir à l'équilibre. Le ministre italien vient ce samedi de publier un communiqué conciliant vis-à-vis de Bruxelles, mais M. Salvini reste inflexible ; il a fait adopter par le parlement le droit d'émettre des minis bots, des reconnaissances de dette du trésor Italien, qui pourraient servir à régler dans un premier temps, les 50 milliards de factures des entreprises travaillant pour l'état. Celles-ci, en échange, pourraient payer leurs impôts avec ces titres. Cette utilisation resterait compatible avec les règles de l'euro et aurait l'avantage d'injecter des capitaux dans l'économie italienne. Mais si ces titres deviennent cessibles, s'ils servent à payer des salaires, ils deviendraient une monnaie parallèle, que le gouvernement italien pourrait imprimer autant qu'il le voudrait, une forme de planche à billets. Serait-ce la solution idéale pour résoudre le problème de la dette ? En fait ces mini-bots sont des emprunts forcés. En réglant avec ces titres des dépenses contraintes, on oblige des entreprises ou des particuliers à prêter à l'état en contournant par ce moyen les taux à plus de 5%. La loi de Gresham, la mauvaise monnaie chassant la bonne, l'euro serait thésaurisé, et entreprises et particuliers feront tout pour payer en mini-bots, alors qu'à l'inverse les créanciers exigeront des euros. La valeur de ces minis bots ne cessera donc de se détériorer par rapport à l'euro. Pour finir les perdants, ceux qui supporteront les pertes de ces tours de passe-passe, seront tous ceux à qui on a remis ces titres. Si on paye votre salaire de 2000 € en vous donnant des mini-bots d'un montant théorique de 2000 €, mais qui ne peuvent être échangés que contre 1000 € si les commerçants exigent des euros, vous perdez une bonne part de votre salaire.

Certes avec les minis bots, la dette de l'état italien sera allégée, mais à quel prix ?

L'incident du 18 juin à Nantes montre le recul des libertés des femmes : 25.06.2019

Résumons d'abord l'affaire : selon le quotidien sud-ouest, 2 jeunes femmes prennent des verres (d'alcool !) à la terrasse d'un café. Elles sont en robe. Arrive un groupe de jeunes qui se mettent à siffler et à les injurier. Elles répliquent. Le ton montant, elles s'enfuient ; l'une ne courant pas assez vite est rattrapée et reçoit des coups. Elle tombe par terre. Un des agresseurs lève alors une bouteille pour s'en servir comme massue, ce qui aurait causé des graves blessures. Heureusement, des passants s'interposent et les assaillants s'éclipsent. La victime est amenée à l'hôpital. Là une aide-soignante lui fait la leçon : elle n'aurait pas dû boire de l'alcool à une terrasse et s'exhiber la nuit en robe. Ses assaillants auraient donc des excuses : ils auraient été provoqués. La victime encaisse la remontrance, mais reste indulgente : pour elle l'aide-soignante qui l'a prise en charge ne pensait pas à mal en faisant cette remarque. Elle avait simplement intégré les tabous masculins qui ont cours dans certains quartiers. Les hommes font la police des mœurs, disent comment les femmes doivent s'habiller, comment elles doivent se comporter et imposent un couvre-feu à la moitié de l'Humanité.

Cet incident consternant a eu lieu en France en juin 2019, dans une nation occidentale qui promeut à longueur de médias l'égalité homme-femme et non dans un pays aux mœurs moins évoluées selon les critères progressistes. Or il n'a provoqué aucune réaction, comme si ces faits étaient banals, acceptables et sans grande importance. Qu'auraient dit les médias si un couple homosexuel avait été victime d'une agression similaire ? Aurait-on toléré qu'un personnel de santé justifie les coups reçus en affirmant que deux hommes ont provoqué leurs tortionnaires en se tenant la main ou en s'embrassant et qu'ils ne doivent s'en prendre qu'à eux-mêmes ? Bien sûr que non ! Et heureusement. Les médias se seraient sans doute enflammés ; ils auraient fustigé l'aide-soignant indélicat avant de faire le procès de notre société si intolérante. La faute serait devenue collective, tous les Français auraient été impliqués et non une poignée d'abrutis.

La jeune victime de Nantes ne recevra aucun soutien. Probablement, elles et ses amies se montreront à l'avenir plus prudentes. Les agresseurs ont gagné : ils ont imposé leur loi. Car, bien entendu, ils ne seront pas interpellés. Même s'ils l'étaient, ils ne seraient condamnés qu'à une peine de principe, une amende ou quelques mois de sursis, car on n'a pas prescrit à la victime de jours d'ITT. Pour ma part, je les enverrai effectuer un séjour derrière les barreaux, car vouloir limiter drastiquement la liberté des femmes est un acte d'une gravité extrême dont on ne mesure pas toujours la portée ; il est assimilable en tout point au racisme : celui-ci est l'hostilité violente, envers un groupe humain. Nous sommes dans cette problématique : le racisme dans des violences physiques est une circonstance aggravante. Mais y aura-t-il un juge pour appliquer cette législation ?

Le Parlement devrait légiférer et renforcer les peines dans ce type de délit, car c'est un problème crucial. Ne nous leurrons pas : le fascisme ronge les banlieues et s'installe en maître. De nombreuses femmes capitulent et intègrent une idéologie rétrograde. La démocratie est en danger et il est grand temps de réagir. Hélas ! L'absence de réaction à l'incident de la Nantes est très inquiétante.

Les Français sont sondés sur l'écologie : 27.06.2019

2 sondages viennent de tomber. Dans le premier effectué pour BFM TV, selon 62% des Français, le gouvernement n'en ferait pas assez pour lutter contre le réchauffement. Mais en réalité que pourrait-il faire de plus ? Augmenter à nouveau la taxe carbone, méthode libérale par excellence, injuste socialement mais très modérément efficace ? Le gouvernement y songe et sera donc content du sondage. Or en Suède on a mis en service en Suède une carte bancaire qui se bloque lorsque son propriétaire dépasse le quota de CO2 qu'il s'est fixé. Comme la technologie est au point, pourquoi ne pas allouer autoritairement à chacun un quota annuel de CO2 qui dépendra de la situation familiale et de l'âge ? Chacun des achats d'un Français serait jugé à l'aune du gaz carbonique. Sur chaque marchandise, on indiquera à côté du prix, la quantité de CO2 émise lors de la production, de l'emballage et du transport. Cet indice serait placé sur le code-barres et envoyé sur un ordinateur de l'état avec l'identité de l'acheteur. (l'argent liquide et les chèques seront interdits) Si vous dépassez la limite accordée, vos moyens de paiement seront bloqués (version extrémiste) ou plus sûrement vous aurez une amende. Cette dystopie est non seulement crédible, mais en plus est la seule (je dis bien la seule !) politique efficace qui permettrait réellement de diminuer le CO2 produit par les Français. En outre, elle les détournerait des marchandises chinoises, indiennes ou américaines. (Du fait de leur mode de production et des moyens de transport). Mais vu l'insurrection des Gilets jaunes si le gouvernement adoptait cette mesure, les Français se soulèveraient en masse. Aussi le chiffre de 62% n'a aucun sens ; on a bourré le crâne de nos compatriotes et ceux-ci s'imaginent naïvement qu'on peut sans sacrifice lutter au niveau de la seule France contre le réchauffement alors que les clés des rejets de CO2 sont entre les mains des USA, de la Chine

et de l'Inde. De même une petite majorité de Français souhaitent interdire l'avion pour les vols intérieurs. (Sans doute aucun d'entre eux ne sert de ce moyen de transport et ne voit donc aucun inconvénient à le proscrire). 42% des sondés estiment possible d'augmenter le pouvoir d'achat tout en luttant efficacement contre le gaz carbonique (une pure utopie !) 28% privilégient le pouvoir d'achat à tout prix tandis que 11% sont prêts à se sacrifier pour l'écologie.

Selon un autre sondage effarant de BVA, 69 % des Français estiment que le nucléaire est le principal responsable des rejets de CO2 et que le fuel, le charbon, le gaz naturel seraient bien plus écologiques. Une pure ânerie ! On comprend que nos compatriotes se prononcent majoritairement pour la sortie totale du nucléaire ! En Allemagne toutes les centrales nucléaires ont été fermées et on a développé l'énergie renouvelable. Pourtant, le 26 juin ce pays a émis 6 fois plus de CO2 par KW produit qu'en France, car on a remplacé outre-Rhin l'atome par le charbon. Où est le progrès ? Vouloir la fin du nucléaire chez nous est une opinion tout à fait respectable, mais les raisons qui la motivent doivent être réelles. Et celles-ci ne manquent pas ! Un accident aussi catastrophique que Tchernobyl ou Fukushima est toujours possible (On a bien été à deux doigts d'évacuer Bordeaux après un incident à la centrale du Blayais en 1999 !). En outre, le problème des déchets radioactifs n'est toujours pas réglé et risque d'empoisonner notre pays pendant longtemps.

LREM et M. Macron veulent achever les propriétaires : 27.06.2019

Sous l'ère progressiste et macronienne, le propriétaire est un ennemi à taxer de toutes les façons possibles et imaginables. Au lieu d'investir ses économies dans la bourse, comme le lui serine M. Macron (et d'en perdre de 10% à 50% comme c'est le cas le plus fréquent) le propriétaire s'entête à acheter son logement pour éviter un loyer et souvent par la suite il aggrave son cas en acquérant une résidence secondaire ou en faisant un investissement locatif. En dépit des risques de tomber sur des locataires indélicats, le foncier rapporte 2% par an, impôts payés, ce qui est bien mieux que la caisse d'épargne. Et si comme l'affirment nombre d'économistes épouvantés, une crise pire que celles de 2008 et de 1929 va provoquer, en 2020, le chaos économique, la valeur des biens immobiliers restera stable tandis que placements en banque et actions ne seront plus que des chiffons de papier.

Mais voilà ! Les taxes ne cessent de s'abattre sur les propriétaires : les frais dits de notaire sont passés de 5,09 % à 5,80 % et seront bientôt à 6% selon M. Philippe (sans doute pour compenser la fin de la taxe d'habitation) Le surcoût est de 1365 € pour un bien de 150 000 €. La taxe d'habitation sera maintenue pour les résidences secondaires tout en s'envolant alors que dans les communes au foncier « tendu » on leur applique déjà une surtaxe de 20% à 60%. Selon M. Macron taxer les plus-values immobilières des résidences principales serait un acte de justice sociale et éviterait qu'on ne s'enrichisse en dormant. Il évoque pour cela l'exemple atypique de Bordeaux. Il oublie que l'impôt sur les plus-values qui frappe investissements locatifs et résidence secondaires est particulièrement injuste puisqu'il ne tient compte ni de l'inflation ni des travaux effectués si on est obligé de vendre avant 5 ans de possession. L'impôt foncier va sans doute augmenter pour compenser la fin de la taxe d'habitation, mais n'étant plus payé que par la moitié des Français, les propriétaires perdront d'un côté le double de ce qu'ils gagneront de l'autre. Ajoutons la hausse de la CSG (+1,9%) sur les loyers et la taxe sur les logements vacants. En outre de temps à autre ressort l'épouvantail des loyers fictifs (le propriétaire se verserait un loyer et devrait déclarer ce revenu fictif). Une pure folie qui ferait plonger l'immobilier.

Or une autre menace se profile. Selon un amendement adopté en commission et qui sera présenté au Parlement, lors d'une vente d'un logement classé F ou G pour l'énergie, 5% du prix d'acquisition seront enlevés au vendeur et placés sous séquestre. Le nouveau propriétaire pourra récupérer cette somme s'il effectue des travaux d'isolation. S'il ne fait rien, la somme reviendra à l'état. L'extorsion de fonds est manifeste : sur une maison modeste de 150 000 € et de 90 m2 de superficie le vendeur perdra 7500 €. Il n'a pas intérêt à faire des travaux avant la vente car ceux-ci lui coûteront en moyenne 30 000 € (entre 200 € et 450 € le M2 !). Le nouveau propriétaire n'aura pas toujours les moyens de faire les travaux nécessaires et l'argent sous séquestre sera perdu. L'État vante ses aides et ses crédits d'impôts, mais c'est de la pure propagande : seuls les couples ayant moins de 27000 € de revenus annuels sont concernés (2 smigs et encore !) Haro sur les propriétaires dans la France « progressiste ».

Les mauvais chiffres économiques de M. Macron : 29.06.2019

La dette française n'a jamais été aussi importante : 2358,9 milliards d'euros, 99,6 % du PIB ! M. Macron avait juré qu'elle ne dépasserait jamais les 100%. Son pari a de grandes chances d'être perdu. Les comptes publics ont dérapé en 2019, alors qu'ils s'améliorent partout en Europe (sauf en Italie) et qu'une crise économique cataclysmique menace en 2020. Certes il a fallu lâcher du lest pour calmer les Gilets Jaunes, mais aucun effort budgétaire n'a été fait pour équilibrer les comptes alors qu'il fallait diminuer drastiquement les dépenses. Pourtant, les gisements d'économies potentielles ne manquent pas. Le nombre de fonctionnaires (dont le ratio par habitant est un des plus forts de l'U.E) a continué tranquillement d'augmenter alors que M. Macron avait promis de le baisser de 120 000. Si recruter des juges, des auxiliaires de justice, des policiers et des enseignants est légitime, le pouvoir aurait pu profiter des départs en retraite pour supprimer les postes qui depuis la décentralisation font doublon. En effet alors qu'un certain nombre de compétences ont été dévolues aux régions ou aux départements, les fonctionnaires qui s'occupaient de celles-ci n'ont pas été transférés. Ils ont gardé leurs fonctions, alors qu'ils n'avaient plus rien à faire, tandis que du personnel nouveau était engagé par les collectivités locales pour effectuer leurs tâches. Nous en avons l'illustration ubuesque avec un groupe de fonctionnaires du Var, à qui l'État ne fournit plus de travail depuis 20 ans et qui continuent à être payés. Ils ont été régulièrement promus et beaucoup ont pris leur retraite à la limite d'âge (67 ans !), (ils gagnaient plus en activité qu'en retraite) boostant ainsi le montant de leur future pension. Certains de ces fonctionnaires n'ont pas hésité à occuper en parallèle une activité libérale. La plaisanterie a coûté au total 1 million d'euros ! Ce cas est extrême tout en étant emblématique ; à un niveau bien moindre il est fréquent en France. Le gouvernement Macron dépourvu de tout courage politique laisse le budget dériver. Après moi le déluge semble être sa doctrine. Certes quelques économistes estiment qu'en 2019, la dette n'est pas un problème, mais un moyen d'enrichissement du fait des taux d'intérêt négatifs, mais ils sont minoritaires et ils insistent sur un point : la dette doit financer uniquement des investissements qui dans le futur produiront des revenus et en aucun cas le déficit courant. Or M. Macron emprunte pour régler les 17 milliards dépensés pour calmer l'opinion et les 22 milliards de la suppression de la taxe d'habitation. Cet argent dépensé est en fait perdu pour notre économie, car il va surtout renflouer les pays étrangers (dont la Chine) du fait de notre déficit colossal de la balance commerciale. L'inflation remonte également à 1,2% : les prix dans l'alimentation et les services s'envolent tandis que les produits industriels ne baissent pas autant que prévu. L'augmentation du pouvoir d'achat sera en 2019 de 2,6% en valeur brute et de 1,4% inflation déduite. Si les prix continuaient à flamber, (ce qui est probable, car la banque européenne fait tout pour qu'elle remonte à 2%) toute la politique de redistribution aura échoué. M. Macron s'imagine qu'il aura une place de choix dans les livres d'Histoire et qu'il sera encensé. En réalité, il risque plutôt d'apparaître comme l'incompétent qui alors que tous les signaux économiques étaient au vert a gâché les chances de la France juste avant que n'éclate une crise pire que celle de 2008 et celle de 1929.

Les réchauffistes oublient les canicules du temps jadis : 30.06.2019

La propagande réchauffiste bat son plein. Il s'agit de convaincre les Français que l'Apocalypse est en marche, que si nous ne réagissons pas, nous finirons tous grillés comme en enfer. Il s'agit d'habituer nos compatriotes aux ponctions sévères sur leurs revenus, aux multiples restrictions qui vont être mises en place, coûteront fort cher, ruineront sans doute le pays et permettront de faire baisser les températures mondiales de 0,02° au plus, selon les scientifiques qui se sont aventurés à chiffrer l'efficacité des mesures prises. Tout est bon pour formater les esprits et les habituer à une dictature écologique qui risque de n'avoir rien à envier à l'oppression soviétique. On ne cesse de seriner que les records de température sont dépassés en oubliant que l'utilisation des climatiseurs peut faire monter de 2 degrés les températures dans les villes ! On présente des cartes en rouge vif (signe de l'enfer) alors qu'il y a 10 ans des cartes avec des températures similaires étaient en vert. Repentez-vous mes frères pécheurs, car vous allez périr grillé par les flammes du soleil. Toute cette propagande est grotesque, mais malheureusement elle est efficace. Une actrice récemment a affirmé craindre que ses enfants ne meurent avant 2030 par la faute de la crise écologique : cette jeune femme est une victime du lavage de cerveau qu'on lui a fait subir.

Tout est bon pour marquer les esprits : les réchauffistes présentent des photos de fonte de la banquise au Groënland, phénomène qui, pourtant, revient chaque début d'été, parlent d'une situation cataclysmique quand les températures de certaines régions subarctiques dépassent les 30° alors que ces coups de chaleur se reproduisent chaque année ou presque et sont dus à des conditions météorologiques banales. Les prophètes de l'apocalypse oublient les canicules de jadis qui n'avaient rien à envier à celle de ces derniers jours. Un tableau attribué à Arago montre qu'entre 1760 et 1850 les températures maximales à Paris étaient fréquemment proches de 36°. Les canicules de 1718 et 1719 firent au total 700 000 morts selon M. Leroy Ladurie, décès dus principalement à la mauvaise qualité des eaux plutôt qu'aux températures élevées. Après un printemps précoce en 1719, les fortes chaleurs s'installèrent à partir de juin 1719 pour 42 jours au-dessus de 31° avec un pic à 37°. En 1793, il a fait 40° à Paris ! Le Figaro a rappelé que la canicule de 1911 est la cause directe de 40 000 morts et on enregistra jusqu'à 35,6% de températures à Paris (sans les climatiseurs qui rajouteraient 2° en 2019). Il serait fastidieux de donner d'autres exemples, mais les pics de chaleurs proches de ceux nous venons de connaître et aussi précoces dans l'année se sont déjà produits à plusieurs reprises bien avant que le CO_2 n'ait tant augmenté.

Que la moyenne des températures ait augmenté de 1° en 50 ans est un fait, que l'augmentation annuelle du niveau de la mer ait doublé en 50 ans (tout en restant modérée) en est une autre, mais le nombre de phénomènes extrêmes, canicules, froid intense, inondations ou typhons reste immuable et stable. À raconter sans cesse des sottises scientifiques facilement décelables les réchauffistes nuisent à la cause écologique. Ils devraient s'en tenir aux faits prouvés, renoncer aux modèles climatiques qui ont tous échoué à décrire la réalité, s'abstenir d'annoncer la submersion de Tuvalu qui sans doute celle ne se produira jamais, bref se comporter en vrais scientifiques et non en prêtres d'une secte apocalyptique !

L'impasse écologique : 05.07.2019

La presse « bien-pensante » s'indigne du gazage des manifestants écologiques par les forces de l'ordre la semaine dernière. Ces militants sont présentés par les médias comme des héros, voire des résistants. Ils lutteraient pour un avenir meilleur, contre un gouvernement qui ne ferait rien et laisserait le gaz carbonique s'accumuler dans l'atmosphère au risque de provoquer l'Apocalypse en 2100. Mais nulle part sauf chez les extrémistes verts, on ne décrit des solutions efficaces pour enrayer le réchauffement climatique. On reste dans le flou, l'informulé, l'incantation. On ordonne au Pouvoir d'agir, mais « le comment faire » est esquivé avec art.

Si un gouvernement écologique était investi de tous les leviers du pouvoir, quelles mesures prendrait-il qui ne seraient pas de l'ordre de l'affichage et qui auraient un réel impact sur les émissions de CO2 au niveau mondial (et pas seulement Français !) L'interdiction des vols intérieurs ? La diminution de rejets de dioxyde d'azote serait négligeable, tandis que les compagnies aériennes et Airbus seraient lourdement impactées et multiplieraient les plans sociaux. Proscrire les voitures utilisant des carburants fossiles ? Leur vente sera interdite en 2040 ; aller plus vite est tout bonnement impossible sauf à provoquer une paralysie des transports. Fermer les centrales à charbon installées en France ? C'est en cours. Suivre l'exemple de l'Allemagne et éliminer le nucléaire est certes une exigence écologiste, mais une telle décision impliquerait automatiquement plus d'émissions de CO2, car il faudra bien remplacer les centrales nucléaires par d'autres utilisant le gaz naturel (et pas le charbon comme l'ont fait sans vergogne les Allemands). Que faire de plus ? On se gratte la tête : le tour des mesures nouvelles et consensuelles à prendre est vite fait et souvent le gouvernement a déjà déblayé le terrain en ce sens.

En fait, pour diminuer vraiment les rejets de dioxyde de carbone de l'Hexagone, il faudrait passer à un autre type de société radicalement différence, en engageant une violente et brutale décroissance. Finie la société de consommation telle que nous la connaissons : nous n'aurons droit qu'à un minimum, calculé au plus juste, de biens à acquérir chaque année : une paire de chaussures et deux habits pas plus, un appareil électro-ménager et un seul. Finis les nouveaux IPhones, les voitures individuelles seraient proscrites, la durée de travail réduite à une dizaine d'heures par semaine et le salaire ajusté d'autant. De toute façon, les Français auront besoin de moins d'argent, puisqu'ils ne pourront plus rien acheter ou presque. Cela ne serait pas le retour au Moyen Âge, loin de là, car notre niveau scientifique ne s'effondrera pas, mais nous assisterons à la disparition de l'*homo economicus* au profit de l'*homo écologicus.* Mais combien de Français sont prêts à de tels sacrifices ? Personne ou presque ! Nos compatriotes sont des fervents partisans de l'écologie, mais elle doit rester indolore et n'avoir aucun impact négatif sur leur vie.

Grâce à une dictature verte les rejets de la France reculeraient enfin. La planète serait-elle pour autant sauvée ? Bien sûr que non ! Car la Chine et l'Inde continueront allègrement à libérer du CO2 dans l'atmosphère. Selon François Gervais auteur de *l'urgence climatique est un leurre* diminuer de 30 % le dioxyde de Carbone émis par l'Hexagone ferait baisser la température mondiale de 0,01 ° ! Je laisse à M. Gervais la paternité de son affirmation, mais il doit sans doute être dans le vrai. Les manifestants peuvent manifester tous les jours, s'enchaîner aux grilles du Palais-Bourbon, s'asseoir devant des ponts pour les bloquer, ils sont totalement impuissants. La concentration de CO_2 va continuer à augmenter dans l'atmosphère et si elle est vraiment responsable de l'élévation des températures, celles-ci vont croître inexorablement.

Et si on interdisait aux femmes, les robes, les jupes et les prénoms spécifiques ? : 07.07.2019

Les féministes, les partisans de l'égalité totale entre hommes et femmes, sont déchaînés en cet été 2018 et ils traquent, pour les éliminer, les moindres différences entre les sexes. (Je sais : il faut parler plutôt de genre si on veut rester dans le conformisme bien-pensant, mais je suis un infâme hérétique cisgenre). Pourtant, il reste deux énormes et effroyables scandales que bizarrement personne n'évoque !

Le premier est vestimentaire. Les femmes, si on excepte une poignée de mâles qui veulent se différencier, sont les seules à porter des jupes ou des robes. Quelle horreur sans nom ! Comment peut-on encore tolérer cet abus dans ce vingt et unième siècle qu'on croyait pourtant remis sur de bons rails ? Ces ignobles jupes et ces robes aggravent leur cas, car elles sont un évident signe sexuel, un symbole de l'infériorité de la femme dans l'imaginaire machiste et réactionnaire. Ne dit-on qu'une femme qui ne met que des jupes et des hauts talons qu'elle est féminine ? (l'antonyme de féministe !) La robe n'est-elle un allié objectif du violeur en lui permettant de trousser facilement sa proie ? Une femme en jupe n'a-t-elle pas des difficultés à s'asseoir convenablement si elle ne veut pas monter ses dessous ? Cette tenue vestimentaire rétrograde la met donc en position d'infériorité.

N'hésitons pas ! Bannissons d'urgence de l'Hexagone jupes et robes, infâmes symboles machistes et réactionnaires ! On mettra des amendes salées à cette qui passeront outre cette proscription.

Deuxième scandale à une époque où la cour suprême de l'Autriche introduit un troisième genre, le neutre, pour les individus, où un invité arborant une barbe et une peau rose affirme n'être un blanc ni un homme : les prénoms liés au sexe. Va-t-on tolérer encore longtemps que ce patronyme affecte d'autorité et dès leur naissance les petits Français dans une case fille ou garçon, alors que plus tard, leurs enfants voudront changer de sexe ? Cette bien mauvaise coutume est inadmissible et il faut corriger cet abus dans les plus brefs délais. Autoriser les parents à attribuer un prénom féminin à leur garçon ou l'inverse ne resoldera rien, car les habitudes néfastes continueront. Non le parlement doit proscrire l'ensemble des prénoms non mixtes sans en oublier aucun. Ne restera qu'une poignée de patronymes donnés indifféremment aux deux sexes : Camille, Claude, Anne (Du temps de François premier on a brûlé pour hérésie un conseiller du Parlement de Paris nommé Anne du Bourg). Après je cale ! Mais ce n'est pas grave si on peut compter les prénoms mixtes sur les doigts d'une main : on encouragera les parents à inventer les prénoms de leurs bébés du moment que les syllabes choisies soient neutres, genre Alliabi, Marelo. L'imagination sera reine et le champ des possibles infini ! Ainsi, ceux qui veulent changer de sexe ne seront plus obligés de changer de prénom, ce qui est toujours traumatisant.

Certes, 80% des Français seront sans doute hostiles à ces réformes, mais leur avis réactionnaire n'a aucune importance. Que la majorité impose ses choix est une notion dépassée et antique. Seul compte ce que pensent les progressistes et les bien-pensants et toutes les autres opinions doivent être mises à la poubelle. Vive la révolution féministe intégrale !

Les Juifs et les Palestiniens ont-ils les mêmes ancêtres ? : 11.07.2019

Après la Shoah, il peut sembler paradoxal d'étudier les gènes de ceux qui professent la religion juive. Malgré ce frein éthique, plusieurs études ont été menées par des équipes espagnoles, françaises ou israéliennes ; elles sont détaillées et scientifiquement vérifiables. Mais les conclusions qu'on en tire sont parfois accusées d'être partiales ou orientées. Le problème est en effet idéologique : les juifs qui ont immigré en Palestine ont-ils un lien historique avec cette contrée ? Descendent-ils des Hébreux ? Israël tire-t-il sa légitimité de l'Histoire ou est-il une création de type colonial ? Des activistes israéliens, dont récemment le fils du Premier Ministre, vont très loin dans la justification morale de leur pays en niant l'existence d'un peuple Palestinien autochtone. Pour eux, les musulmans qui habitaient en 1947, le territoire du mandat Britannique seraient les descendants de Syriens, d'Irakiens ou des Égyptiens venus dans les années 1930 profiter de la prospérité de la Palestine induite par l'arrivée de migrants Juifs. Certes des Arabes originaires des pays voisins ont bien immigré en Terre Sainte entre les deux guerres mondiales, mais leurs descendants ne forment pas la majorité des musulmans palestiniens, loin de là !

Si on s'en tient aux seules sources historiques et archéologiques en négligeant l'Ancien Testament, l'origine des Hébreux est controversée. Le récit de la Bible semble légendaire, l'exil en Égypte problématique. Selon la majorité des archéologues, vers 1200 avant JC des populations autochtones de la Palestine se seraient singularisés de leurs voisins en ne mangeant plus de porc et se seraient dotées d'un Dieu nommé El. Ce dernier n'était pas alors unique, mais était la divinité tutélaire des protos-Hébreux. La présence de ces derniers en Palestine est continue : ils n'auraient donc jamais émigré sur les bords du Nil. David dont on retrouve le nom dans des stèles était sans doute un chef local à la tête d'un modeste territoire et la puissance du roi Salomon n'est qu'une fable. A-t-Il même construit un temple à Jérusalem ? Par la suite deux royaumes pratiquant un proto judaïsme ont émergé : Juda au Sud et Israël au Nord. Israël a été à un moment une puissance régionale avant d'être détruit par les Assyriens. Juda qui était jusqu'alors pauvre et peu peuplé a été renforcé par une immigration venue du Nord. Pendant un siècle il a essayé de maintenir son indépendance face à l'Égypte et aux états Mésopotamiens. Il a été finalement détruit par Nabuchodonosor et ses élites ont été déportées à Babylone. Pendant l'exil, la religion juive a pris sa forme actuelle en multipliant les emprunts à la vieille culture mésopotamienne et au mazdéisme perse. Elle est devenue notamment monothéiste. L'empereur Cyrus a permis à une poignée de notables exilés de revenir et avec l'appui des Perses ceux-ci ont imposé une théocratie à une population indigène qui professait un proto judaïsme. Les Samaritains qui descendaient des anciens habitants du royaume d'Israël et de colons installés par les Assyriens sont restés à l'écart de cette évolution. Ils ont été rejetés pour des raisons raciales par les exilés de retour à Jérusalem. Néanmoins, sous l'influence des nouveaux venus, les Samaritains sont devenus à leur tour monothéistes ; ils ont prospéré et étaient à un moment plus nombreux que les habitants de la Judée. Les Juifs sous passés de la domination des Perses à celles des Grecs en 320 avant JC. Ils n'ont reconquis leur indépendance qu'en 140 avant JC après la révolte victorieuse des Macchabées contre les Séleucides. Les Macchabées ont créé alors un état théocratique puissant qui a connu une expansion territoriale foudroyante. De nombreuses populations, notamment les Galiléens et les Iduméens (qui habitaient dans le Néguev et étaient d'origine Arabe et

Phénicienne), ont été alors contraintes d'embrasser le judaïsme. À l'époque de Jésus, les descendants des Hébreux ne constituaient qu'une fraction des Juifs, mais la plupart de ceux qui adoraient Jéhovah étaient originaires du Proche Orient. Les Juifs étaient certes majoritaires à l'époque du Christ sur le territoire actuel d'Israël, mais de peu et il existait dans cette région des communautés grecque, samaritaine et Philistine (les Philistins sont des migrants originaires de l'Europe du Sud). Très tôt les juifs ont émigré et sont répandus dans le bassin méditerranéen. Il est remarquable qu'ils n'aient pas été assimilés et qu'ils aient conservé intacte leur foi et leurs coutumes. Le judaïsme a longtemps été une religion prosélyte et a été en concurrence avec le christianisme naissant. Après les rébellions de 66 et de 132 écrasées par les Romains, la Palestine et la Galilée se sont vidées de leur population juive, par déportation, par immigration volontaire, mais aussi par conversion d'une grande partie des fidèles de Jéhovah (la majorité ?) au christianisme. En 620 lors de la prise de Jérusalem par les Perses, les Juifs n'étaient plus qu'une minorité en Palestine, à peine capable de fournir une aide armée aux envahisseurs Sassanides. Ceux-ci d'ailleurs ont préféré rapidement se passer d'eux pour se concilier les Chrétiens Palestiniens.

Après la conquête de la Jérusalem par les Arabes en 634, les Chrétiens, les Samaritains et les Juifs sont longtemps restés majoritaires en Palestine. Ils l'étaient probablement à l'époque des croisades, même si on ne dispose pas de statistiques ethniques. Les chrétiens locaux ont aidé Godefroid de Bouillon et ses hommes à s'emparer de Jérusalem. Les Juifs étaient nombreux (25 000 ?) dans la ville Sainte et ils l'ont défendue face aux Francs. Furieux de leur résistance, les croisés les ont exterminés. Les mêmes scènes de carnage se sont reproduites lors de la prise de Caïffa (Haïfa) ville entièrement juive dont les habitants ont refusé de capituler. Une émigration hébraïque de faible ampleur, mais continue vers la Terre sainte a existé à toutes les époques et la communauté juive s'est lentement reconstituée après la saignée provoquée par les croisés. En 1553, les Juifs formaient 17% de la population de Jérusalem. Ils constituaient la communauté la plus importante de la Ville Sainte en 1844 et à partir de 1893 étaient plus nombreux que les musulmans et les chrétiens hiérosolymitains réunis.

On estime qu'il y avait en 1914 en Palestine entre 60 000 et 90 000 juifs, 525 000 musulmans, 70 000 chrétiens et une poignée de Samaritains. En 1947, on dénombrait 630 000 juifs, 1 181 000 musulmans et 110 000 chrétiens.

Si depuis l'époque du Christ le pourcentage de Juifs en Palestine a toujours oscillé entre 5 % et 10 %, la communauté actuelle est en grande partie issue de l'immigration. Les Chrétiens et les Samaritains du Grand Israël sont les descendants des habitants de l'époque de Jésus avec une petite immigration occidentale à l'époque des croisades. Les musulmans palestiniens ont été renforcés par une petite immigration arabe au VIième une autre originaire du Maghreb au XVIième siècle (cf. le quartier des Maghrébins de Jérusalem) et une vague plus importante venue des pays voisins entre les deux guerres mondiales, mais descendent pour la grande majorité d'entre eux de Samaritains et de Chrétiens autochtones qui avaient eux-mêmes pour ancêtres des Juifs, des Grecs ou des Philistins.

Quant aux Juifs de la diaspora, certains sont descendants de convertis. Il existe toute une polémique sur l'origine des Juifs d'Afrique du Nord : sont-ils des immigrants Palestiniens ou sont-ils en partie des Berbères séduits par Jéhovah ? Les partisans des deux thèses assènent des arguments prétendument décisifs alors que l'absence quasi totale de sources historiques empêche de trancher. De même les Juifs d'Europe Centrale descendent-ils pour une grande part d'entre eux des Khazars, des Turcs qui avaient fondé un Empire sur les bords de la Mer noire et qui d'après des auteurs musulmans se seraient convertis au Judaïsme. La controverse fait rage : selon l'écrivain Arthur Koestler et l'historien Shlomo Sand la part des Khazars serait prépondérante chez les Ashkénazes tandis que d'autres auteurs vont jusqu'à qualifier de pure légende la conversion des Khazars. Néanmoins, il existe en Crimée une petite communauté Juive de moins de 1000 âmes les Krymchaks dont la langue est issue du turc. Il est tentant de voir en eux les descendants des Khazars. De même en Russie et en Lituanie vivent de petits groupes de Caraïtes des juifs qui refusent le Talmud et qui revendiquent une ascendance Khazar. Celle-ci leur a permis d'échapper à l'extermination pendant la seconde guerre mondiale, car Hitler a affirmé qu'il combattait le peuple juif, mais n'avait rien contre la religion juive.

Quelques conversions sont avérées : 100 000 juifs israéliens sont des descendants des Subbotniks, des Slaves orthodoxes qui se sont éloignés progressivement du christianisme et ont judaïsé au point de se convertir. De même nombre de spécialistes estiment que les falashas, les Juifs éthiopiens, auraient principalement pour ancêtres des coptes qui auraient accentué la tendance de leur église à pratiquer des rites Juifs jusqu'à revenir à l'ancien Testament. Ils se seraient mélangés avec les descendants des Juifs exilés à l'époque du Christ dans le royaume d'Aksoum. Enfin, les juifs yéménites sont en grande partie les descendants d'Arabes convertis au judaïsme entre le quatrième siècle et le sixième siècle de notre ère. En 545 Dhu Nuwas, un roi arabe devenu disciple de Jéhovah a entrepris de convertir les chrétiens de son royaume au judaïsme pour se venger des persécutions de Justinien contre ses coreligionnaires. Notamment, Il a fait brûler vifs 340 chrétiens qui refusaient d'abjurer dans l'Oasis de Najran. Selon le Coran les martyrs seraient 20 000. Les Abyssins aidés par les Byzantins ont envoyé au Yémen une armée conduite par Abraha qui vainquit et tua Dhu Nuwas.

L'étude génétique est donc intéressante pour trancher entre les diverses hypothèses. Il n'existe pas de gène spécifiquement juif même si un haplotype modal est présent sur le chromosome Y de tous les Juifs portant le nom de Cohen. Ils auraient donc un ancêtre commun. Celui-ci était-il Aaron le frère de Moïse ? On peut légitimement le penser. Les Cohen ont conservé le droit de bénir la foule des fidèles à la synagogue. Lorsqu'on étudie les chromosomes Y des Juifs qui ne sont pas Cohen, on trouve le plus souvent un marqueur commun aux populations issues du Moyen-Orient. En revanche l'Adn des mitochondries transmises par la mère révèle que dans le passé les Juifs ont pris des épouses parmi les populations au sein desquelles ils vivaient. Les Juifs de Kaifeng en Chine, ne se distinguaient pas des Hans, car ils avaient épousé pendant plusieurs siècles des Asiatiques. La génétique confirmerait donc l'histoire d'hommes, pratiquant le judaïsme, exilés il y a deux millénaires hors du Moyen Orient. Les apports berbère et turc (Khazar) seraient marginaux. Comme le marqueur génétique trouvé chez les Juifs est également présent chez les Palestiniens chrétiens et musulmans, presque tous les habitants d'Israël partageraient donc des ancêtres communs. Mais toutes ces conclusions sont à manier avec prudence.

Qu'ils soient des descendants des Juifs qui à l'époque de Jésus habitaient la Palestine ne donnaient aux Juifs actuels aucun droit particulier à s'installer dans le pays de leurs ancêtres. Néanmoins, leur implantation en Palestine est désormais ancienne et cette présence leur confère des droits. Celui qui estime qu'ils doivent absolument partir, devrait en toute bonne logique exiger que tous les musulmans sans exception et tous ceux dans les ancêtres soient venus d'Afrique noire quittent la

France. Heureusement, personne ou presque n'est partisan d'une telle horreur raciste ! Pourquoi traiter différemment les Israéliens et les descendants d'immigrés français ? En outre, les antisionistes feignent de considérer que les Juifs israéliens sont tous des Occidentaux alors que 60% d'entre eux ont été chassés des pays Arabes et ont perdu tous leurs biens lors de leur exil forcé. L'Irak, l'Algérie, la Tunisie, le Maroc, le Yémen, l'Iran, l'Égypte sont-ils prêts à accueillir et à dédommager les descendants de ceux qu'ils ont expulsés ? Bien sûr que non ! D'une certaine façon, les séfarades vengent sur les Palestiniens des brimades que leur ont fait subir leurs anciens voisins Arabes, C'est bien entendu injuste et cynique puisque les musulmans et les chrétiens palestiniens ne sont pas responsables de leur situation.

Pour régler le conflit israélo-palestinien, le mieux serait sans doute de revenir au partage de 1947. Pour obtenir la paix, Israël devrait évacuer la plus grande partie de la Cisjordanie ainsi que la moitié du Néguev. Dans les régions de Galilée où ils sont majoritaires, les Musulmans et les Chrétiens seraient consultés par referendum serait organisé pour savoir s'ils préfèrent rester Israéliens ou rejoindre le nouvel état Palestinien. Bien entendu, ce dernier serait désarmé, voire occupé militairement par Israël afin de garantir une totale sécurité aux Juifs. Des compensations généreuses seraient versées aux réfugiés et ils seraient soit implantés dans le nouvel État soit installés dans les pays où ils vivent.

Il n'y a pas de multi communautarisme heureux : 12.07.2019

Jusque dans les années 60-70 les autorités françaises ont favorisé l'assimilation des populations immigrées (espagnole, portugaise, italienne, polonaise, arménienne, juive, ...). Ce système a parfaitement fonctionné et les descendants des nouveaux arrivés de cette époque ne se distinguent de ceux que certains appellent « Français de souche » qu'éventuellement par leur nom de famille. Après 1970 des populations venues d'Afrique se sont installées en France, et si prés de la moitié de ces migrants se sont pleinement « intégrées » d'autres ont continué à vivre comme dans leur pays d'origine. La France est devenue une société multi communautaire et l'idéologie dominante a célébré cette nouvelle orientation. Mais si nous faisons le tour des différents états de la planète depuis 1945, on ne peut être qu'effrayé : les heurts entre ethnies différentes sont la règle et non l'exception et l'existence de minorités induit nécessairement des heurts, voire des morts. L'intolérance, le rejet de « l'autre » sont les sentiments les plus partagés. Bien sûr on peut prétendre que l'éducation permet de surmonter tous les racismes quels qu'ils soient. C'est malheureusement une fumisterie ! En France, l'enseignement quasiment obligatoire jusqu'à 18 ans fait la part belle à la tolérance, à l'acceptation des différences. Pourtant l'antisémitisme est en pleine recrudescence et il n'y a pas de jours sans incidents homophobes.

Pour revenir au multi communautarisme sur 197 pays reconnus par l'ONU, seuls une cinquantaine n'ont pas connu depuis 1945 de heurts communautaires ou des problèmes de minorités. Et encore beaucoup de ces miraculés sont des petits pays comme Monaco, Andorre ou Saint Marin ou des pays ethniquement homogènes.

En Europe, si on écarte les micro-états restent parmi les pays indemnes de toute violence depuis la seconde guerre mondiale : la Slovaquie avec sa minorité hongroise, l'Autriche avec sa minorité slovène, la Slovénie, la Norvège, l'Islande, le Portugal et la Biélorussie. Ils n'ont pas connu de revendications ethniques ou d'attentats provoqués par un membre d'une minorité ; ils sont 13 sur 51 ! 75 % de Pays européens ont connu des troubles communautaires, la même proportion que dans le reste du monde. Or sur les 13 états indemnes 6 sont des micros-états et l'un est mono ethnique ! La tolérance parfois se maintient pendant des décennies avant que des incidents ne se produisent. Les Fidji juste après l'indépendance était un modèle d'intégration pour les minorités : on vantait la voie Pacifique faite de palabres pour surmonter tous les problèmes entre Indo-fidjiens et Mélanésiens. Cette harmonie a volé en éclats lorsqu'un Indien a remporté les élections. La minorité hongroise de Transylvanie vivait en paix après la guerre mondiale : récemment des heurts se sont produits entre Magyars et Roumanophones au sujet d'un cimetière datant de la Première Guerre mondiale.

L'Histoire est formelle : il n'y a pas de multi communautarisme heureux. Tous les états qui l'ont été se sont effondrés dans le sang et les massacres, notamment les plus emblématiques : El Andalus et l'Empire Ottoman. La peur de l'autre est toujours la plus forte.

Le pathétique gouvernement de M. Macron renonce tout effort pour réduire le déficit : 13.07.2019

M. Macron s'est présenté pendant l'élection Présidentielle comme le sauveur de la France. Il allait paraît-il relancer la machine économique et terrasser le déficit. En 2017, son gouvernement assurait qu'en 2022 le budget serait excédentaire. Las en 2 ans, ces prétentions ont été balayées malgré les admonestations de la Cour des Comptes. Le Pouvoir avait promis en 2017 de réduire de 50 000 le nombre de fonctionnaires d'état, 100 000 étant supprimés par les autres administrations. Or la réduction ne sera que 15 000 et encore ! Peut-être que pour finir, le nombre d'agents de l'état va s'accroître comme en 2018. Pourtant, lorsque nous nous comparons avec nos voisins européens, nous battons tous les records : 1 fonctionnaire pour 11,6 habitants chez nous, 1 pour

19,6 en Allemagne, 1 pour 22 en Grande Bretagne ! Ces pays ne sont pas pour autant sous administrés. Ils ne manquent ni d'enseignants ni de policiers. À partir de 2010, le Royaume Uni s'est lancé dans la suppression de 500 000 postes de fonctionnaires sur 3,5 millions. Cela s'est fait sans drame, en jouant sur les départs en retraite. Ces réformes ont donné un coup de fouet à l'économie Britannique. La situation ne s'est ternie que depuis que le Brexit se rapproche. Le déficit budgétaire britannique a été sensiblement réduit, tandis que le taux de chômage est au plus bas, preuve que les réductions des effectifs des agents de l'état produisent rapidement des effets positifs. Chez nous, le pouvoir a pris prétexte de la révolte des gilets jaunes pour ne rien faire. Le peuple, paraît-il, refuserait les fermetures des services de l'État. Il suffisait pourtant de rendre polyvalent les fonctionnaires en poste dans les petites et moyennes villes, qu'ils ne représentent plus une administration, mais toutes pour que ce sentiment de sous-administration s'estompe. En outre, comme je l'ai répété à de nombreuses reprises dans ces colonnes, la France a transféré nombre de compétences au niveau local, tout en gardant les postes de fonctionnaires qui s'en occupaient et sans les supprimer lorsque leurs titulaires partaient en retraite. Un effort similaire à celui de la Grande Bretagne est tout à fait possible et à lui seul, il permettrait d'équilibre le budget et de réduire la dette. Mais M. Macron malgré ses rodomontades est sur la même ligne que son mentor M. Hollande : faire semblant de réformer. Cela serait un moindre mal si la situation économique se maintenait vaille que vaille pendant encore 5 ans. Mais dès 2020 une crise cataclysmique va s'abattre sur le monde et il n'est pas sûr, que du fait de la politique sans courage de M. Macron, la France puisse y survivre. Ajoutons que le Pouvoir renonce à diminuer réellement les niches fiscales. Il n'y touchera qu'à la marge. Le déficit paiera l'argent déversé pour enrayer la crise des Gilets Jaunes ; or les 7 milliards injectés ne relanceront pas l'économie de notre pays, mais contribueront surtout au déficit de la balance commerciale, car nos compatriotes achèteront en priorité des produits étrangers. La politique dite de la demande a toujours été un échec complet ! L'échec de M. Fillon était sans doute moralement justifié, mais il est un drame absolu pour la France qui risque de faire faillite, alors qu'elle avait encore une chance en 2017 de s'en sortir.

Le gouvernement va taxer les transports aérien et routier : 17.07.2019

L'écologie est la mode et puisque les Français semblent réceptifs à la propagande déversée dans les médias, on n'hésite pas à instaurer de nouveaux prélèvements soi-disant écologiques. La taxe carbone a certes été retoquée pour 2019 (elle reviendra toute pimpante en 2020), mais le Pouvoir vient d'instaurer 2 autres prélèvements prétendument verts, dont la seule vertu sera de renflouer les caisses (vides) de l'État. D'abord, il crée une taxe pour les vols au départ de la France, de 1,5 € pour les voyages à destination de l'Europe et de 4,5 € pour les autres destinations. La facture montera à 9 € et à 18 € pour les billets de classes affaires (Pourquoi se gêner ? Les entreprises paieront). Tout cela rapportera 160 millions (une misère !) qui servira paraît-il à améliorer les transports en commun. (Mais l'État gardera pour lui, une bonne part des sommes recueillies pour des prétendus frais de collecte). Air France est vent debout contre cette taxe. Pour ne pas perdre des clients, la compagnie sera obligée de payer à la place de ses clients, ce qui lui reviendra à 60 millions d'euros. Or son équilibre financier est incertain et elle se bat pour sa survie. Il ne faut pas oublier que beaucoup de compagnies aériennes, pourtant très connues ont fait faillite ces dernières années. Si Air France disparaît du fait de cette taxe, près d'une dizaine de milliers de Français perdront leur emploi.

Le gouvernement va également diminuer de 2 centimes par litre de gas-oil consommé les remboursements qu'il accorde aux transporteurs routiers. Cela rapportera 140 millions d'euros et aura un coût moyen de 700 € par camion et par an. Les transporteurs routiers français ne sont pas compétitifs vis-à-vis de leurs concurrents des pays de l'Est qui payent jusqu'à deux fois moins leurs employés et qui ne respectent pas toujours les réglementations en vigueur. Augmenter leurs charges portera un coup mortel à un secteur en mauvaise santé. De nombreuses entreprises risquent de sombrer.

Ces mesures auront donc un impact important sur l'économie, tout en étant d'un rapport médiocre et surtout en ayant aucun effet écologique ! Puisque les compagnies aériennes paieront la taxe sur les billets d'avion, le nombre de vols intérieurs ou internationaux ne diminuera pas. Or le transport aérien est accusé par les écologistes d'être un producteur important et injustifié (immoral ?) de CO_2 et certains voudraient le restreindre, voire le supprimer. Quant au transport routier, la taxe de 2 centimes par litre ne fera pas baisser pas la consommation de gas-oil. Comme elle ne sera pas répercutée, elle n'entraînera pas un transfert vers le rail ou le transport fluvial qui produisent moins de CO_2. Ces annonces sont donc une pure gabegie économique !

Le conseil d'État tonne contre les « petites taxes » qui ne rapportent qu'une centaine de milliers d'euros et dont la perception coûte cher, dévorant la rentabilité de ces prélèvements. Il en aurait 192 pour un total de 5,3 milliards d'euros et le Pouvoir a pour objectif d'en supprimer 17 en 2019. Il vient déjà d'en inventer deux nouvelles.

Un génocide oublié : l'exil forcé des Tcherkesses au XIX ^{ième} siècle : 19.07.2019

Le traité d'Andrinople (1829) consacra la défaite des Ottomans lors de la guerre Russo-Turque de 1828. Le Sultan céda la Bessarabie (actuelle Moldavie), abandonna ses droits sur la Géorgie et l'Arménie et laissa les mains libres au Tsar en Circassie. Pourtant, cette région n'avait jamais dépendu de la Sublime Porte et ses habitants, les Tcherkesses également appelés Adyguéens, étaient farouchement indépendants. D'abord chrétiens à l'époque de Byzance, ils avaient été en grande partie islamisés au XVII ^{ième} siècle. Les Russes essayèrent dans un premier temps de convaincre par la diplomatie les Circassiens d'accepter leur protectorat, en vain. Ils optèrent alors pour la guerre : pour imposer leur domination, ils installèrent le long de la côte une vingtaine de forts, mais ceux-ci n'offraient qu'une protection précaire à leurs défenseurs et étaient en permanence assiégés par les guerriers Tcherkesses. Les Adyguéens avaient le soutien de la Turquie, qui se garda néanmoins d'intervenir si ce n'est en paroles, et de la Grande Bretagne. Le Royaume Uni craignait en effet qu'en cas de victoire russe, les forces du Tsar ne continuent leur progression vers la Perse et ne menacent à terme l'Empire des Indes. Mais, mis à part l'envoi d'agents secrets chargés d'organiser militairement les Circassiens afin qu'ils soient plus efficaces et la livraison de quelques fusils le soutien que la Grande Bretagne apporta aux Tcherkesses fut limité. Cependant, une déclaration d'indépendance de la Circassie fut rédigée à Londres par un journaliste dévoué à la cause Tcherkesse. Il confectionna également un drapeau qui fut adopté par les Circassiens et est aujourd'hui l'emblème de l'Adyguée qui est une république de la fédération de la Russie. Le conflit s'éternisa, malgré l'importance des effectifs de l'armée du Tsar. Lors de la Guerre de Crimée (1853-1856) les Turcs et les Britanniques apportèrent une aide plus marquée aux Tcherkesses, mais ces derniers refusèrent de mener une offensive en direction de la Géorgie. En effet, ils ne voyaient aucun intérêt à devenir les supplétifs du Sultan et ne voulaient devenir ses sujets après le conflit. Après le traité de Paris (1856) qui marqua la fin de la Guerre de Crimée, les Russes voulurent en finir avec les musulmans caucasiens. Doublant les effectifs de leur armée, dirigés par des officiers aguerris par 30 années de guérilla et équipés d'armes de meilleure qualité, ils portèrent d'abord leurs efforts contre les voisins des Circassiens, les Tchétchènes et brisèrent leur résistance. L'Imam Chamil qui depuis 1834 tenait tête aux soldats du Tsar fut progressivement abandonné par ses partisans et contraint de se rendre en 1859. Il fut traité avec égards par ses vainqueurs. Les Russes se tournèrent ensuite contre les Tcherkesses qu'ils écrasèrent malgré l'aide que leur apporta une brigade internationale composée de Polonais et de Hongrois. Le Tsar refusa la reddition des Circassiens, alors qu'il avait accepté celle des Tchétchènes. Doutant qu'il puisse obtenir une paix durable, il décida, en 1864, de vider la Circassie de ses habitants. Il laissa à ces derniers le choix entre être déportés dans le Kouban ou expulsés en Turquie. Seuls 10% des Adyguéens acceptèrent d'être installés dans la plaine, les autres furent expulsés de force. Le Sultan vit dans un premier temps d'un bon œil cette immigration. Il pensait installer dans les Balkans ses nouveaux sujets et disposer ainsi de guerriers aguerris qui pourraient intimider les chrétiens locaux. Mais l'exode prit vite un tour dramatique. Une foule misérable se pressa sur la côte circassienne dans l'attente du départ vers l'Empire Ottoman. Des bateaux surchargés emmenaient les réfugiés en Anatolie où ils échouaient dans des camps sordides s'ils n'étaient pas dépouillés de leurs maigres biens pendant le voyage et jetés par-dessus bord par les marins. Le typhus et la variole firent des ravages, tuant la majorité des migrants. Cette tragédie provoqua entre 400 000 et 1 000 000 de morts et la

Circassie fut en grande partie dépeuplée. Si l'expulsion des Tcherkesses avait eu lieu au XXième siècle, le Tsar et les responsables de cet exode seraient (avec raison) déférés devant la CPI pour génocide et crimes de guerre. C'est une tache indélébile sur la Russie, qui justifia son intransigeance par les 400 000 morts que lui avait coutés la conquête du Caucase. Aucun pays Européen n'a traité avec une telle sauvagerie une de ses colonies sauf peut-être l'Empire Allemand qui a massacré 90% des Indigènes de Namibie. L'extermination des Autochtones (qualifiés de « sauvages ») pour laisser la place à des colons européens était une idéologie à la mode au XIXième siècle. On s'appuyait sur l'exemple des USA (où les Amérindiens sont passés d'un million en 1491 à 30 000 en 1880).

Les Tcherkesses se sont dispersés dans le monde entier. Ceux qui étaient encore chrétiens furent contraints de se convertir à l'islam par les Ottomans. On trouve actuellement des minorités circassiennes en Turquie, en Bulgarie, en Égypte aux USA, en Syrie, en Jordanie ou en Israël. Dans tous ces pays ils gardent une forte identité et commémorent chaque année le génocide perpétré par les Russes.

Le service national universel est-il si rébarbatif qu'il faille payer des influenceurs pour en faire la promotion ? : 20.07.2019

Le SNU (service national universel) est la marotte du Président Macron. Les premiers volontaires (2000) l'ont étrenné et depuis les critiques fusent notamment à gauche. L'UNEF est vent debout contre cette initiative. Ce syndicat est gêné par les aspects militaires du SNU : la Marseillaise chantée sans cesse, les levers aux couleurs, les rassemblements (même sous un soleil ardent, ce qui a provoqué 20 évanouissements lors de la canicule). Après avoir interrogé les premiers volontaires, les médias sont partagés : certains journaux parlent d'une expérience inoubliable, en revanche, d'autres affirment que ce mois n'a servi à rien. En tout cas, beaucoup d'étudiants vont s'opposer au SNU surtout que selon les sondages à peine un jeune sur deux serait favorable à ce stage. Perdre un mois de vacances (quinze jours en caserne complétés par un stage non rémunéré de 2 semaines dans une association) constituera aux yeux d'une grande partie des jeunes comme une insupportable perte de temps. En outre, caser ce stage deviendra vite un problème insoluble : 450 000 jeunes par génération poussent leurs études jusqu'à bac plus 4. Ils devront effectuer leur SNU pendant leur scolarité. Il n'y aura jamais assez de places pour eux en juin, juillet, août ou septembre. Or pour éviter les surcoûts le nombre de jeunes faisant ce stage doit être le même chaque mois et il est impossible pour un étudiant de manquer 4 semaines de cours pour satisfaire à ses nouvelles obligations : la thrombose est donc proche. Tout s'est bien passé pour les précurseurs du SNU du mois de juin 2019, car il s'agissait de volontaires dont un grand nombre voulaient intégrer l'armée. Quand 300 000 réfractaires seront embrigadés, les incidents, les rébellions se multiplieront et le SNU de M. Macron risque de sombrer dans le chaos. Déjà fleurissent des articles : le SNU sera-t-il obligatoire pour tous ? Existera-t-il comme pour le défunt service militaire des exemptés ? A priori non, mais *Libération* qui s'interrogeait sur ce sujet dans sa rubrique Checknews estimait que si le SNU se généralise comme prévu, 100 000 jeunes échapperaient pour une raison ou une autre à ce nouveau service.

En outre, plusieurs quotidiens et magazines rapportent ce qui risque peut-être de devenir un scandale (Mais tout dépend le retentissement que les médias donneront à l'affaire) : Gabriel Attal, le secrétaire d'état qui chapeaute le dispositif aurait engagé pour faire la promotion du SNU au moins trois jeunes influenceurs très connus, des adolescents qui sont suivis par plusieurs dizaines milliers de leurs camarades sur internet et dont les opinions ont une grande importance. On ignore si ces influenceurs ont été rémunérés ou pas. Sans doute, sinon ils n'auraient aucune raison de faire plaisir à M. Attal, mais leurs services n'ont pas nécessairement été rémunérés par de l'argent, mais peut-être par d'autres moyens. Les autorités doivent sentir que le SNU est bien mal engagé et qu'une fronde contre lui va éclater. Il n'est pas sûr qu'il soit un jour généralisé surtout qu'il coûtera 2000 euros par jeune. Ne serait-il pas plus efficient de leur donner cette somme à chacun pour suivre des études ou se lancer dans la vie ?

Bercy s'acharne sur Leclerc : 20.07.2019

La chaîne de distribution Leclerc a une publicité agressive dans laquelle elle vante ses prix bas ; elle ferraille en permanence contre les réglementations qui, selon elle, l'empêcheraient de faire baisser encore plus les prix notamment dans le domaine de la pharmacie. En juin 2018, le ministère de l'économie avait assigné en justice une centrale d'achat de Leclerc, le GALEC afin qu'elle rembourse 108 millions d'euros extorqués selon Bercy d'une manière illégale à ses fournisseurs. Le Galec aurait profité de sa position dominante pour obliger les entreprises avec lesquelles il travaillait à baisser leurs prix bien au-delà de ce qui était prévu dans les contrats qu'elles avaient signés. La peur de perdre un marché essentiel a poussé les fournisseurs à obtempérer. Cette affaire n'est toujours pas passée devant les tribunaux et si Leclerc est condamné, il restera gagnant car les rabais obtenus sont bien plus élevés que les 108 millions demandés. En juillet 2019, le ministère de l'économie vient de récidiver et d'infliger une amende de 117 millions d'euros à Leclerc, qui sera une perte sèche pour le géant de la distribution s'il doit la payer. Le montant de cette amende est exceptionnellement élevé : en général, Bercy ne réclame que quelques millions d'euros aux fautifs, ce qui n'est pas dissuasif loin de là.

Le ministère de l'économie s'appuie sur une enquête détaillée de la direction générale de la concurrence, de la consommation et de la répression des fraudes (DRGCCRF). Selon celle-ci, Leclerc a contourné la loi Française par l'intermédiaire d'Eurelec, une centrale d'achat belge crée en 2016 et partagée avec l'Allemand Rewe. Leclerc ferait désormais une bonne part de ses achats en Belgique et userait de rétorsions fortes pour obliger ses fournisseurs à baisser leurs prix.

Leclerc évidemment se défend : le groupe affirme s'en être pris qu'à de grandes entreprises multinationales et non à des PME ; il déplore la pression constante que les pouvoirs publics exercent sur lui depuis 2 ans et met en avant la défense des consommateurs. Ceux-ci sont, peut-être, les bénéficiaires de cette politique commerciale (cela reste à prouver), mais Leclerc est accusé par ses fournisseurs et ses concurrents de pratiques trop agressives.

Leclerc avait déjà fait preuve de mauvaise volonté lors des négociations engagées par le gouvernement entre la distribution et les producteurs pour mieux rémunérer ces derniers. Bercy s'inscrit dans l'esprit de la loi qui a sanctionné ces négociations et prétend vouloir maintenir l'équilibre dans les relations commerciales. Le ministère de l'économie veut sanctionner le recours à des centrales d'achat étrangères. Il est obligé en effet de prendre des mesures en ce sens sinon les groupes de distribution contourneront sans problème la loi de l'an dernier. Mais la question de la légalité des amendes infligées se posera vite, Leclerc et ses concurrents prendront sans doute appui sur la législation européenne pour conserver leur liberté d'action. En outre, les faits reprochés à Eurelec sont antérieurs à la loi votée l'an dernier. Ce qui affaiblit un peu plus la légalité de l'amende de 117 millions. La justice sans doute sera amenée à trancher.

Combien coûte la fraude sociale ? : 23.07.2019

La fraude sociale est par nature très difficile à chiffrer, puisqu'il s'agit de travail dissimulé, de faux numéros de sécurité sociale ou des détournements de RSA. L'agence centrale des organismes de sécurité sociale (l'ACOSS), un organisme qui dépend de l'URSAFF, estime qu'elle a coûté au total entre 6.8 et 8.5 milliards d'euros en 2018. Mais la cour des comptes est sceptique vis-à-vis des méthodes de l'ACOSS, qui ne détecteraient pas selon les sages une grande part des falsifications. De même, un magistrat spécialisé Charles Prats a affirmé en décembre 2018 que 1,8 de numéros de sécurité sociale auraient été obtenus avec des documents frauduleux, engendrant une perte colossale de 14 milliards pour ce seul secteur. L'URSAFF prétend que la situation en ce domaine serait maîtrisée, et les falsifications à cette échelle impossibles, mais selon la sénatrice UDI Nathalie Goulet, l'administration oppose une fin de non-recevoir à toute demande de précisions ; elle soupçonne les hauts fonctionnaires d'obstruction pour éviter d'avouer leur faute. Il est difficile pour un non-spécialiste de se faire une idée tant les thèses divergent. De nombreuses rumeurs, invérifiables, courent : des ressortissants d'autres pays qui ne vivraient pas en France viendraient se faire soigner gratuitement dans notre pays, il y aurait 50 000 centenaires algériens percevant des pensions de retraite de la France (les décès des bénéficiaires seraient cachés par les familles). Pour des raisons politiques (pour ne pas attiser le racisme ?), le gouvernement refuserait-il de faire la lumière sur ces détournements et tenterait-il de les minimiser ? La question se pose !

Selon l'ACOSS, le travail dissimulé représenterait l'essentiel de la fraude (entre 5.2 et 6.7 milliards en 2018 contre 4,4 à 5,7 milliards en 2016). Mais l'ACOSS a estimé en 2014 que la fraude en ce domaine avait coûté en 2012 entre 20,1 et 24,9 milliards d'euros ! La lutte n'est pas devenue plus efficace, car les redressements n'ont rapporté en 2018 que 641 millions d'euros, soit 100 millions de plus qu'en 2017 (12% de recouvrement contre 50% pour les services fiscaux) La raison de ce décalage surprenant entre 2014 et 2019 viendrait selon la cour des comptes, des modifications de la méthode utilisée par l'ARCOSS pour chiffrer la fraude (on procède par sondages). On la surestimait en 2014 et on la sous-estimerait en 2014. Est-ce la vraie raison ? En revanche la fraude fiscale est sans vergogne surestimée pour des raisons politiques (100 milliards) car elle serait pratiquée par d'affreux capitalistes. Quoiqu'il en soit les comptes sociaux sont en déficit du fait de la fraude et si celle-ci était éradiquée (on peut toujours rêver !) les cotisations des salariés et des employeurs baisseraient sensiblement.

Selon l'ARCOSS, les principaux secteurs fautifs seraient dans l'ordre les entreprises de gardiennage (29%) le transport routier (23,6%) , la restauration (21,3%) le BTP (13,7%) le commerce alimentaire (10,3%) et la réparation automobile. 6,2 % des entreprises frauderaient. 9 % des chauffeurs routiers 8% des salariés du BTP e 6% de ceux du secteur de la restauration ne seraient pas déclarés.

Enfermez-moi dans un camp pour me rééduquer de mes tendances climato réalistes : 24.07.2019

Je le confesse même si j'en ai honte : je doute parfois des arguments présentés par le GIEC et sa prophétesse Greta. Je suis un déviant, un réfractaire au progressisme vert et à la bien pensance, certes je ne suis pas un pur anti-écologique, mais il m'arrive de lire des textes écrits par des climato réalistes et de trouver, j'ose à peine l'avouer, certaines de leurs thèses crédibles. (Pas toutes quand même !)

Mon cas est donc pendable et je n'ai aucune excuse. Il faut m'enfermer et me rééduquer avant que je ne contamine le corps social. Mao au temps de sa toute-puissance savait comment traiter ses opposants : il les plaçait dans des camps et en leur imposait de récurer les toilettes tout en déversant la propagande marxiste-léniniste revue à la sauce asiatique. Rien de tel que la lecture collective tous les soirs du petit livre rouge pour redresser les esprits les plus tordus. Même le futur premier ministre Deng Tsiao Ping a été ainsi purifié de ses tendances droitières et a pu gouverner par la suite l'Empire du Milieu.

Si on ne fait rien la plus grande partie des humains vont mourir de chaud et la civilisation va s'effondrer. Il n'y a donc aucune place pour les sceptiques comme moi, pour les traîtres à la cause écologique. Il faut donc d'urgence ouvrir des camps dans le Larzac ou aux Kerguelen. Pour des crapules comme les climato réalistes, inutile de prévoir un minimum de confort. Une botte de paille sous les étoiles leur servira de lit et pour les nourrir, on prépara des soupes d'herbes avec un peu de soja. Surtout pas de viandes qui aggravent les rejets de CO2. Pour garder les déviants, on créera des brigades vertes constituées de jeunes de 15 à 20 ans. Ils abandonneront leurs études qui ne servent à rien pour se consacrer entièrement à la sauvegarde de la planète. On ne recrutera pas chez les étudiants, car au-delà de 20 ans les esprits deviennent plus critiques et il ne faut prendre aucun risque. Les gardes verts devront haïr les déviants, n'avoir aucune compassion pour ne pas être tenté de s'apitoyer sur leur sort.

Je plaisante bien sûr, mais à peine. Après la visite de Greta Thunberg à l'assemblée nationale, boudée par des députés de droite ou d'extrême droite, certaines réactions d'écologistes forcenés font froid dans le dos. Elles sont totalitaires et n'ont rien à envier aux défunts communisme et maoïsme. Un anticommuniste est un chien affirmait Sartre. De nos jours cela se traduit par « un climato réaliste est un chien ». Avouez les fans de Greta : combien d'entre vous approuvent cette maxime ? Pourtant, s'il y a un domaine où l'idéologie devrait être absente, c'est la science. Une théorie est considérée comme valable tant que des faits ne la démentent pas et tous les acquis doivent être remis régulièrement en cause. Sous Hitler des fanatiques, partisans de l'inepte théorie de la terre creuse faisaient régner la terreur et dispersaient à coups de gourdin des réunions où on enseignait la science classique. Le protégé de Staline, Lyssenko, empêchait toute équipe qui ne partageait pas ses conceptions de la génétique de recevoir des crédits. Les écologistes me font penser à eux. Je suis incurable : pour moi la liberté n'est pas négociable !

Le flop des taxes sur les yachts et les voitures de luxe : 27.07.2019

Quand l'impôt sur la fortune a été supprimé par le Parlement français, à l'automne 2017, les députés gênés sans doute de « faire un cadeau qui ne profiterait qu'aux riches » avaient voté dans la foulée deux petites taxes sur les yachts et les voitures de luxe. Pourtant, la cour des comptes ne cesse de mettre en garde contre ces prélèvements qui ne rapportent que des sommes modestes et dont le montant parfois équilibre à peine les frais de recouvrement. Les sages recommandent de les supprimer. Le Pouvoir suit ce conseil, mais fort lentement. Il élimine 4 ou 5 micro-taxes chaque année tout en en créant 2 autres par ailleurs.

Le rapporteur du projet de loi instaurant les prélèvements sur les bateaux de plaisance et les voitures de luxe estimait que ces impôts rapporteraient 40 millions d'euros, montant dérisoire face aux 4,5 milliards d'euros de recettes perdues en réduisant l'assiette de l'impôt sur la fortune aux seuls biens immobiliers. Ces 2 taxes étaient symboliques et même mesquines.

Or le rendement de ces nouveaux impôts a été lamentable : 3387 véhicules ont été assujettis à la taxe sur les voitures de luxe pour un rendement total d'un peu plus de 15 millions d'euros (2 fois moins que prévu). Le propriétaire d'un véhicule doit payer 500 € par cheval fiscal à partir du 36 ^{ième} inclus avec un maximum de 8000 €. Mais la taxe sur les yachts a fait bien pire ! Elle n'a rapporté que 86 700 €, une misère, au lieu des 10 millions prévus ! On a augmenté fortement le barème du droit annuel de francisation et de navigation pour les bateaux de plaisance et de sport de plus de 30 mètres et dont la puissance était supérieure à 750 W. La taxe est comprise entre 30 000 € et 200 000 € par navire assujetti. On espérait atteindre par ce biais 500 bateaux. Pour finir, il n'y a sur le littoral français que 7 yachts qui devraient être taxés et parmi eux, 5 n'ont rien payé. S'ils s'étaient acquittés de cet impôt, ce dernier aurait rapporté 285 000 €. Dérisoire, absurde et pathétique. Les Douanes n'arrivent pas à expliquer pourquoi les 5 bateaux fraudeurs ont pu passer entre les mailles du filet. Sans doute, leurs agents ne se sont pas mobilisés pour si peu ; envoyer des courriers de rappels, des huissiers, engager en cas de refus de paiement une procédure, doit probablement coûter plus cher que ce que l'État gagnerait.

Les 500 propriétaires de bateaux de plaisance concernés a priori par cette taxe ont dû choisir des ports d'attache étrangers pour échapper à ce prélèvement. Du coup, même s'ils font de courts séjours dans notre pays, ils dépensent moins qu'autrefois sur le sol français. Les pertes pour notre économie doivent être importantes et le déficit de TVA est probablement être supérieur aux 86 700 € de la taxe sur les yachts. Il faut donc d'urgence supprimer cette dernière. Le constat est le même pour l'impôt sur les voitures puissantes : sans doute ceux qui souhaitent les acheter vont à l'étranger pour les acquérir ou bénéficient de montages financiers adaptés pour échapper à la fiscalité française. « Faire payer les riches » est un magnifique slogan ; malheureusement il est souvent irréalisable du fait de la mondialisation et de l'existence de l'U.E

Le conseil constitutionnel met fin aux délires des associations sur le fichier des mineurs isolés : 27.07.2019

Il existerait 40 000 « mineurs » isolés. Selon *Valeurs actuelles*, chacun coûterait 50 000 euros par an, montant auquel il faut rajouter les frais d'évaluation de la minorité et ceux de l'éventuel contrat d'apprentissage signé quand le « mineur » atteint 18 ans, 30 000 € en moyenne. Alors que la France exsangue ploie sous le déficit, l'accueil des mineurs est devenu une charge intolérable et injuste : selon *Sputnik* certains départements compteraient jusqu'à 80 % de faux mineurs même si la minorité est reconnue pour 61% des postulants. En effet, beaucoup de fraudeurs bénéficient du doute pour passer à travers des contrôles, car il est très difficile d'estimer l'âge d'un adolescent ou d'un jeune adulte. L'interrogatoire permet d'écarter nombre de fraudeurs, mais les associations dans leur délire pro-immigrationniste conseillent les jeunes pour leur éviter d'être démasqués et révisent avec eux ce qu'ils doivent dire. En outre, il faut passer par le biais de traducteurs ce qui crée un filtre dommageable. De plus la justice autorise les « mineurs » à refuser l'examen radiologique de leurs poignets ; or malgré l'incertitude réelle que ces clichés induisaient, ils permettaient de trancher dans un grand nombre de cas.

Les faux mineurs démasqués n'hésitaient pas jusqu'alors à changer de département et à recommencer la procédure. Pour finir, très souvent ils trouvaient une collectivité pour les héberger. Pour empêcher la poursuite de cette fraude choquante et consternante, les pouvoirs publics ont décidé de créer un fichier pour centraliser les dossiers. Si quelqu'un est refusé par un juge des enfants quelque part en France, il le sera désormais partout dans le pays. Cette mesure est de bon sens et devrait faire consensus. Au nom de quel principe donnerait-on 50 000 € par an à un fraudeur ? Pourtant, les associations engluées dans leur délire pro-immigrationniste sont vent debout contre ce fichier. Elles n'ont aucun argument valable à donner si ce n'est celui-ci : toute personne qui souhaite s'installer en France devrait être autorisée à le faire et être aidée financièrement à prendre un nouveau départ. Elles se moquent complétement que cette politique ruine la France. Le conseil constitutionnel saisi n'a pu que constater que nos lois fondamentales étaient respectées et que rien ne s'opposait à la création de ce fichier. En fait, aucune autre décision n'était possible. Pourtant, les associations ne désarment pas : elles vont saisir maintenant la cour de cassation. 15 départements dont Paris viennent d'annoncer qu'ils ne transmettront pas les données des mineurs pour qu'elles soient recensées, créant ainsi une faille dont les fraudeurs profiteront.

Mais pourquoi continuer à recevoir en France les mineurs étrangers ? La logique voudrait que les mineurs originaires de pays « sûrs » (Algérie, Tunisie, Guinée, Maroc…) soient systématiquement rapatriés ; ils seraient placés jusqu'à leur majorité dans des centres financés par la France. Vu la différence de niveau de vie, un mineur ne coûterait plus que 5000 € par an au lieu de 50 000 €. Politique réactionnaire ? Elle l'est tellement que la municipalité d'extrême gauche qui gère Barcelone se dirige vers cette solution.

Les fonctionnaires seront les grands sacrifiés de la réforme des retraites : 31.07.2019

Les masques sont en train de tomber et la réforme des retraites montre désormais toute sa nocivité. Le Pouvoir assure que le niveau de pensions restera le même, mais c'est de la pure propagande ! En effet, les pensions seront réduites en cas d'interruption de carrière pour problèmes de santé, chômage ou années sabbatiques. Or ces cas se produisent souvent et sont actuellement sans conséquences grâce à la règle des 25 meilleures années. Et surtout les pensions seront diminuées continuellement pour éviter les déficits des caisses de retraite et ajuster les recettes aux dépenses. Pratique pour le gouvernement mais cette amputation se fera au détriment des retraités.

En outre, les fonctionnaires (un salarié sur 5 !) vont tous ou presque, perdre des sommes considérables avec le projet de M. Delevoye. Jusque-là les pensions atteignaient s'il n'y avait ni décote ni surcote 75% du dernier salaire (sans tenir compte des primes) du moment que le fonctionnaire avait perçu ce dernier pendant au moins 6 mois. S'y rajoutait un complément basé sur le calcul des points acquis et qui était alimenté par un prélèvement indolore de 5 % (doublé par l'État) sur les primes. Souvent un fonctionnaire en fin de carrière gagne 180% de son premier salaire. Même s'il est très difficile avec le nouveau système de faire des prévisions, avec un taux de remplacement de 80%, la pension d'un agent de l'état risque de n'être plus que de 64% de son dernier salaire (au lieu de 75 %)

Pour faire passer la pilule, le gouvernement agite la carotte des primes qui seront intégrées au salaire pour donner elles aussi des points pour la retraite. Mais le pouvoir se garde bien de préciser que la cotisation sera dorénavant de 28 % au lieu de 5 % ce qui va induire une perte sèche et définitive d'un quart des primes. Une petite minorité de fonctionnaires touche entre 30% et 50% de leurs salaires en primes ou en heures supplémentaire (Hauts fonctionnaires, ingénieurs de l'état, professeurs de classe préparatoire, certains enseignants d'université, proviseurs…). Ceux-là perdront donc entre 7,5% et 12,5 % de leur rémunération, mais garderont la même pension qu'actuellement. Les autres (enseignants, agents hospitaliers ou des collectivités locales) qui ne touche qu'en moyenne 10% de primes perdront 2,5% de rémunération tout en voyant leurs pensions de retraite s'effondrer (250 € de pertes pour les enseignants selon leurs syndicats). Un pur désastre pour 5 millions de français et ce « vol » aura un effet récessif sensible. S'y rajoute la fin pour les personnels de santé de la retraite à 57 ans et son report à 64 ans, le fameux âge pivot, sauf si bien sûr un nouveau dispositif remplace l'ancien. Pour compenser cette baisse drastique de pension et de revenus, les syndicats vont demander une augmentation de salaire notamment pour les enseignants (les plus mal payés d'Europe). Mais ils n'ont guère de chance d'être entendus vu le déficit vertigineux du budget.

Cette réforme des retraites dont le pouvoir macronien ne cesse de nous vanter les mérites n'a, je pèse mes mots, aucun avantage pour le salarié mais de nombreux inconvénients Le système actuel marche très bien. Le déficit actuel est minime (0,4% du PIB en 2026) et il serait comblé rapidement par des mesures indolores. Un bon gouvernement qui voudrait le bien de la population le conserverait en l'améliorant sur la marge, mais nous ne sommes pas dans ce cas de figure.

Et si on modifiait génétiquement mes arrière-petits-enfants ? : 01.08.2019

Le Japon vient d'autoriser la survie au-delà de quatorze jours d'embryons mixtes animaux-humains dans lequel on aura implanté des cellules souches pluripotentes de notre espèce. Et surtout les scientifiques auront le droit de transplanter ces « chimères » dans des utérus de substitution pour leur permettre de se développer et peut-être de naître. L'empire du Soleil levant justifie cette autorisation par des raisons nobles et humanitaires : l'idée est de développer des organes humains, destinés à servir de pièces détachées pour des greffes. La pénurie d'organes est un vrai problème ; les cœurs, par exemple, manquent alors qu'avec les insuffisants cardiaques et les malades atteints de mucoviscidose les besoins sont immenses.

Pour l'instant, il ne s'agit que de mettre au point cette technique, d'acquérir de l'expérience et de lever les innombrables obstacles qui ne manqueront pas de se dresser. Aucune greffe de ce type ne se fera avant 2040 voire 2050. Mais sauf si l'ONU les interdit pour des raisons éthiques ou si pour finir on n'arrive pas à obtenir des organes 100% humains ces transplantations se feront. D'autant plus que les scientifiques ne partent pas de rien : on a cultivé un pancréas de souris chez un rat et on l'a greffé chez une souris rendue diabétique, la guérissant de sa maladie. Bien sûr, cette expérience ne prouve rien : la souris a une espérance de vie limitée ; elle n'a pas le temps de développer un éventuel cancer et un rejet provoqué par un organe contenant trop de cellules étrangères à son espèce.

La question qui va immanquablement se poser une fois cette étape franchie sera : et si on implantait dans des embryons humains quelques cellules nilpotentes animales pour développer des qualités dont les hommes et les femmes ordinaires sont dépourvues. Par exemple, on pourrait implanter des poumons de dauphins pour qu'un être humain puisse plonger plus profond qu'actuellement et rester plus longtemps sous l'eau ou améliorer sa peau pour la rendre plus aérodynamique. Les possibilités sont sans limite. Bien sûr les oppositions seront féroces : on ne touche pas à l'être humain, il est tabou hurleront les premiers, on ne modifie pas les descendants d'Adam qui sont l'œuvre de Dieu, ajouteront furieux tous ceux qui croient à un être suprême.

Pour ma part, je ne serais pas hostile à de telles modifications du moment qu'elles soient strictement encadrées, que le but recherché ait un sens et surtout qu'elles soient sans danger pour les enfants à naître. Évidemment, je ne serais pas directement concerné, mais si jamais on me demande mon avis pour mes arrière-petits-enfants, je donnerai mon accord qui ne comptera pour rien bien sûr. Rendre en toute sécurité (point essentiel !) mes descendants plus intelligents, plus forts, plus résistants aux maladies, prolonger leur vie en leur implantant des gênes de tortues, pourquoi pas ? Pourquoi se priver d'un progrès ? Au nom du principe de précaution ? En tenir excessivement compte est le signe d'une civilisation au bord de la décadence, qui ne croit plus en elle et se raccroche au passé. Il ne s'agit pas bien sûr de faire n'importe quoi, mais si un demi-siècle d'expérimentations a prouvé la totale innocuité de ces méthodes, je suis partisan de modifier le capital génétique des humains, mais pour uniquement pour des améliorations qui ont un sens.

Il est trop tard pour moi, mais pour mes arrière-petits-enfants vous avez ma bénédiction !

La tenue d'une violoniste fait scandale en Irak : 02.08.2019

À Kerbala en Irak, Joelle Saade, une violoniste libanaise a fait scandale en interprétant l'hymne national irakien lors de l'ouverture du Match Irak-Liban sans couvrir ses longs cheveux bruns tout en portant une robe qui laissait ses bras dénudés. L'ancienne Mésopotamie accueille en effet la coupe de Football de l'Asie de l'Ouest. La tenue de Mme Saade n'était nullement indécente selon les critères « occidentaux », mais les islamistes en ont jugé autrement. Le Waqf chiite (qui gère les biens religieux du pays) a porté plainte contre la fédération irakienne de Football tandis que l'ancien Premier ministre Nouri-al Maliki tonne contre la « violation » de la ville de Kerbala, 5 [ième] lieu saint des Chiites, après La Mecque, Médine Jérusalem et Nadjaf. Elle est en effet le lieu de la décapitation en 680 du « martyr »

Hussein le petit-fils d'Ali lui-même cousin, gendre et fils adoptif de Mahomet. À Kerbala, la plupart des femmes sont voilées et des arrêtés condamnant l'indécence (féminine) sont régulièrement pris par la municipalité. L'influence de l'Iran voisine y est prépondérante. Les internautes Irakiens sont partagés à l'instar du pays : certains félicitent la jeune femme d'avoir fait trembler les « hypocrites », d'autres estiment qu'elle a couvert de honte la ville sainte.

En France, des « féministes islamistes » soutenues par nombre de « progressistes » dénoncent « l'islamophobie » et l'intolérance de la société française qui interdit officiellement le niqab et serait hostile au voile. Elles mettent en avant la liberté des femmes qui, si elles le souhaitent, ont le droit de se couvrir les cheveux lorsqu'elles sortent ou le corps avec le burkini si elles se baignent. Même celles qui sont sincères et soutiendraient Mme Saade contre les chiites, font un contre-sens total sur les raisons qui expliquent la réticence d'une partie des Français envers le voile : elles accusent le racisme de nos compatriotes alors que ce sentiment odieux a beaucoup reculé dans notre pays sauf dans une toute petite minorité d'indécrottables xénophobes, hostiles à « l'autre » quel qu'il soit. Le rejet de l'hidjab trouve en fait sa source dans la politique de l'Iran et de l'Arabie Saoudite, dans la polémique sur la tenue de Mme Saade ou celles qui l'ont précédées, dans l'intolérance (réelle celle-là) de musulmans français qui insultent des femmes non voilées quelle que soit leur religion. La preuve en est que personne en France ou presque ne dénonce la Kippa ou le turban des Sikhs, sans doute parce que ni les juifs ni les adeptes des dix gurus n'obligent les hommes à se conformer à leurs coutumes vestimentaires. Plutôt que de s'acharner en paroles sur l'islamophobie des français, les féministes islamiques devraient manifester devant l'ambassade d'Irak pour dénoncer les chiites qui nuisent à la liberté vestimentaire de Mme Saade, multiplier les actions contre les légations de l'Iran et de l'Arabie Saoudite, aller dans les quartiers pour protéger les femmes non voilées des quolibets des islamistes. Voilà des actions qui feraient baisser en France la prévention contre le voile et le burkini !

La guerre serait-il le propre de l'Homme et du singe ? : 06.08.2019

Le magazine *Pour la science* rouvre, dans son dernier numéro le débat sur une querelle récurrente : Les guerres, c'est-à-dire les affrontements vraiment meurtriers, ne sont-elles apparues qu'au stade des agriculteurs-éleveurs et étaient-elles ignorées avant cette période ? Cette thèse est privilégiée par nombre de paléoanthropologues ; pour ces « colombes » on n'a trouvé jusqu'à présent qu'un seul charnier datant du néolithique alors qu'ils deviennent plus nombreux dès que les humains se sont sédentarisés. S'y rajoute une argumentation sociologique : les chasseurs-cueilleurs pratiquant une répartition quasi égalitaire des ressources n'auraient aucune raison de se faire la guerre. Leur mobilité incessante qui limitait leurs possessions, leur faible démographie les aurait incités à préférer l'évitement à l'affrontement violent. La lutte pour un territoire, la domination politique n'auraient aucun sens du fait de la structure de la société de l'époque. Selon cette thèse Les conflits ne se seraient généralisés que tardivement avec l'invention de l'épée de Bronze vers 1800 avant Jésus-Christ. Avant cette date la guerre était peu fréquente, sinon les moyens de tuer des êtres humains auraient été perfectionnés depuis longtemps. la guerre serait donc une « déviation » et un « accident » dans la longue histoire humaine ; que représentent 3800 années par rapport aux 3000 siècles qui nous séparent de l'apparition de l'homo sapiens ? Ces colombes ont pris le parti de Jean Jacques Rousseau : l'Homme et la Femme seraient bons par nature et ont été pervertis par la civilisation.

Malheureusement pour ces « naïfs » paléoanthropologues, il existe des preuves abondantes d'une agressivité inhérente aux sociétés qualifiées de « primitives », selon la terminologie abusive du XIX [ième] siècle. Les Aborigènes australiens n'ont jamais pratiqué l'élevage et l'agriculture, sans doute n'en avaient-ils pas besoin, puisque les ressources alimentaires abondaient ; or on a retrouvé des peintures rupestres présentant des tribus en armes, prêtes à en découdre. En outre, 165 conflits violents ayant fait une moyenne de 32 morts ont été rapportés par la mémoire collective. 32 peut sembler peu, mais nous parlons de groupes qui dépassaient rarement la centaine d'individus. Pour donner un exemple, une guerre qui s'est déroulée dans la région de Melbourne en 1845 a pour origine la mort d'un jeune Aborigène populaire qui s'est tué en tombant d'un arbre. Pour expliquer cet accident qui semblait impossible vu l'agilité du défunt, on a alors accusé de sorcellerie une tribu voisine ; un raid nocturne a été lancé sur le campement des soi-disant coupables. Toute la tribu ennemie a été exterminée, y compris les femmes et les enfants qui étaient partis se cacher et dont les vengeurs ont patiemment attendu le retour en se cachant. Une analyse fine des motifs des 165 conflits écarte la responsabilité des Occidentaux. Les Aborigènes se sont très rarement disputés pour des territoires, encore moins pour s'approprier des richesses. Ils ne sont pas battus pour contrôler des routes commerciales ni pour acquérir de la puissance afin de s'affirmer face aux envahisseurs. Ils ne sont pas non plus entre-tués pour des ressources alimentaires bien que celles-ci se soient amenuisées, du fait du refoulement des indigènes dans des réserves constituées des terres les moins fertiles. Les colons n'ont jamais été impliqués dans les conflits intertribaux et nombre de batailles recensées ont eu lieu avant leur arrivée des Britanniques. La violence existait avant que les blancs ne débarquent ; la Grande Bretagne a eu un effet pacificateur en interdisant avec succès les guerres intérieures.

Cela n'excuse pas les Britanniques qui restent coupables d'avoir envahi un territoire indépendant, d'avoir spolié ses habitants et de les avoir réduits à devenir des citoyens de deuxième ordre dans leur propre pays.

Ce constat fait en Australie se retrouve dans les grandes plaines Américaines, dans les forêts canadiennes et en Nouvelle Zélande avant la venue des Occidentaux. Les conflits entre indigènes étaient sanglants et l'adage « malheur aux vaincus » était de mise. Ceux qui perdaient les guerres inexpiables auxquelles se livraient entre elles les tribus étaient réduits en esclavage, voire dévorés rituellement. Les ancêtres des Européens faisaient probablement de même. La violence est malheureusement inhérente à l'âme humaine et est généralisée à tous les peuples et toutes les cultures sans en excepter aucune. La civilisation n'amène aucun progrès au contraire : le nombre des victimes des guerres n'a fait qu'augmenter à travers les siècles.

Sans doute, la notion de guerre est-elle incluse dans notre matériel génétique hérité des ancêtres communs aux hominidés et aux singes : à Gombe en Tanzanie on a observé un conflit et un antagonisme croissant entre deux sous-groupes de chimpanzés alors qu'ils avaient au départ des relations pacifiques et que chaque clan disposait de ressources en abondance. À l'issue de cette guerre qui a duré 4 ans, les mâles de la « tribu » la moins nombreuse (6 individus) ont tous été tués, une femelle a connu le même sort, deux d'entre elles ont disparu, 3 autres ont été enlevées et le territoire des vaincus a été annexé par les vainqueurs. Mais ceux-ci ont dû rétrocéder une partie de leur conquête à un autre groupe plus nombreux et plus agressif. Cette guerre a troublé Jane Godwall, l'ethnologue qui l'a observée ; elle estimait a priori que les singes seraient exempts de toute violence. Sa constatation s'est heurtée à l'incrédulité de la communauté scientifique. Certains de ses confrères l'ont accusée d'anthropomorphisme, d'autres d'avoir provoqué le conflit en nourrissant les chimpanzés, ce qui aurait « perverti » une société naturellement pacifique ; depuis d'autres conflits ont été observés et désormais plus personne ne remet en cause l'existence de guerres inter-chimpanzés.

Jean Jacques Rousseau a tort : le bon sauvage est un mythe. L'Humanité est marquée, comme le prétendent les théologiens chrétiens, par le péché originel qui était déjà présent chez les ancêtres qu'elle partage avec les singes.

Un politicien Malais voudrait protéger les hommes de la lubricité des femmes : 07.08.2019

En Occident nous connaissons depuis deux ans la campagne « Me Too » qui, malgré des excès notables, a permis de dénoncer des violeurs jusque-là impunis même si certains accusés sont pour finir innocentés tandis que d'autres trouvent des arrangements financiers avec leurs victimes : ils remettent ainsi en vigueur les antiques lois germaniques sur la compensation d'une agression sexuelle par une somme d'argent fixée par le code et la coutume.

À rebours de cette évolution (révolution ?), en Malaisie, un député du parti au pouvoir Mohamed Imram Abd Hamid est venu au sénat soutenir un projet de loi destiné à défendre les hommes du « harcèlement » des femmes. Il a déclaré à la fin du mois de juillet 2019 devant la chambre haute : « *Je propose une loi sur le harcèlement sexuel visant à protéger les hommes des actions, paroles et vêtements des femmes qui séduisent les hommes au point de les pousser à commettre des actes comme l'inceste, le viol ou regarder de la pornographie... C'est important que nous les hommes soyons protégés : les actions et les vêtements des femmes peuvent nous séduire, nous pousser à enfreindre la loi et nous causer des problèmes avec la justice (...) Je demande au ministère de prendre en compte ma proposition, pour que les hommes soient en sécurité et le pays en paix »* Ces propos sont donc sans ambiguïté. Si une femme subit les derniers outrages, son agresseur devrait, selon ce député, être excusé si la tenue de sa victime était « aguichante ». Mesdames, si vous portez une jupe, une robe ou si vous mettez des talons hauts, vous serez la seule responsable de ce qui vous arrivera ! Nous ne sommes pas loin du slogan « Voilée ou violée ». En Occident, ce genre de discours était fréquent dans les années 1970. Depuis, les mentalités ont heureusement évolué mais tous les préjugés n'ont ps disparus. En Irlande, en 2018, les magistrats ont imputé son viol à une adolescente de 17 ans, car elle portait… un string ! Selon un sondage effectué en juin 2019 42% des Français estimeraient que la responsabilité d'un violeur était moindre si la victime s'était montrée provocante. Il faut néanmoins prendre avec prudence les résultats étonnants de cette enquête, car suivant les questions posées, on peut faire dire ce qu'on veut aux sondés.

M. Abd Hamid a déclenché un tollé dans son propre pays et à l'international, même s'il a reçu quelques soutiens : un vice-président du Sénat a notamment déclaré que ses paroles étaient de bon sens. M. Abd Hamid a vite retiré sa proposition de loi et s'est platement excusé : « *Bien que mes intentions soient sincères, je ne m'attendais pas à ce que cela soit perçu comme une grave erreur offensant beaucoup de femmes et que des hommes se sentent insultés.* » La Malaisie est à 61,3% musulmane, mais l'islam impose sa marque. Dans un des états fédérés, le Kelantan la charia est appliquée sans nuances. Dans la capitale de cette province un règlement municipal interdit même jupe, rouge à lèvres et hauts talons aux femmes. Le contexte dans ce pays était donc propice à ce qu'un député ose déposer un tel projet de loi.

La Malaisie, un état semi-démocratique à l'épreuve de l'islamisation : 10.08.2019

La Malaysia est un pays à part et original. Unique monarchie élective au monde, elle s'étend sur la majeure partie de la péninsule malaise et sur le Nord de l'île de Bornéo. Elle est une fédération de 9 sultanats datant de la colonisation Britannique et de 4 territoires fédérés. Son chef d'état doit appartenir à l'une des 9 familles royales, il est élu pour un mandat de 5 ans par un conseil constitué du Premier ministre, des 9 sultans et des 4 gouverneurs d'états fédérés. Ce conseil a le droit de destituer le souverain. Ce dernier possède des pouvoirs importants dont celui de proclamer l'état d'urgence. Il nomme la majorité des sénateurs avec toutefois l'accord du Premier ministre. L'ancien roi Mohammed V a abdiqué en janvier 2019 après seulement 2 ans de règne. Il avait fait scandale en épousant en 2018 une ancienne reine de beauté Russe Rihana Oxana Gorbatenko qu'il vient de répudier irrévocablement en prononçant trois fois selon la loi islamique « Talaq » (Tu es divorcée). Son ancienne épouse avait donné naissance en mai dernier à un fils mais l'avocat de Mohammed V a fait part officiellement de doutes concernant la paternité de l'ancien souverain.

La Malaisie possède le plus vieux Premier ministre en exercice dans le Monde, Mahathir bin Mohamad qui est âgé de 94 ans. Ce dernier a déjà été Premier Ministre de 1981 à 2003. Son deuxième successeur Najib Razak (2009-2018) a été pris dans un scandale retentissant connu sous le nom de scandale 1MDB. En juillet 2015, le *wall street Journal* a révélé des soupçons dirigés contre M. Razak qui aurait détourné un demi-milliard d'euros. L'intéressé qui faisait preuve d'un autoritarisme croissant et prenait des mesures considérées comme liberticides a laissé ses adjoints le défendre. À la surprise générale, il a perdu les élections législatives de 2018 au profit d'une coalition dirigée par M. Mahathir qui l'a remplacé. M. Razak a depuis été mis en examen et son procès s'est ouvert en avril 2019.

M. Mahathir pour l'emporter avait fait alliance avec le parti d'Anwar ibrahim qui a été un temps considéré comme son dauphin et a été son vice-Premier ministre de 1993 à 1998. Cependant, en 1999, M. Mahathir a fait condamner M. Anwar à 6 ans de prison pour corruption lors d'un procès considéré comme truqué. En 2000, M. Anwar a pris 9 années supplémentaires pour de fausses accusations de sodomie (qui est un crime en Malaisie, mais est très rarement réprimée). Sa deuxième condamnation a été cassée en 2004 par la cour fédérale. M. Anwar continua cependant à purger sa peine pour corruption, tout en se proclamant son innocence. Il fut libéré pour bonne conduite en 2004, mais a été à nouveau accusé de sodomie en 2008. Il se réfugia un temps à l'ambassade de Turquie. Après un long procès, il fut déclaré non coupable des accusations de sodomie en janvier 2012, mais le gouvernement fit appel et M. Anwar a été condamné en 2015 à 5 ans de prison, peine confirmée par la cour suprême. M. Mahathir avait promis lors de sa campagne électorale de 2018 de le faire libérer et de lui céder son poste de Premier Ministre en 2020. En attendant il a pris l'épouse de M. Anwar comme vice-Premier Ministre. M. Anwar a été gracié par le souverain en mai 2018. Lors d'une élection partielle, il a été élu député avec 71 % des voix. Celui qui en 2008 l'a accusé de sodomie s'est présenté contre lui, mais n'a obtenu que 86 voix.

Tigre asiatique, au taux de croissance impressionnant (+8 % !) et qu'on peut désormais considérer comme un pays développé, la Malaisie est à la fois une démocratie parlementaire à la Britannique et un régime autoritaire. Son mode de scrutin est uninominal à un tour, mais cet élément démocratique est contrebalancé par le manque de compétition entre les partis. Nombre de circonscripts n'ont qu'un seul candidat, car les partis s'entendent entre eux et abandonnent la majorité au principal mouvement UNMO. En échange les partis minoritaires (souvent issus des communautés chinoises et indiennes) participent au gouvernement. On qualifie souvent ce régime de « consociationnel » : le pouvoir est réparti entre les différentes ethnies au prorata de leur importance numérique dans la population.

Les libertés d'expression des citoyens et de la presse sont limitées : depuis 2013 les dissidents (ceux qui critiquent le gouvernement) peuvent être emprisonnés sans jugement. La liberté d'association et de manifestations est entravée quand il s'agit de dénoncer des lois proposées par le gouvernement. Les médias sont surveillés par le pouvoir et des poursuites sont engagées contre les journalistes qui seraient trop critiques. En 2018, *reporters sans frontières* a classé 145 (sur 192 !) la Malaisie pour la liberté de la Presse.

La liberté religieuse est également entravée bien que constitutionnellement reconnue. Les musulmans forment

61,3 % de la population et les sunnites qui sont largement majoritaires (55%) bénéficient de plus de privilèges que les autres courants de l'Islam (chiites ou alaouites). Ils sont les seuls à avoir le droit d'essayer de convertir des membres des autres religions. Il est interdit aux sunnites d'apostasier et les enfants de musulmans et de fonctionnaires doivent impérativement recevoir une éducation religieuse sunnite. Les conversions sont parfois rémunérées. Ceux qui deviennent sunnites, font obligatoirement changer de religion leurs enfants mineurs, même si leur conjoint s'y oppose. Malgré les entraves à la liberté de presse, les médias rapportent des cas où le mari s'est converti à l'islam, a pu divorcer et obtenir la garde de ses enfants malgré les efforts de son ex-épouse, les juges privilégiant systématiquement l'époux devenu musulman. En 2013 le terme *Allah* a été interdit aux non-musulmans qui doivent utiliser à la place *god*. Néanmoins, la cour suprême a autorisé l'utilisation du mot *Allah* pour les bibles écrites dans la langue vernaculaire malaise. Un député a parlé d'Apartheid religieux pour qualifier la situation de son pays.

La charia est en application dans un des 9 sultanats, le Kelantan, dont le sultan est l'ancien souverain de la Malaysia Mohamed V. Le Kelantan qui est peuplé presque entièrement de Malais est le seul des états fédérés à ne pas être dirigé par le parti majoritaire UNMO, mais par le parti pan islamique Malaisien (PAN). Alors qu'il avait le vent en poupe dans les années 200 et semblait pouvoir accéder légalement au pouvoir à Kuala Lumpur, le PAN a approuvé imprudemment les attentats du 11 septembre 2001, ce qui a permis à M. Mahathir de reprendre la main face à lui lors de son premier mandat : il a usé pour cela de mesures liberticides et a expulsé de nombreux Indonésiens. En 1996, le conseil municipal de la capitale du Kelantan a rendu obligatoire le port du foulard islamique pour toutes les femmes (y compris les non-musulmanes) sur leurs lieux de travail. Il a proscrit de même le rouge à lèvres, les panneaux publicitaires représentant des femmes non voilées et en 2006 les tenues « sexy et indécentes ». Celles qui ne respecteraient pas cette interdiction sont passibles d'une amende de 608 ringgits (120 euros, 13% du salaire mensuel moyen). En dehors de cet état, le voile n'est pas obligatoire, mais est porté par 70% des musulmanes alors qu'il était marginal jusqu'aux années 1980. L'habit traditionnel islamique est fréquemment porté par les Malais et les tenues « occidentales » mal vues pour les musulmans.

À la fin du mois de juillet 2019 un député du parti au pouvoir Mohamed Imram Abd Hamid est venu au sénat soutenir une proposition de loi destinée à défendre les hommes du « harcèlement » des femmes. Il a déclaré devant la chambre haute : « *Je propose une loi sur le harcèlement sexuel visant à protéger les hommes des actions, paroles et vêtements des femmes qui séduisent les hommes au point de les pousser à commettre des actes comme l'inceste, le viol ou regarder de la pornographie... C'est important que nous les hommes soyons protégés : les actions et les vêtements des femmes peuvent nous séduire, nous pousser à enfreindre la loi et nous causer des problèmes avec la justice (...) Je demande au ministère de prendre en compte ma proposition, pour que les hommes soient en sécurité et le pays en paix* » M.

Abd Hamid a déclenché un tollé dans son propre pays et à l'international, même s'il a reçu quelques soutiens : un vice-président du Sénat a notamment déclaré que ses paroles étaient de bon sens. M. Abd Hamid a retiré sa proposition de loi dès le 1 août 2019 et s'est platement excusé : « *Bien que mes intentions soient sincères, je ne m'attendais pas à ce que cela soit perçu comme une grave erreur offensant beaucoup de femmes et que des hommes se sentent insultés.* » Avant lui un autre député avait suggéré en 2017 que les femmes violées épousent leur agresseur ; il a également déclaré que les fillettes de 12 ans étaient aptes au mariage. Un de ses collègues a, la même année, déploré que les femmes puissent se refuser sexuellement à leur mari et qu'il faille leur accord pour leur époux prenne une seconde femme. À chaque fois, ces propos prononcés à la chambre ont provoqué de violentes réactions, des parlementaires du même parti ont notamment déclaré avoir honte de leurs collègues.

La Malaisie est une mosaïque ethnique : 50,2 % des habitants sont malais 25% sont de lointaine origine chinoise 10% d'ascendance indienne et 11% des *Orang Asli* des Autochtones de Bornéo. L'origine ethnique (malaise, tamoule, chinoise, eurasienne,…) est indiquée sur les cartes d'identité. L'événement fondateur de la Malaisie est la guerre coloniale victorieuse menée par les Britanniques contre l'insurrection communiste entre 1950 et 1959. Les insurgés ont surtout recruté dans l'ethnie chinoise et la Grande Bretagne a dû déployer 50 000 hommes et procéder à de nombreux bombardements de la jungle pour en venir à bout. Que la minorité Han ait pu vouloir conquérir le pouvoir a traumatisé la majorité malaise.

En 1969, de graves émeutes raciales ont éclaté faisant de nombreuses victimes Chinoises ou Indiennes. L'état d'urgence a été proclamé et la démocratie suspendue jusqu'en 1971. Le clivage économique était grand entre une majorité malaise pauvre et une minorité chinoise qui détenait toutes les clés du commerce. Pour diminuer la frustration des Autochtones vis-à-vis des immigrants asiatiques, le gouvernement de Kuala Lumpur s'est donné pour objectif d'élever de 3% à 30% la part des actions détenues par les Bumiputera (fils du sol, c'est-à-dire Malais et Aborigènes de Bornéo), de limiter à 40% celle des autres citoyens de la Malaisie et de réduire celle des étrangers à 30%. En outre, il a mis en place une politique de discrimination positive pour les fils du sol, en leur réservant 60% des places à l'université et en leur garantissant l'accès prioritaire à l'administration.

Le bilan de ces mesures est mitigé : si la discrimination positive a rempli ses objectifs et a été reconduite, la part d'actions des Bumiputera n'a grimpé qu'à 20% au lieu des 30% escomptés, celle des autres malaisiens a augmenté à 55 % tandis que la part des étrangers a régressé à 25%.

Le Premier Ministre Mahathir a, pendant son premier mandat 1981-2003, accentué la politique de discrimination ethnique et religieuse (qu'on peut qualifier de « raciste ») et le côté antidémocratique du régime, mais ces tendances ont atteint leur point culminant sous le mandat de M. Razak. La victoire de M. Mathandir en 2018 est surprenante vu le contrôle de la société exercé par le gouvernement et ne s'explique que par la popularité de M.

Mathathir qui a gardé une excellente image chez ses concitoyens. Si comme promis son ancien dauphin M. Anwar accède au pouvoir en 2020, celui-ci, s'il tient ses engagements, libéralisera le régime et luttera contre la corruption (qui est la plaie de la Malaisie). En 2007, M. Anwar avait signé *A common word between Us and You* une lettre ouverte de notables musulmans adressée à des notables chrétiens appelant au dialogue, à la paix et à la compréhension entre les diverses communautés.

Une dette cachée à 4300 milliards d'euros ! Bientôt la faillite ? : 12.08.2019

On connaissait la dette « officielle » de la France qui est de 2315 milliards et frôle désormais les 100 % du PIB. Il en existe une autre dite immergée sur laquelle la sénatrice centriste Nathalie Goulet vient de donner l'alerte dans une interview au Figaro. Il s'agit des engagements de l'État qui ne sont pas comptabilisés directement dans la dette « officielle » (celle qui est définie par le traité de Maastricht) mais dont le fantôme pèse sur les comptes de l'État. Cela comprend les retraites des fonctionnaires (le poste le plus lourd 2287 milliards) les subventions aux régimes de retraite, les allocations pour handicapés et pour la dépendance, les aides au logement, les dettes garanties par l'état mais non prises en compte dans la dette officielle (celle de l'UNEDIC, de la SNCF que le Pouvoir ne veut pas assumer directement quitte à multiplier les artifices comptables) les engagements pour les exportations, pour les livrets d'épargne, ou encore les frais provoquées par des catastrophes (attentats, explosion nucléaire, épidémie, chute d'astéroïde). L'estimation totale est effarante : 4300 milliards ! 130 milliards de plus qu'en 2017, 1100 milliards de plus qu'en 2015, 4 fois plus qu'en 2005. Au total, en comptabilisant les dettes immergée et officielle, l'État garantit 6515 milliards d'euros de dettes 275 % du PIB !

La dette immergée est semblable au diabète ou au glaucome, elle évolue silencieusement et ses dégâts ne sont pas apparents jusqu'à ce que ses effets deviennent visibles et irréversibles. Tant que les taux d'intérêts resteront négatifs, c'est-à-dire tant que les états occidentaux inspireront confiance, l'échafaudage tiendra vaille que vaille. On trouvera toujours des prêteurs qui accepteront de perdre une partie de leur fonds en les laissant pour un temps donné à la disposition de la France. Mais les taux ne pourront pas rester négatifs éternellement. Les premiers craquements se font entendre : l'Argentine s'effondre, du fait de la crise politique les taux italiens se tendent et risquent d'arriver à un niveau tellement insupportable que nos voisins transalpins seront obligés de quitter en catastrophe la zone Euro, au risque de provoquer une crise mondiale plus épouvantable que celle de 1929. La seule solution que les banquiers centraux entrevoient c'est de baisser encore plus les taux, un non-sens total économique, une aventure dont on ne sait pas où elle va nous mener puisque qu'elle n'a jamais été tentée.

Viendra peut-être (sûrement ?) le moment fatal, où la méfiance sera généralisée, où personne ne voudra prêter à personne, où le système bancaire s'effondrera, où on limitera drastiquement les retraits. Les deux dettes officielle et immergée seront exigibles rapidement. L'État, ce monstre froid, surmontera cette épreuve en changeant de monnaie, en favorisant une inflation à deux chiffres. Pour parer au plus pressé, il saisira une partie de dépôts (de l'ordre de 20%) et taxera lourdement le foncier (en nationalisant 10% de tous les terrains et en exigeant un loyer pour toutes les constructions, loyer qui s'il n'est pas payé annuellement sera perçu d'un bloc lors de la vente). Quelque soient les crises, l'économie survit toujours et retrouve au bout d'un certain temps le chemin de la croissance, mais non sans avoir ruiné au préalable les consommateurs.

Les fakes news sur la fonte de la calotte glaciaire du Groenland : 13.08.2019

Les journalistes sont souvent incultes sur le plan scientifique. Ils se contentent de reprendre les dépêches alarmistes des « réchauffistes » sans chercher à les vérifier, sans les placer en perspective et en se copiant les uns et les autres. C'est à qui fera la une la plus angoissante possible sur le thème « Repentez-vous mes frères, nous allons tous griller en 2050 »

Les températures ont indéniablement augmenté depuis 1970, après avoir chuté pendant 30 ans. Les années 2015 à 2019 sont les plus chaudes depuis 1300. Personne n'est capable de dire si les températures actuelles sont plus élevées que celles enregistrées autour de l'an mil ou de l'époque des Romains. Les études à ce sujet sont en effet contradictoires souvent orientées par des biais idéologiques. En outre si la moyenne de juillet 2019 a dépassé le record de juillet 2016, la différence est ténue 0.04 ° (alors que la précision des températures est de 0,1° !). Il vaudrait mieux parler de stagnation, surtout que le phénomène El Nino (présent en 2016, 2017, 2018 et 2019) provoque une augmentation temporaire des températures.

Début août 2019, les médias se sont affolés : on a enregistré 30 ° au Groenland, la calotte a perdu 10 gigatonnes de glace en une seule journée et 160 gigatonnes au mois de juillet 2019. On ne précisait pas que les pertes de juillet 2019 étaient identiques à celles de juillet 2016, qu'il ne s'agissait que de 0,0056% du total de la calotte, que les pics de chaleurs ont toujours existé au-delà du cercle arctique et surtout que la calotte du Groenland sur une année totale continue à grossir du fait des chutes de neiges en hiver. Vous avez bien lu : nous ne sommes absolument pas menacés d'être submergés par la glace fondue du Groenland, contrairement aux bêtises proférées par les journalistes. En réalité la calotte progresse d'année en année ! En 2012 année où la banquise était la moins étendue depuis qu'on la mesure par satellite, la calotte était restée quasiment stable (+38 gigatonnes), mais depuis elle a augmenté sensiblement (+ 400 gigatonnes en 2016 +544 en 2017 +512 en 2018). En 2019 nous sommes très au-dessus de 2012, toujours dans la moyenne basse des années 1980-2010 (qui évoluait entre +100 et +600 gigatonnes), peut-être autour de +120 gigatonnes si on ne risque à un pronostic. Cette variation considérable de l'augmentation est tout à fait naturelle, elle dépend de la météo et des chutes de neiges si elles sont abondantes ou pas

Les articles catastrophistes sur la fonte du Groenland du début de ce mois étaient, je pèse mes mots, honteux, de la pure désinformation, de la sottise la plus totale. Qu'il y ait un problème écologique est indéniable, mais il n'est nul besoin d'en rajouter et de mentir effrontément sauf si le but est de tromper les masses occidentales afin de leur faire accepter une dictature verte. Chers lecteurs de Boulevard Voltaire, la prochaine fois que vous verrez des articles catastrophiques sur le climat, méfiez-vous. Peut-être seront-ils vrais (cela arrive de temps à autre malgré tout ! Encore une fois, la crise écologique est réelle), mais peut-être seront-ils écrits par des « analphabètes » scientifiques et donc sans aucune valeur.

Les caissières vont-elles être remplacées par des robots ? : 18.08.2019

Un accord national autorise les caissières « volontaires » à travailler les dimanches dans les magasins d'alimentation jusqu'à 13 h. Passé cette heure, les hypermarchés et les supermarchés sont en théorie contraints de fermer, sauf s'ils font appel à des caisses robots. Or celles-ci se multiplient et quelques magasins les utilisent désormais pour ouvrir le dimanche après-midi en ne vendant ni pain, ni poisson, ni alcool. Des vigiles sont là pour s'assurer que les clients ne partent pas sans payer ou pour limiter les fraudes et des intérimaires engagés par des entreprises extérieures et qui (hypocritement) ne sont pas considérés comme des caissiers (ce qui serait interdit par la convention collective en vigueur) sont présents pour conseiller les clients et parer aux nombreux dysfonctionnements des automates. Ce qui s'est passé pour la première fois à Angers le dimanche 26 août dans l'après-midi ; l'expérience a tourné au fiasco du fait de la manifestation prévue par les syndicats et des nombreux problèmes techniques. Nombre de clients ont abandonné leurs courses générant des pertes pour le magasin.

Les caisses automatiques ne cessent de se généraliser malgré les risques importants de fraude (changement volontaire d'étiquetage pour payer moins cher) et les innombrables bugs. Elles sont d'abord apparues pour des achats rapides à côté des caisses classiques. Des supermarchés ont ensuite misé sur ce type d'équipement pour ouvrir 24 h sur 24. Et récemment ce sont des hypermarchés qui ont banni les caissiers humains. Tout cela fait craindre aux syndicats des plans sociaux importants qui tailleraient dans les effectifs des hôtesses de caisses devenues moins indispensables. Il faut en effet une caissière pour superviser 8 caisses automatiques. Formées en une journée, obligées de rester debout, soumises à une charge mentale importante, ces employées sont plus mal loties que leurs consœurs qui encaissent assises les achats. Les caissières sont souvent des femmes seules, engagées à temps partiel avec des horaires à trou pour se plier au pic de consommation. Elles sont actuellement 200 000 et beaucoup d'entre elles n'ont aucune autre perspective de travail. Casino qui est à la pointe de l'ouverture de magasins équipés uniquement en caisses automatiques jure que ce système ne sera pas généralisé, mais que valent les promesses des gestionnaires qui en priorité recherchent le profit ? (Ce n'est pas une critique de ma part, juste une constatation de la manière de fonctionner de l'économie) Si l'expérience est concluante (c'est-à-dire rentable !) ce modèle sera étendu et les caissières deviendront rares. À l'étranger on trouve nombre de magasins où dès que vous mettez un produit dans votre caddy, celui-ci est enregistré automatiquement. Vous payez à la sortie.

Les syndicats sont vent debout devant cette évolution Mais leur lutte est sans doute un baroud d'honneur. Malgré la violence employée, personne n'empêchera la mise en place des supermarchés sans hôtesses de caisse. En 1830, les canuts lyonnais ont brisé les machines qui les remplaçaient, ils ont pris les armes, mais leur combat a été vain. Plus près de nous, les pompistes ont disparu. Quand une compagnie pétrolière a proposé de les réinstaller moyennant un supplément de 2 centimes le litre, l'expérience a fait un flop. Pour gagner quelques euros, le consommateur acceptera sans états d'âme de se passer d'humains.

Anti-sommet du G7, la réunion des outres à vent : 19.08.2019

Les G7 ou autre G20 ne sont guère utiles. On n'y prend rarement des décisions. Ils permettent surtout aux puissants de ce monde de se parler et d'échanger leurs vues. Le dialogue même s'il est stérile est toujours préférable à la confrontation. Mais que dire des contre-sommets organisés par des « associations » ? Cette année nous sommes gâtés, nous en aurons deux : un (plutôt anecdotique) en langue euskara qui se tiendra de chaque côté de la frontière et qui n'est qu'une façon pour les indépendantistes basques de diffuser leur propagande à bon compte. Un autre plus important qui s'ouvre aujourd'hui à Hendaye, rassemble 80 associations (Oxfam, Attac, Terre solidaire, les amis de la Terre, le lobby LGBT, les verts, Europe écologie, NPA, France insoumise, des syndicats, ...) Les partis politiques et les syndicats, tous bien-pensants de gauche, ont une once de légitimité, même s'ils ne représentent au mieux que 23% des électeurs et si aucune formation politique n'est propriétaire des voix de ceux qui ont voté pour elle. Mais que dire des ONG qui se gavent de subventions et s'agitent pour faire semblant d'exister : en étant cynique, on pourrait avancer qu'une partie de ces associations (pas toutes heureusement) n'ont en fait qu'un seul but : assurer à la petite caste qui les dirige une vie confortable en abusant ceux qui les financent. Ces ONG ne sont que des outres à vent qui se gonflent d'importance au point de s'imaginer avoir le droit d'intervenir dans les affaires de la planète et surtout de représenter « le peuple ». Cette prétention est insupportable, révoltante. Je n'aime pas la politique de M. Macron, je ne cesse de la dénoncer dans ces colonnes, mais lui seul est légitime (jusqu'en mai 2022) pour gouverner notre pays, car il a obtenu sur son nom la majorité des suffrages exprimés. Les ONG ne peuvent sous aucun prétexte se comparer à lui. Elles nous rejouent en fait, la farce de « Tout le pouvoir aux soviets », ce court-circuitage du peuple par une poignée d'apparatchiks qui s'emparent du « pouvoir » après qu'une infime minorité ait voté pour eux. À la fin du siècle dernier, la mode était aux papes auto-proclamés. On ne compte plus le nombre d'illuminés qui ont prétendu être le seul successeur légitime de Saint Pierre. Personne ne les prenait bien entendu au sérieux si ce n'est une poignée de fidèles. La démarche de ces ONG est exactement la même et participe au même phénomène d'auto-investissement ; la raison, le respect du principe fondamental, « un être humain vaut une voix et une seule » devrait les disqualifier totalement. Hélas, les médias au lieu de sourire de leurs prétentions ridicules et de les renvoyer au néant qu'en réalité elles représentent, leur ouvrent généreusement leurs colonnes et retranscrivent leurs propos comme s'il s'agissait des paroles sacrées. Ces ONG auront autant d'importance dans les journaux et les reportages des télévisions que des dirigeants de pays élus démocratiquement. Le décervelage qui permet à une petite caste hors-sol d'imposer ses vues continue de plus belle.

Fin de la taxe d'habitation : pour finir le contribuable paiera : 27.08.2019

M. Macron, pour être élu, a proposé de supprimer la taxe d'habitation pour 80% des ménages les moins aisés. Apparemment il n'avait pas réfléchi aux tenants et aux aboutissants de cette décision. Dans un premier temps, le pouvoir a ordonné aux municipalités de faire des économies pour compenser le manque à gagner. Comme c'était bien entendu impossible, le gouvernement a dû réfléchir de mauvais gré au moyen de remplacer le prélèvement disparu, d'autant plus que le conseil constitutionnel lui a enjoint, pour des raisons d'égalité devant l'impôt, de supprimer la taxe d'habitation pour tous les ménages sans exception. Il faut donc trouver 23 milliards pour 2022. Le Pouvoir envisage de donner aux communes l'intégralité de la taxe foncière qui jusqu'alors était partagée entre les départements et les municipalités. Cela ne compensera pas intégralement la perte de la taxe d'habitation, car la taxe foncière a rapporté en 2018 19 milliards aux départements. Il manquera donc 4 milliards, mais les communes ne se gêneront pas pour augmenter la taxe foncière et récupérer leur mise. Les départements ont bondi à l'idée d'abandonner cette ressource (25 % de leur budget total !) alors que leurs charges explosent : le RSA et l'accueil des mineurs étrangers non accompagnés (qui sont en fait majeurs pour 50% d'entre eux) leur coûtent de plus en plus cher et ne sont plus remboursés à 100% par l'État comme ce dernier s'y était engagé quand il leur avait demandé d'endosser ces dépenses. Devant la fronde des Présidents de conseils généraux, le gouvernement a dû s'engager à leur verser une part fixe de la TVA comme il le fait pour les régions. Le taux concédé n'est pas encore fixé, aussi les départements ont peur (avec raison) d'être floués. En effet, la question de savoir comment l'État financera cette part de TVA qu'il va abandonner aux départements n'est toujours pas tranchée, la seule piste étant de laisser filer le déficit actuel (100 milliards d'euros) : très difficile, voire impossible. Aussi l'État risque de ne restituer que 8 à 10 milliards de TVA sur les 19 nécessaires. Or contrairement aux communes qui pourront augmenter sans vergogne la taxe foncière, les départements n'auront plus aucun impôt dont ils fixeront les taux. Or depuis 10 ans ils ont majoré leurs taux de taxe foncière bien plus que l'inflation pour faire face à leurs contraintes financières croissantes. La TVA n'ayant pas le même dynamisme fiscal, les départements perdront leur indépendance budgétaire (ce qui est contraire à la constitution). Aussi les Présidents des conseils généraux exigent que le taux de la taxe immobilière comprise dans les frais dits de notaires passe de 4,5% à 4,7%. Ils en escomptent 500 millions d'euros (400 € pour un achat de 200 000 €, soit moins que la défunte taxe d'habitation payable chaque année)

Mais cette bouffée d'air frais risque vite d'être insuffisante : si la conjoncture se retourne, si les taux des emprunts redeviennent positifs (même à 1%) les départements seront pour beaucoup en faillite. Le pouvoir sera alors contraint de les laisser voter un impôt sur le revenu départemental. À la fin de ce jeu de bonneteau fiscal, le contribuable paiera bien la suppression de la taxe d'habitation comme cela était prévisible.

L'État freine volontairement la construction de maisons individuelles : 30.08.2019

M. Denormandie le ministre du logement vient de le reconnaître : l'État freine la construction de maisons individuelles au profit d'une hypothétique rénovation des centres-villes. Pour arriver à ce résultat le gouvernement a diminué le prêt à taux zéro et l'a même supprimé dans des zones dites détendues, c'est-à-dire celles où l'offre est considérée comme suffisante (en gros toutes celles où on bâtissait jusque-là des maisons individuelles). Le marché a aussitôt réagi et la mise en chantier des logements individuels a baissé de 10% tandis qu'en parallèle celle des logements collectifs ne progressait pas. Les promoteurs immobiliers en effet sont soumis à de multiples contraintes qui retardent, voire font annuler les permis de construire. On ignore quand la construction d'immeubles redémarrera si même elle va redémarrer un jour, vu les obstacles rencontrés. M. Macron dans sa campagne électorale avait promis un choc de construction. Cette promesse de Gascon comme tant d'autres est tombée à l'eau et ne sera sans doute pas tenue pendant le quinquennat. Or le bâtiment est une composante essentielle de la croissance. Quand il se porte mal comme maintenant, le PIB ne croit plus, la récession est proche. La crise de 2008 aux USA est due en grande partie à la chute de la construction de maisons individuelles aux USA consécutive à l'effondrement des subprimes.

La politique de M. Denormandie choque, tant elle est empreinte d'un fort mépris social : les ménages des classes moyennes inférieures (celles qui forment les gros bataillons des gilets jaunes) payent en effet les pots cassés ; pour eux le prêt à taux zéro était essentiel. Les classes moyennes supérieures ou les classes aisées étaient exclues du dispositif et finançaient sans aide la construction de leur villa. Rien ne changera pour elles. Le pouvoir dans son mépris des « pauvres » retire à ces derniers le droit à vivre dans un environnement verdoyant ; pour lui ils doivent s'entasser dans des immeubles situés dans les centres-villes. Certes le mitage de bonnes terres agricoles au profit d'un habitat individuel est un problème qu'il faut traiter. On ne peut pas laisser les banlieues s'étendre à l'infini tandis que les centres des villes deviendraient déserts. Mais la politique de M. Denormandie aurait dû être plus équilibrée, la suppression et la diminution du prêt à taux zéro moins brutale. On pouvait à la fois vouloir redynamiser les centres-villes, interdire aux lotissements de pousser d'une manière trop anarchique et continuer à financer le logement individuel des classes moyennes inférieures. Dans le domaine du logement, le gouvernement mène une politique incohérente et injuste : incapable de faire de vraies économies en diminuant le nombre de fonctionnaires dans les nombreux services où il y en a trop, il a sabré sans réfléchir dans une dépense sociale au détriment de ceux qui se sont révoltés pendant l'épisode des gilets jaunes.

Le véganisme sera-t-il le prochain scandale alimentaire ? :30.08.2019

On estime à 3% le nombre de mineurs qui ne consommeraient pas des protéines d'origine animale. Or, une étude publiée récemment dans le journal BMJ, Nutrition, Prevention and Heath alerte sur le grave danger que ferait courir le régime végan aux enfants. Les diététiciens à l'origine de l'article mettent en cause, la carence en choline un nutriment produit en quantité insuffisante par le foie chez les humains. Cette substance se trouve que dans les viandes ou les poissons, les œufs et les produits laitiers. Les végétaux en contiennent aussi, mais pas suffisamment. Il est difficile de suppléer au manque de Choline en se gavant de supplément alimentaire d'origine exclusivement végétale, alors que la vitamine B12 également indispensable aux humains et qui ne se trouve pas chez les végétaux peut être synthétisée à partir de bactéries. (Débat philosophique que je suis incapable de trancher : exploiter des micro-organismes, les faire travailler pour le compte des humains est-il permis par l'éthique végane ?) La choline selon cette étude serait irremplaçable pour la croissance du cerveau des enfants et des fœtus. Une femme enceinte devrait en consommer 450 mg par jour. Ceux qui pendant la grossesse de leur mère et leur propre enfance n'auraient pas reçu une dose suffisante de choline connaîtraient, je cite l'article, une baisse drastique de leur QI. Cette étude n'est pas la première à tirer la sonnette d'alarme. En Italie après l'hospitalisation de plusieurs enfants dans un état avancé de dénutrition suite à un régime sans protéines animales, on a parlé de déposer un projet de loi pour interdire le véganisme aux mineurs, mais cela ne s'est pas fait. En 2011 en France on a jugé un couple dont la fille de 11 mois était morte de faim suite à un régime végan absurde pour un bébé. Pour n'importe quel autre problème, nous lirions dans tous les médias français, des articles indignés et enflammés exigeant que notre gouvernement légifère et prohibe le véganisme pour les enfants au nom du fameux principe de précaution. Et cela serait sans doute la voie de la sagesse, même s'il faut se méfier de ce principe de précaution, qui trop souvent annihile le progrès. Mais le véganisme est un concept bien-pensant donc inattaquable : ce régime est à la mode, prétendument bon pour la planète. C'est tout juste si nous ne sommes pas sommés par les bien-pensants de l'adopter. S'il est comme ses détracteurs le prétendent dangereux pour les enfants, il faudra sans doute 20 ans et un grand nombre de petites victimes pour que sa nocivité soit enfin universellement reconnue. Les experts qui dénoncent le véganisme sont systématiquement accusés d'être à la solde de l'industrie Agro-alimentaire, et d'avoir des liens d'intérêts (souvent réels) avec des firmes de ce secteur ; ces accusations récurrentes et en partie fondées font tourner court tout débat scientifique. Au lieu d'un échange d'arguments fondés sur la science, vérifiables et réfutables, on assiste à une sanctification d'essence religieuse et quelque peu totalitaire du régime végan. Tout cela est bien regrettable et il faut espérer que dans 20 ans une crise sanitaire d'envergure ne sera pas déclenchée par la propagation du véganisme.

Le cauchemar de l'île du docteur Moreau va-t-il devenir réalité ? : 31.08.2019

Dans un roman de science-fiction d'HG Wells, *l'île du docteur Moreau* paru en 1896 un naufragé échoue dans une île où Moreau un « docteur fou » multiplie des greffes pour transformer des animaux en hommes : ainsi sont nés l'homme-puma, l'homme-lion,…Tous sont soumis à la loi : ne pas marcher à quatre pattes, ne pas laper pour boire, ne pas griffer les écorces des arbres, ne pas tuer les autres créatures mi humaines, ne manger ni chair ni poisson. Les chimères vénèrent leur créateur, pourtant leurs instincts sauvages reprennent peu à peu le dessus. Moreau et son assistant sont tués par les monstres, le naufragé réussit à rétablir l'ordre avant de s'enfuir sur un radeau. Mais revenu à la civilisation, il reste traumatisé ; il ne voit plus ses congénères que comme des créatures de Moreau où l'animal serait dominant.

Cette fable fascinante a marqué les esprits et a fait l'objet de nombreuses adaptations cinématographiques. Ce cauchemar va-t-il devenir bientôt réalité ? Le gouvernement japonais vient d'autoriser le développement d'embryons hybrides humains-animaux au-delà de 14 jours et surtout leur implantation dans des utérus de substitution, ce qui leur permettra de mûrir et peut-être de naître. Bien entendu, il ne s'agit nullement de créer une faune « à la Moreau » destinée à être exhibée dans des cirques. L'idée qui sous-tend ce projet est humanitaire : devant la pénurie d'organes à greffer, il vise à transformer à l'aide de cellules souches humaines pluripotentes des animaux au point qu'ils développeraient un rein, un foie, un cœur, un utérus ou autre pancréas, totalement humain qu'il n'y aurait plus qu'à transplanter. Pour le moment, on restera au stade de l'expérimentation, pour acquérir de l'expérience, lever les innombrables problèmes qui ne manqueront pas de se poser et surtout habituer l'opinion publique à ces si dérangeants travaux. Rien ne dit que le succès sera au bout de la route ; des scientifiques doutent qu'on puisse ainsi obtenir des organes 100% humains. Il risque de rester des traces d'impuretés qui provoqueront à terme le rejet de la greffe. Néanmoins, on a fait « pousser » un pancréas de souris sur un rat, on l'a transplantée sur une souris rendue diabétique et on l'a guérie ainsi de sa maladie. Mais cette expérience n'a pas été menée sur un très long terme. Indique-t-elle qu'il faudrait « humaniser » que des animaux proches de l'Homme ? Le singe ou le porc ? Cependant, le cochon poserait des problèmes religieux à deux milliards d'humains qui préféreront peut-être mourir plutôt que de recevoir dans son corps un organe prélevé sur une bête immonde ?

Aucune greffe d'un tel organe ne sera sans doute tentée avant 20 ans. Mais passée ce cap, la prochaine étape sera-t-elle l'implantation de cellules souches animales dans des fœtus humains ? Pour créer des hommes et des femmes, qui pourront vivre sous l'eau et peupler les océans ? Ou habiter sur Mars en se contentant de l'atmosphère ténue de cette planète ? Ces folies annoncées depuis les années 1980 par les livres de science-fiction paraissent désormais à notre portée. Doit-on s'effrayer ? Entamer une campagne mondiale pour obliger le gouvernement japonais à retirer son autorisation ? À quoi bon ? Cela ne serait que reculer pour mieux sauter. Si l'archipel nippon interdit ces expériences, elles auront lieu en Corée du Sud ou en Chine. Dans ce dernier pays, on aurait, paraît-il, modifier des bébés pour les protéger du sida et peut-être les rendre plus intelligents. Toucher au capital génétique de l'Humanité pour « l'améliorer » se fera tôt ou tard. On peut le déplorer, mais on ne pourra pas l'empêcher.

Un rapport pour sauver les maths : 05.09.2019

Charles Torossian inspecteur général de mathématiques et Cédric Villani, qui est titulaire de la médaille Fields (l'équivalent du prix Nobel) et par ailleurs député LREM vont remettre cette semaine à M. Blanquer un rapport sur l'enseignement des maths, mais le JDD a révélé à l'avance leurs recommandations.

La situation actuelle est catastrophique : nous sommes derniers en maths en Europe au classement TIMS qui mesure les performances des écoliers de CM1 et la déroute s'accentue encore au lycée et au collège. Heureusement, l'enseignement post bac très performant (surtout grâce aux écoles normales supérieures) permet à la France de partager avec les États-Unis la première place pour le nombre de médailles Fields et de prix Abel, les équivalents des Prix Nobel.

En France, le général de Gaulle et ses ministres ont voulu mettre l'accent sur les mathématiques, car celles-ci sont une des rares matières (peut-être même la seule) à ne par être marquée socialement. Un enfant d'origine modeste a autant de chance de briller dans cette discipline qu'un enfant des beaux quartiers, alors qu'il a un handicap quasiment insurmontable à affronter en Français, en langue vivante en expression orale. La suprématie des maths a entraîné une violente réaction de rejet accentuée par les maladresses des concepteurs des programmes. (La définition de la droite donnée en 4 ième dans les années 1980 était juste, mais incompréhensible. Même les agrégés de mathématiques ont du mal à l'appréhender !) Certes les programmes ont été simplifiés à la fin des années 1980 et étaient parfaits, mais trop tard. La réaction anti math l'a emporté et le niveau s'est effondré même si nous restons l'un des pays qui consacre (en vain) le plus de temps à cette matière dans le primaire.

MM. Villani et Torossian proposent de faire passer de 25 à 400 heures le temps de formation aux mathématiques des futurs instituteurs. Cette mesure est sans doute si elle retenue celle qui aura le plus d'impact, car actuellement l'immense majorité des professeurs des écoles sont des littéraires. Néanmoins créer comme le suggèrent les rapporteurs une licence spécifique aux futurs instituteurs risque de tarir le recrutement. Peut-être faudrait reporter la formation en mathématiques en master En tout cas, ces 400 heures permettront de sensibiliser les enseignants aux nouvelles techniques : calcul mental, méthodes de Singapour, manipulations dès le CP des 4 opérations en restant sur des petits nombres, utilisation de bouliers ou de logiciels scolaires. Manipuler, verbaliser, expérimenter avant de penser en termes abstraits (car l'abstraction est le but ultime) sera la nouvelle règle d'or et nous permettra de combler notre retard. On complétera ce dispositif par quelques mesures accessoires comme favoriser les clubs d'échec, de bridge ou de maths. De même on contrôlera les livres du secondaire afin de mettre en avant les meilleurs, ceux qui ne négligent pas les démonstrations, comme malheureusement trop le font.

Taxe foncière : le piège se referme sur les propriétaires : 05.09.2019

La suppression totale de la taxe d'habitation crée un trou de 23 milliards qu'il sera difficile de combler. L'État a dans un premier temps sommé les communes de faire des économies, mais c'était impossible de s'en tenir là. En 2016, les impôts locaux ont rapporté 54,7 milliards aux structures communales pour un budget total de 107 milliards d'euros. Aucune collectivité ne peut se priver de 25% de ses revenus. Sans doute, la suppression totale de la taxe d'habitation se placera-t-elle après les prochaines élections présidentielles, pour que les futures décisions nécessairement douloureuses ne polluent pas la prochaine campagne. Le Pouvoir s'est engagé à ne pas créer d'impôts nouveaux pour combler le trou et tiendra ses promesses lors de cette législature. Mais lors de la prochaine tout est possible ! Pour l'instant, le scénario qui tient la corde serait de verser l'intégralité de la taxe foncière aux communes et de dédommager les départements qui en percevaient environ 15 milliards sur un total de 38,7 milliards : on leur concéderait une fraction de la TVA ; cette mesure n'enchante pas les présidents de conseils généraux, car ils seront désormais incapables d'augmenter leurs revenus plus que l'inflation alors qu'ils ne sont pas gênés de le faire depuis 10 ans. Or le transfert de la taxe foncière ne sera pas suffisant pour équilibrer le budget des communes : il manquera encore 8 milliards au minimum. L'État n'augmentera pas ses dotations, car il devra compenser les 15-milliards de TVA dévolus aux départements ; il le fera en augmentant les impôts (peut-être la TVA de 2% ou la CSG) et en retardant le retour à l'équilibre du budget. Les 8 milliards manquant dans les caisses des communes seront fatalement récupérés sur les propriétaires : la taxe foncière va sans doute flamber de 20 % en 4 ans, après avoir grimpé de 22% entre 2012 et 2018. Pour faire passer la pilule et nier que l'impôt foncier augmente de façon excessive, le gouvernement va utiliser un tour de passe-passe. La taxe foncière est basée sur une évaluation du potentiel de location du bien en tenant compte des WC, des salles de bains ou de la surface habitable. Les collectivités locales ne prennent qu'une partie de cette base (44 % en moyenne). Cette base n'a pas évolué pour beaucoup de logements anciens depuis 1970. Il suffira de l'augmenter discrètement Le Pouvoir prétendra qu'il n'aura pas d'augmentation d'impôts, mais juste la mise au pas de « fraudeurs » qui avaient effectué des travaux dans leur habitation sans les déclarer. Le mouvement est déjà enclenché. 64 000 propriétaires ont vu leur base réévaluée au premier semestre 2019 (0,75 % d'entre eux) avec, pour beaucoup, une augmentation de 11% de leur taxe foncière et ceci sans courrier de l'administration, sans visite d'un contrôleur. Ce manque de transparence donne l'impression d'une mesure arbitraire. S'attaquer à 1,5 % des propriétaires en 1 an peut sembler peu, mais en 2023 tout le monde sera réajusté. Pour finir 4 milliards auront été ainsi récupérés. Les 4 derniers milliards seront pris en augmentant le taux de perception sur la base réévaluée de 44% à 48,5 %. On aura compensé la suppression de la taxe d'habitation en volant les propriétaires !

Les banques françaises vont-elles taxer les dépôts des particuliers ? 07.09.2019

L'économie mondiale est dans une période inédite, celles de taux d'intérêt bas qui rendent les prêts accordés par les banques commerciales peu rémunérateurs. En outre, l'argent qu'elles conservent dans leurs coffres doit, dans la zone euro et en Suisse, être impérativement placé auprès des banques centrales qui lui appliquent des taux négatifs (- 0,4 % pour la BCE, −0.75 % pour les Helvètes). Or les banques sont incapables de prêter tous leurs fonds et doivent de toute façon conserver des réserves de plus en plus importantes. On estime en moyenne à 10% l'argent disponible pour rembourser les clients qui reprendraient leurs billes. Ce qui veut dire qu'en cas de panique bancaire et de ruée vers les guichets de particuliers souhaitant récupérer leur mise avant la faillite, les autorités seraient contraintes rapidement de fermer les vannes et de limiter drastiquement les retraits.

En Allemagne et en Suisse, des banques ont choisi d'appliquer des taux négatifs sur les dépôts à partir d'un certain seuil. Dans la confédération Helvétique, Julius Bar et Pictet vont être rejoints par UBS qui projette de prélever 0.75% au-delà de 2 millions de francs suisses. Ces banques veulent obliger leurs riches clients à utiliser les placements rémunérateurs qu'ils offrent par ailleurs. Outre-Rhin 107 (sur 162) établissements répercutent sur les entreprises en totalité ou en partie les 0,4% qu'ils payent eux-mêmes à la BCE et 30 font de même pour les dépôts des particuliers dépassant les 100 000 euros. La fédération allemande des Volks et Raiffaisenbanken (un réseau de caisses d'épargne régionales) menace de taxer ses clients si la politique de la BCE ne change pas. Il s'agit donc d'un mouvement de fond qu'il sera difficile d'endiguer. De plus la barrière des 100 000 euros risque de céder et les dépôts seront peut-être un jour ou l'autre impactés dès le premier euro.

 En France, les banquiers consultés par *les échos* affirment qu'ils n'ont aucun projet de ce genre, car contrairement à l'Allemagne ils ont déjà obtenu de faire payer (et cher) les services qu'ils offrent. Ils n'ont pas besoin pour l'instant de taxer les dépôts, mais rien ne dit qu'ils ne vont pas tôt ou tard imiter leurs confrères allemands d'autant plus que la BCE va s'en doute encore abaisser ses taux, menaçant la rentabilité des établissements français.

La BCE voyant le problème réfléchit à un moyen de redonner aux banques une partie de l'argent récolté grâce aux dépôts obligatoires. (plus de 8 milliards d'euros par an). Mais la manœuvre est délicate. Il faut écarter en effet tout mécanisme qui dissuaderait les banques de prêter aux particuliers et aux entreprises. La BCE n'a pas encore trouvé la martingale idéale. Or le temps presse. Il faut consolider les revenus des banques avant que la prochaine crise n'éclate et ne les fragilise encore plus. Le risque d'une faillite bancaire plane sur l'Europe.

Un crédit d'impôt pour héberger des migrants ? : 08.09.2019

M. Aurélien Tasché est un député LREM pro migrants. Il avait récemment proposé que les réfugiés travaillent dans la restauration qui manque de bras. Il récidive et va déposer une proposition de loi pour instaurer un crédit d'impôts de 1500 € par an en échange de l'hébergement d'un réfugié en règle. Que la personne accueillie ait des papiers est en effet indispensable, car sinon son hôte tomberait sur le coup de la loi pour aide à l'immigration clandestine.

Un crédit d'impôts de 1500 € serait à la différence d'une déduction d'impôts de 1500 € entièrement versé par l'État. Si le montant de vos impôts sur le revenu est de 700 €, dans le premier cas de figure on vous donne 800 € et rien dans le second cas. Avec M. Tasché recueillir un migrant serait donc payé 5 € par jour, ce qui est une somme suffisante pour le nourrir et le loger.

D'abord, un réfugié régularisé a droit aussitôt au RSA et aux APL. Il n'est pas sans ressources, loin de là. Ensuite, un premier problème viendra du contrôle. Quand vous versez une pension alimentaire à un de vos parents ou enfants, le destinataire est clairement identifié et il devra réintégrer les sommes perçus dans sa propre déclaration d'impôts. Là la situation sera floue et de petits malins tourneront facilement la législation. Ils pourront par exemple se partager la somme avec un migrant complaisant.

Un autre problème moral est l'importance du cadeau fiscal proposé par rapport à ce qui existe par ailleurs pour les personnes âgées. Si vous recevez sous votre toit un senior de plus de 75 ans, pour qui vous n'avez aucune obligation alimentaire (frère, sœur, oncle, tante, etc..), vous pouvez déduire de vos revenus un peu moins de 3500 €. Si vous êtes taxé à 14% vous obtenez un gain de 490 € (1050 € si vous êtes à 30%) en tout cas plus faible que les 1500 € dans 95% des cas. Pour les ascendants, on peut soit utiliser le même mécanisme que précédemment soit lui verser une pension alimentaire, ce qui peut se révéler un peu plus favorable.

Mais peut-on évoquer des efforts budgétaires pour les migrants sans parler de l'accueil des SDF nés en France ? Certes les « pro migrants » rétorquent souvent pour clouer le bec à ceux qui évoquent cette question d'en accueillir un chez nous. C'est une répartie facile et idiote. De plus, les pouvoirs publics affirment la main sur le cœur qu'ils ne volent pas aux seconds ce qu'ils donnent aux premiers, qu'il s'agit de budgets distincts. Mais en fait il n'en est rien et beaucoup de nos sdf restent dans la rue faute de place, suite à l'indifférence conjointe de l'État et de leurs compatriotes. La proposition de M. Tasché serait donc ignoble et raciste si elle n'était pas étendue aux SDF français.

En outre, le véritable scandale sont les bidonvilles qu'on trouve dans nombre de grandes villes françaises. Ceux qui y vivent sont des êtres humains et ils n'ont pas à être traités ainsi. Nous donnons en outre une image déplorable de la France aux touristes qui viennent nous visiter. Dans un monde idéal (On peut rêver !) Sdf et migrants seraient accueillis dans des centres chauffés et propres : ils ne seraient pas dans la rue. Après une procédure qui ne durerait que 3 mois au maximum, les réfugiés déboutés du droit d'asile, après l'épuisement de tous les appels légaux seraient renvoyés chez eux sans drame, sans comité de soutien inopportun. Nous n'aurions pas besoin d'augmenter les sommes dépensées si les déboutés du droit d'asile étaient systématiquement renvoyés dans leurs pays suivant la loi, car ces derniers n'occuperaient plus indûment des places dans les foyers. Tous les exilés de la rue pourraient être tous très bien traités si un consensus national sur l'impossibilité de rester en France sans papier se mettait en place !

Le système français contribue à combattre la pauvreté : 09.09.2019

La France reste inégalitaire, néanmoins notre système de redistribution est efficace : nous sommes sans doute dans le top 10 des nations luttant le mieux contre la pauvreté. D'abord, balayons un mirage : toutes les sociétés actuelles, passées ou futures sans aucune exception ont été, sont ou seront inégalitaires. Dans celles qui se sont prétendues socialistes ou communistes (Cuba, Corée du Nord, Chine, Venezuela, URSS, bloc de l'est) le contraste était saisissant entre une petite élite disposant de privilèges exorbitants et la masse du peuple maintenue dans la misère. Quant au slogan « faire payer les riches », il est absurde et injuste. En réalité, il ne vise que les membres des classes moyennes supérieures (au-dessus de 3000 euros par tête), qui sont partout surtaxés en Occident. Quant aux très riches, ils sont certes une source potentielle considérable de revenus pour les budgets : taxer 10% des revenus des 5% des Français les plus fortunés rapporte 12 milliards d'euros, mais les moyens tout à fait légaux qu'emploient les « super riches » limitent drastiquement les prélèvements sur leurs revenus. Et si une nation devient trop intransigeante, les « Très riches » changent de pays sans aucun état d'âme. Tout l'art d'un gouvernement est de déterminer le taux maximum que les « très riches » acceptent de payer sans fuir.

Notre système est redistributif : 13 % de nos concitoyens ont un revenu par personne à 1068 € mensuel, et 6,5% à 854 €. Près de 7 millions de personnes perçoivent des aides sociales non contributives (sans cotisations préalables) : RSA, minimum vieillesse, allocations pour handicapés. Le coût total est de 27,6 milliards d'euros (1,2% du PIB). L'efficacité est notable. Les personnes du 9 ^{ième} décile (1 décile représente 10% de la population) ont un niveau de vie 3,4 supérieur à celles du dernier décile. Cette différence serait de 6,2 sans aides. Ces dispositifs réduisent de 49% la pauvreté des couples avec 3 enfants, de 38% celle des personnes seules avec 1 enfant et de 34 des couples avec 2 enfants. Revers de la médaille : les aides constituent 20% des revenus des personnes gagnant 1530 € par mois et 41,6% de celle touchant 1026 € par mois. Et on retrouve l'éternelle polémique : les plus pauvres qui ne travaillent pas recevraient des coups de pouce invisibles (cantine et transports gratuits) que n'ont pas les travailleurs pauvres, d'où un sentiment grandissant d'injustice en partie à l'origine de la révolte des gilets jaunes. En outre, se pose le problème le plus souvent occulté du poids de l'immigration. Chaque année 250 000 personnes venant de l'étranger sont régularisées. Du fait de leur difficultés de s'exprimer en Français, de leur manque de compétences, ils s'insèrent très difficilement sur le marché du travail malgré leur bonne volonté. En Allemagne où règne le plein emploi, on estime que 65% des réfugiés entrés en 2015 seraient encore au chômage. En 10 ans combien avons-nous introduit en France de personnes qui n'étaient pas persécutées dans leur pays d'origine et qui ne vivent que des aides sociales, même si sans doute elles préféreraient travailler ? Quel est le coût total de cette générosité ? Très difficile de le dire !

La taxe carbone va-t-elle reprendre son envol ? : 13.09.2019

Mme Chiroleu Assouline est centralienne et professeur à l'école d'économie de Paris. Brillante, elle est une experte dans son domaine et est probablement forte compétente. Dans le quotidien « l'opinion » elle plaide pour que la taxe carbone reprenne sa marche en avant, comme si le mouvement des gilets jaunes n'avait servi à rien. En effet, Mme Chiroleu Assouline souhaite que la taxe carbone augmente de nouveau année après année afin d'imposer des économies d'énergie. Les prémices sur lesquelles reposent son raisonnement se tiennent d'un point de vue libéral. En effet, pour limiter la consommation d'un produit il suffit de le réenchérir par des taxes et la main invisible du marché fera son travail. Cependant, cette argumentation est monstrueusement injuste : les partisans de la taxe carbone font comme si les classes défavorisées pouvaient diminuer drastiquement leur consommation d'énergie, alors que c'est impossible, qu'ils sont en mode survie, qu'ils habitent toujours loin de leurs lieux de travail, qu'ils sont locataires de logements qui sont des passoires thermiques et dont le propriétaire n'a pas les moyens de refaire l'isolation, qu'ils sont incapables de sortir les 1000 euros nécessaires pour acheter une voiture moins polluante. La taxe carbone n'ayant pas varié d'un iota, elle restera une charge écrasante pour les « pauvres » qui à conditions familiales égales, payeront le double que les bobos écologistes qui les écrasent de leur mépris et leur en veulent pour avoir contrarié la fiscalité verte de M. Macron, leur idole. Les mesures prises au printemps pour limiter la grogne sociale sont des cache-misères dont l'impact est limité : la prime à la casse n'est doublée que pour les 20% les moins riches des Français, sachant que 13% d'entre eux sont sous le seuil de pauvreté, l'isolation des combles à 1 euro ne concerne que les propriétaires occupants touchant à peine le smig. En fait la taxe verte ne serait admissible que si les aides étaient réellement attractives, si la prime à la casse était de 6000 € pour 75 % des Français, si tous les bailleurs voyaient leurs travaux d'isolation remboursés à 90% et surtout qu'une fois déduit le coût de ces mesures (une dizaine de milliards d'euros), on baisse les impôts payés par les classes défavorisées (CSG, TVA) d'un montant égal à celui que la taxe verte rapportera au trésor public. Mais nous n'en sommes absolument pas là : les partisans de la taxe carbone ressassent toujours les mêmes arguments éculés : le pouvoir doit se montrer pédagogue comme si les Français étaient bornés et stupides alors qu'en fait c'est le gouvernement qui n'a toujours pas compris malgré un printemps d'émeute ce que les masses veulent lui dire sur le nécessaire rééquilibrage de la fiscalité verte avant sa nouvelle expansion.

Le feuilleton chez Alstom s'enrichit-il d'un nouveau scandale ? : 13.09.2019

La branche électrique d'Alsthom a été vendue en 2014 à Général Electric avec la bénédiction d'Emmanuel Macron, alors ministre de l'économie de M. Hollande. Cette cession s'est faite dans des conditions un peu troubles si on en croit un livre publié par M. Pierucci ancien dirigeant d'Alstom et emprisonné pendant deux ans aux États-Unis. Ce dernier avait été arrêté pour une affaire de corruption en Indonésie au nom du principe d'extra-territorialité mis en avant par les Américains et qui leur permet de poursuivre quiconque a commis une infraction dans le monde même si aucun ressortissant ou aucune entreprise des USA n'est en cause. C'est bien pratique quand il s'agit d'affaiblir les concurrents d'un consortium américain. M. Pierucci prétend que ses ennuis judicaires n'avaient qu'un but : faire pression sur la direction d'Alstom, surtout sur son PDG M. Kron pour le forcer à vendre les activités électriques de son groupe à Général Electric. Selon M. Pierucci, en cédant à l'ultimatum américain, M. Kron aurait acquis l'impunité vis-à-vis de la justice des USA. Bien entendu, M. Kron se défend contre une telle accusation. Interrogée par le député LR, Olivier Marleix qui préside la commission d'enquête sur Alstom, la secrétaire d'état, Mme Pannier-Ruchacher, a affirmé que les activités électriques d'Alstom n'étaient pas viables et que la vente à Général Electric s'imposait. Elle justifie ainsi l'avis de M. Macron en 2014, qui a autorisé la transaction. M. Marleix n'a pas été convaincu : il a envoyé le 17 janvier 2019, une lettre au Parquet de Paris pour l'informer des circonstances des cessions de plusieurs départements d'Alstom ; en effet, la justice a ouvert une enquête préliminaire sur les dons reçus par M. Macron pour sa campagne présidentielle. Or des personnes qui ont bénéficié des diverses cessions se retrouveraient parmi les donateurs ou les organisateurs de dîner de levers de fonds. M. Marleix s'interroge de ce fait sur une potentielle corruption. L'association Anticor avait déposé une plainte pénale contre X en janvier 2018 pour négligences, car l'État n'a pas activé ses droits de péremption le privant, paraît-il, de 350 millions d'euros de plus-values. Cette plainte qui agaçait les Pouvoirs public a été classée sans suite par le Parquet en mars 2018.

La gestion des activités électriques est une bien mauvaise affaire pour Général électric, au point que certains se demandent si les Américains n'ont pas été roulé, mais tout dépend de ce que ceux-ci recherchaient. Voulaient-ils acquérir une entreprise en bonne santé qu'ils auraient développé et fait fructifier ou désiraient-ils seulement se débarrasser d'un concurrent, en liquidant toutes ses usines ? L'entreprise américaine avait promis de créer 1000 emplois ; elle en a été incapable et a dû verser 50 millions d'euros de dédommagements à l'état. Pire, elle prépare un plan social drastique à l'usine de Belfort. Les 700 départs volontaires n'ayant pas suffi, il faudrait encore licencier 800 ouvriers sur un total de 1900. Or Hugh Bailey qui de 2013 à 2016 était conseiller au cabinet pour les affaires industrielles et les financements à l'export et qui donc aurait piloté la vente d'Alstom a été embauché par la suite par Général Electric ! Et il va être chargé du plan social qui s'annonce douloureux et potentiellement dangereux pour M. Macron. Un nouveau scandale dans une affaire qui en connait beaucoup ?

Retraites : est-il possible de spolier une partie des Français sans qu'ils ne râlent trop ? : 13.09.2019

Nicolas Canteloup caricature à merveille le Premier ministre. Il l'imite en train de donner des explications sans queue ni tête et quand Mme Sublet déclare « Je ne comprends rien, monsieur le Premier Ministre » le faux Édouard Phillipe avoue « Moi non plus ». Hier sur TF1, M. Philippe a imité à la perfection M.

Canteloup. Unique point concret qui ressort des 5 minutes où il a parlé : la future réforme des retraites sera « juste ». En réalité, M. Phillipe était embarrassé : comment annoncer aux Français que cette réforme va dépouiller une bonne part d'entre eux ? (avocats, enseignants, fonctionnaires territoriaux, cadres supérieurs, roulants de la SNCF et de la RATP, peut-être personnels de santé) Le système actuel est, concédons-le, un peu injuste, mais quasiment à l'équilibre ; il ne manque que 10 milliards (0,4% du PIB) pour qu'il n'y ait pas de déficit jusqu'en 2040. Si le gouvernement avait suivi l'ancienne politique les ajustements seraient passés quasiment inaperçus. Les prédécesseurs de M. Macron ont eu le mérite d'avoir réglé le problème des retraites.

Tous n'est pas réglé en détail, mais si on regarde tous les articles parus (les échos, Forbes) le Pouvoir a plusieurs objectifs en tête : supprimer tous les régimes spéciaux, (sauf militaire et policiers), rogner les avantages des personnels de santé, spolier les fonctionnaires (surtout les enseignants qui passeront de 3000 € à 2300 € mensuels au mieux) en les alignant sur le privé, et s'attaquer aux cadres en baissant le plafond de la sécurité sociale de 320 000 € à 120 000 € (Ces derniers cotiseront moins, mais recevront bien moins et seront largement perdants). On peut considérer avec le gouvernement que les 2 premiers objectifs sont éthiques et justes, que toucher 3000 € mensuels en retraite est indécent et que désormais le maximum se situera à 2300 €. Mais M. Phillipe devrait l'avouer franchement sans mentir et assumer sa politique sans essayer de noyer le poisson comme il l'a fait jeudi soir. Il faut surtout que toutes les cartes soient sur la table avant une élection majeure, législative ou présidentielle, pour que le Peuple approuve ou pas. Néanmoins cela ne suffira pas : la suppression des charges sociales et leur basculement vers la CSG qui a diminué les pensions de retraités de 1,9 % était pourtant annoncée avant la Présidentielle, mais elle a nourri l'impopularité du Pouvoir et l'insurrection des Gilets Jaunes au point que le gouvernement a dû faire machine arrière en partie. Beaucoup de points de la réforme restent flous, mais les perdants seront sans nul doute nombreux. Qui acceptera sans lutter de perdre 23% de sa retraite (les enseignants) ou de travailler 5 ans de plus (comme les roulants de la RATP et la SNCF ?) ? Le gouvernement et son prédécesseur ont réussi tous les 2 à imposer quelques changements cosmétiques dans le code du travail et l'organisation de la SNCF, malgré un mouvement social d'ampleur, car les salariés ont vite compris que les prétendues réformes étaient marginales et ne changeaient rien ou presque. En revanche les pouvoirs précédents ont été incapables de modifier les régimes spéciaux (injustes ?) et ont capitulé devant les syndicats. Je prends le pari qu'il en sera de même avec la réforme des retraites proposée par M. Macron. Un gouvernement de professionnels éviterait une inutile épreuve de force.

Les prix des mutuelles vont-ils exploser par la faute de M. Macron ? 15.09.2019

M. Macron l'a promis pendant sa campagne électorale : le reste à payer pour les lunettes, les appareils auditifs et les prothèses dentaires sera réduit à zéro avant la fin du quinquennat. Cette promesse répond à un véritable problème : si on peut trouver des montures de lunettes à bas prix (quelques dizaines d'euros) les verres en revanche sont toujours chers, surtout si on les prend progressifs pour éviter l'inconvénient d'utiliser 2 paires de lunettes. Selon le site du gouvernement qui présente les décisions du Pouvoir, le reste à charge en optique serait en moyenne de 65 €. Toujours selon ce site, les appareils auditifs d'entrée de gamme laisseraient 850 € à charge au patient par oreille pour des prothèses inesthétiques souvent peu performantes et qui sélectionnent mal les fréquences à amplifier. De même, beaucoup de personnes renoncent aux soins dentaires, car on peut manger sans trop de problèmes avec une dent en moins, le souci est avant tout esthétique et une couronne en céramique laisse actuellement 195 € à la charge de l'assuré. Selon le plan que le gouvernement a dévoilé, le zéro charge ne concernera en 2021 que les sommes que je viens d'évoquer et uniquement elles. Il s'agit certes d'un grand pas en avant, mais dans beaucoup de cas les patients continueront à payer bien plus pour avoir des soins qui ne soient pas de base. En outre ce zéro à charge sera comme souvent chez M. Macron une mesure ambiguë, car plus que la sécurité sociale, ce sont les mutuelles qui régleront la note. Le gouvernement leur a interdit d'augmenter leurs tarifs, mais il s'agit d'une posture hypocrite. Les mutuelles doivent équilibrer leurs comptes. Elles n'impriment pas des billets de banque et il faut espérer que les mutuelles n'ont aucune marge dans le domaine des économies de fonctionnement, car sinon cela voudrait dire qu'elles sont mal gérées ! Les mutuelles n'auront donc pas le choix : elles répercuteront auprès du consommateur intégralement la hausse qu'on leur impose. Officiellement les tarifs ne progresseront que 3 % en 2020 ; en réalité l'augmentation atteindra 5 % voire même de 8 % pour les contrats les moins chers. Même punition en 2021 et sans doute en 2022 et 2023 ! Les mutuelles coûtent en 2019 entre 350 € et 1200 € selon l'âge et les garanties souscrites. Les prix des mutuelles évolueront-ils entre 430 € et 1380 € dans 3 ans ? On peut le craindre si on en croit les augmentations annoncées. Certes M. Macron ne reprendra pas dans la poche des Français l'intégralité de ce qu'il leur aura donné d'une main, mais une bonne part tout de même. Nos concitoyens dont l'entreprise finance une bonne mutuelle s'en sortiront le mieux. Ceux qui sont actuellement à la CMU et ceux aux moyens modestes qui perçoivent une aide pour payer leur mutuelle seront incontestablement gagnants. Mais comme toujours les grands perdants seront les retraités dit abusivement « aisés » alors qu'un couple dans cette catégorie ne perçoit souvent que 2000 € par mois. Eux verront leurs tarifs de mutuelles exploser et devront toujours mettre au bout pour avoir des soins convenables !

Avons-nous le pire gouvernement de l'Europe ? 18.09.2019

J'ai posé cette question en 2016 sous le quinquennat de M. Hollande dans les colonnes de Boulevard Voltaire en concluant que oui. Le Président a changé, malheureusement la réponse est toujours positive ! Est-ce si étonnant puisque le chef de l'État actuel était le ministre de l'économie de l'ancienne équipe. Notre situation est épouvantable au niveau des finances publiques. Nous avons le record de déficit de la zone euro (3,2% en 2019). Même l'Italie qui est l'homme malade de l'Europe fait mieux que nous (2,7%). Bien sûr, notre gouvernement a beau jeu de prétendre qu'il s'agit d'un accident : nous avons modifié le système d'aide aux entreprises (CICE) en le transformant en allégement de charges, nous avons dû compter 2 fois les 20 milliards d'euros en 2019 affectés à cette dépense. Cependant, il n'y a que 2 pays en Europe qui ont un déficit primaire, c'est-à-dire hors service de la dette : nous (– 1,7%) et la Finlande (– 0.3%). Si on élimine le CICE, nous restons à –1,1 % ! Si nous ne sommes pas pris à la gorge comme nos voisins transalpins qui ont un solde primaire positif, nous le devons uniquement à la faveur (inexplicable) du marché : on nous prête à des taux de plus en plus bas (jusqu'à –0.7%) alors que l'Italie emprunte autour de +1,4% ! Notre dette est désormais un revenu. Selon le FMI, nous sommes les champions d'Europe de la dépense publique (55,6% du PIB) contre une moyenne dans l'UE de 45,6%. La situation est paradoxale : nous sommes le pays qui spolie le plus ses contribuables et qui a le déficit le plus fort ! Notre gouvernement se vante d'avoir des résultats dans sa lutte contre le chômage. Hier encore sur BFM TV, Mme Pénicaud nous a assuré que le taux de sans emplois (8,5% selon la définition du BIT) allait encore diminuer. Certes nous sommes en progrès : sous M. Hollande ce même taux n'avait cessé de monter. Néanmoins tous les pays d'Europe, sans aucune exception, ont vu le chômage refluer bien avant nous. Le taux de chômage est de 6,3 % dans l'U.E et de 7,5 % dans la zone euro. Nous sommes donc largement au-dessus de la moyenne, le quatrième à partir de la fin ! Bien sûr, l'Espagne (13,6 %) et la Grèce (18,1%) ont des taux records, mais ces deux pays partaient de très loin et depuis deux ans leur situation se redresse à toute vitesse. L'Italie fait pire que nous (9,7%) mais les autres pays sont proches du plein-emploi : la république tchèque (2,2%) l'Allemagne (3,1%) étant les plus bas, les autres se situant entre 5% et 6,5 %. En outre s'il y a eu 66 000 chômeurs en moins au second trimestre, le halo du chômage a augmenté parallèlement de 63 000 ! Il s'agit de ceux qui cherchent un emploi mais sont considérés comme inactifs par le BIT, car ils ne sont pas disponibles à en prendre un nouvel emploi dans les 2 semaines soit parce qu'ils ont des stages soit parce qu'ils sont malades, soit parce qu'ils doivent d'abord quitter leur ancien poste pas assez rémunérateur. Il n'y a donc aucun doute : nous avons le pire gouvernement de l'U.E. Vivement que ces amateurs s'en aillent et que des professionnels les remplacent surtout qu'une crise économique se profile à l'horizon.

Quand la peur du changement climatique devient une phobie :19.09.2019

Connaissez-vous l'éco-anxiété ? Elle touche des personnes qui s'angoissent devant le changement climatique ou plutôt devant le traitement qu'en fait la presse. Il ne se passe pas un jour sans qu'un article alarmiste ne soit publié et ces derniers temps, ils sombrent dans la démesure. Dans la dernière fournée on apprend que les voyages en avion vont devenir impossible à cause des vents qui agiteront l'atmosphère, que des vagues de 40 M rendront délicate l'utilisation de bateau, qu'en 2100 on atteindra 1200 pm de CO2 (contre 410 ppm actuellement et 280 ppm en 1880) entraînant la disparition des cumulus et provoquant une hausse catastrophique de 13 degrés des températures (Le GIEC prédit une augmentation maximale de 4,5 degrés). Je ne parle pas des océans qui vont relâcher le CO2 stocké dans les profondeurs, du permafrost qui en se dégelant va régurgiter du méthane, de la banquise Antarctique qui en fondant provoquera une montée des mers de 60 mètres, submergeant des terres où vivent 2 milliards d'habitants, bref on annonce régulièrement l'apocalypse et la fin de l'humanité. En fait le plus souvent il s'agit de vagues hypothèses peu étayées et contredites par l'histoire du climat. À ce titre la prédiction prévoyant une augmentation de 13 degrés des températures en 2100 remporte la palme de la Fake News. Alors que le CO2 n'a augmenté que 140 ppm en 140 ans en brûlant des tonnes de charbon et de pétrole, comment pourrait-on passer à 1200 ppm alors que les réserves de combustibles s'épuisent et que les énergies vertes progressent ? Au pire nous serons à 600 ppm, mais sans doute à moins. De plus, au cours des millénaires, la moyenne du CO2 dans l'air est justement de 1200 ppm ! Or au grand maximum les températures étaient de 7 degrés plus élevées que maintenant.

En réalité beaucoup d'articles sont volontairement anxiogènes, car ils émanent d'équipes qui cherchent des fonds pour poursuivre leurs recherches. Ils espèrent en affolant le public, décider les pouvoirs publics à ouvrir le robinet des crédits. L'exemple typique de cette stratégie est la « découverte » d'une cavité sous les glaces de l'Antarctique. D'emblée dans le titre on précise que les mers vont monter de 6 mètres, alors qu'en décortiquant les papiers qui parlent ce problème, ce phénomène n'est pas sûr d'arriver et il ne se produirait qu'à la fin d'un très long processus (plus d'une centaine d'années). En filigrane, on comprend qu'une équipe scientifique demande des crédits pour étudier la vitesse de fonte et voir si cette cavité est vraiment dangereuse.

Tout cela crée un climat d'angoisse chez les plus fragiles, surtout qu'ils ont l'impression qu'on ne peut rien faire pour empêcher l'apocalypse et que celle-ci est imminente et qu'elle se produira avant la fin de leur vie. Pourtant, il y a bien plus de (mal)chances que l'Humanité soit balayée par une guerre nucléaire (entre la Chine et les USA) par le choc avec un astéroïde géant, par l'apparition d'un nouveau virus ou par l'explosion du super volcan Yellowstone. Mais le climat est à la mode ! Il s'agit en fait d'un mouvement religieux. Nous devons expier avant de mourir. Autrefois le prédicateur florentin Jérôme Savonarole prédisait l'enfer à ceux qui ne se repentaient pas à temps. Maintenant, on nous promet de mourir grillé ou asphyxié si on n'aide pas le lobby vert à instaurer sa « dictature » écologique. Autres temps, autres mœurs !

Affaire Bella Hadid : la bêtise humaine n'a pas de fond : 20.09.2019

Bella Hadid, une très belle mannequin néerlando-palestinienne de 22 ans a dû présenter ses excuses en catastrophe après qu'elle eut partagé une photo sur les réseaux sociaux. Celle-ci semble a priori anodine : la jeune femme est habillée d'un jean bleu tout à fait classique et porte des bottines banales de plastique (ou de cuir ?) fauve. On ne voit qu'une jambe qui s'appuie sur une vitre, donnant elle-même sur le tarmac d'un aéroport. Deux avions sont en contrebas.

Bella Hadid aurait-elle offensé les végans, car sa botte est peut-être en cuir ? Aurait-elle dépouillé un malheureux animal sans défense pour fabriquer sa chaussure et serait-elle pour cette raison honnie par la ligue des écologistes de tout poil ?

Pas du tout. La colère qui a secoué une partie de la planète a une raison encore plus ridicule et consternante. Bella Hadid a été accusée de racisme, car son pied visait deux avions appartenant à deux compagnies des pays du golfe. Montrer sa semelle à quelqu'un serait, paraît-il, une injure grave en terre d'Islam et si l'objet du délit pointe vers des objets appartenant à des musulmans, on ne peut être qu'une abominable islamophobe !

Que dire après une telle sottise ? Le pire, c'est qu'elle n'a pas été proféré par un seul fidèle du prophète mal embouché, mais pas des dizaines de milliers de musulmans. Ils ont même menacé de boycotter Dior, marque dont la délinquante est l'égérie.

Bien entendu Bella Hadid n'a jamais pensé qu'on interpréterait sa photo de cette manière sinon elle ne l'aurait jamais postée sur les réseaux sociaux. Qui de sensé aurait imaginé une telle bêtise ? Elle n'avait aucunement des intentions racistes. Tout au plus pourrait-on lui reprocher sa désinvolture vis-à-vis du personnel chargé de nettoyer la vitre de l'aéroport. Ma mère serait fâchée si je me conduisais ainsi, car elle ne m'a pas éduqué de cette façon. Si la jeune femme avait dû s'excuser, c'est vis-à-vis des travailleurs chargés de la propreté.

Cette affaire pourrait porter à sourire ; elle est en fait inquiétante. L'Occident subit une censure islamique de plus en plus féroce. Tout est prétexte à des accusations délirantes de racisme et d'islamophobie. Nos actes les plus anodins sont soupesés, décortiqués et nourrissent une haine à notre égard.

Nous devrions réagir, faire taire les campagnes indignes et sans fondement : mais nous faisons comme Bella Hadid ; nous nous aplatissons, nous nous confondons en excuses, nous sollicitons le pardon pour des fautes imaginaires. Nous sommes vraiment devenus des Dhimmis.

Sortir de l'hétérosexualité : 22.09.2019

Le magazine progressiste *les Inrockuptibles*, a publié une interview des organisatrices d'un festival féministe qualifié de prometteur et qui appelle à sortir de l'Hétérosexualité. Cette manifestation est basée sur le présupposé suivant : *On ne naît pas hétérosexuel. le, on le devient,* périphrase de l'adage féministe qui ouvre le tome II de l'essai de Simone de Beauvoir *Le deuxième sexe.*

Si le but de cette exposition peut provoquer des ricanements et des haussements d'épaules voire scandaliser ou faire crier à la dictature et au totalitarisme, il ne faut surtout pas faire de contre-sens : l'exposition n'appelle pas à cesser les relations sexuelles entre hommes et femmes et si son but est de convaincre toutes les « femmes » de devenir « lesbiennes », cela ne veut pas dire exiger d'elles qu'elles renoncent à faire l'amour avec les mâles (Ouf, nous sommes sauvés !) En fait les organisatrices s'appuient sur les thèses développées par la Française Monique Wittig (1935-2003), l'une des fondatrices du MLF qui se définissait comme *lesbienne radicale*. Elle appelait à dépasser le genre et les catégories de sexe par l'avènement du sujet individuel et la libération du désir. Elle a dénoncé le mythe de la « femme » et a mis en cause l'hétérosexualité comme régime politique et surtout économique mis en place pour aliéner les êtres ayant des chromosomes XY ou s'identifiant à celles-ci.

Les organisatrices de ce festival, Juliet Drouar, Juliette Hammé et Tamar (sans nom de famille ?) nous expliquent que l'hétérosexualité est avant tout une forme d'organisation qui puise son utilité dans une économie capitaliste (sans doute, le mal absolu), racialisée et coloniale (N'en jetez plus !). Étant un mâle cisgenre plongé jusqu'au cou dans le privilège blanc et l'hétérosexualité, j'ai sans doute par nature beaucoup de mal à accéder à la vérité de Mme Drouar, Hammé et Tamar. Néanmoins, si j'ai bien compris leur argumentation, le capitalisme qui promeut le travail gratuit aurait aliéné les femmes au point qu'elles donnent, sans recevoir en échange aucun salaire, une grande partie de leur temps au sein de leur famille. Le féminisme lui-même serait suspect, car la libération des « blanches » se serait faites en aliénant les racisées. J'ose une traduction : les « blanches » auraient récupéré en partie leur liberté en déléguant une bonne part des soins de leurs bébés et l'intégralité des tâches ménagères à des employées (esclaves ?) appartenant aux minorités de couleur ou musulmanes. Mme Drouar souhaite que les femmes ne soient plus dépendantes financièrement des hommes dans leurs couples ; pour cela elle demande à l'État de prendre en charge les frais de reproduction. (c'est-à-dire salarier les mères ?). Tamar, elle, explique que les « lesbiennes » ne sont pas des « femmes » ; en ce sens elles ne sont pas la propriété d'un homme dans leur vie privée, même si elles ont des patrons, des pères, des voisins et des… violeurs. Cette dernière catégorie signifie-t-elle dans l'esprit de Tamar que les hommes sont par nature tous des agresseurs sexuels ? L'hétérosexualité serait-elle toujours un viol ? Tamar continue en évoquant la contraception qui serait pour les « blanches » aliénantes et les « féminiserait » de force en appuyant ainsi leur identité cisgenre hétérosexuelle. Il est certain que si une femme n'est jamais pénétrée par un pénis, elle n'aura nul besoin de la pilule ! Enfin selon Tamar, notre société promouvrait la maternité chez les blanches et la réprimerait chez les « racisées ».

On sort perplexe de la lecture de cette interview, faite avant tout pour provoquer et donner envie de visiter l'exposition. Le monde décrit par ces jeunes femmes est tout bonnement effrayant. Il est pire que la dystopie de la *servante écarlate*, car dans ce roman, la domination des Hommes est apparente et nullement cachée. Dans l'univers de Mme Drouar, Hammé et Tamar (qui ne sont pas des penseuses isolées, mais représentent un courant idéologique qui possède un nombre non négligeable de partisans), la domination masculine est cachée et résulte de manipulations « mentales ». Comme dans la servante écarlate, la société Occidentale serait partagée en plusieurs castes aux privilèges différents.

Je ne ferai que cette remarque qui m'a sauté aux yeux : les organisatrices de ce festival semblent attribuer le « mal » qui ronge la société aux mâles et à leurs pénis. Pour ma part, je pense qu'il est inhérent à l'être humain quel que soit son sexe, et qu'il existe des porteuses des gènes XY qui sont des dominatrices et qui aliéneront autant que des maris machos, les filles qui se mettront en couple avec elles.

La réforme de l'Unedic va améliorer les comptes de l'UNEDIC : 27.09.2019

Précisons-le d'emblée : le sort de ceux qui abusaient des aides de l'Unedic m'indiffère. En effet, quelques personnes ne se mettaient en quête d'un employeur que lorsque leurs indemnisations chômage devenaient trop faibles. D'autres jouaient avec les règles d'indemnisation ; celles-ci permettaient de « recharger » ses droits du moment que l'allocataire avait travaillé un mois dans l'année précédant sa période de chômage. Grâce à ce dispositif, certains n'acceptaient des missions d'intérim d'un ou deux mois que lorsqu'ils étaient contraints et ne travaillaient que six mois par an, pour un salaire mensuel proche du smig. Si on ne peut guère leur reprocher d'utiliser à leur profit un système d'aide sociale, il semble normal de proscrire ce genre de combine, car sur le fond, c'était l'ensemble des travailleurs, souvent payés au minimum, qui finançaient le « farniente » de quelques-uns. Désormais ceux qui sont suivi par Pôle emploi ne pourront pas refuser plus de trois emplois « acceptables » (La définition d'acceptable est complexe) tandis qu'il faudra 6 mois de travail au lieu d'un pour recharger ses droits. Fini le temps où on pouvait vivre aux crochets de l'Unedic en ne travaillant qu'un jour sur 2. Les cadres supérieurs qui payent bien plus qu'ils ne reçoivent toucheront le maximum prévu (autour de 6200 euros) que pendant 6 mois au lieu d'un an.

Les partenaires sociaux étant incapables de s'entendre, le gouvernement a tranché, faisant pencher la balance du côté des patrons avec pour seule concession aux salariés, la mise en place d'un bonus-malus (léger !) pour les entreprises qui utilisent des CDD et d'une taxation d'office de 10 € par contrat de CDD. Cette mesure ne rapportera que 40 millions d'euros par an aux caisses de l'Unedic. Ajoutons que les démissionnaires pourront être désormais indemnisés par l'Unedic, mais cette mesure sera fortement encadrée et ne sera accordée que pour des projets de changement d'emploi préparés avec soin. Ce nouveau droit coûtera 300 millions par an (chiffre donné sans aucune garantie). Enfin certains libéraux (pas tous !) seront eux aussi pris en charge par l'UNEDIC pour 140 millions annuels. Au total, tous ces changements induiront pour les finances de l'Unédic un gain de 690 millions d'euros en 2020, de 1,79 milliards en 2021 et de 2,09 milliards en 2022. Si tout va bien, si les estimations se révèlent fiables, si aucune crise économique ne frappe le pays (malheureusement nous risquons de connaître bientôt une violente récession) la dette cumulée par l'UNEDIC fondera. Elle sera ramenée de 11,5 mois de cotisations comme actuellement à 8 mois en 2022 alors que sans réforme, il aurait fallu compter 9 mois.

Certaines mesures sont justifiées tout en faisant des dégâts collatéraux. Par exemple dans le bâtiment le CDD est parfois la norme. Même si un ouvrier souhaite travailler le plus possible, il a parfois des trous d'une semaine à un mois qui lui sont imposés. Il risque de ne plus être indemnisé alors qu'il n'est pas responsable de cette situation. Quant à la baisse des indemnisations des cadres supérieurs ce n'est ni plus ni moins qu'une honteuse extorsion de fonds et une spoliation, car les cotisations chômage sont en principe une assurance !

Après la CSG, le gouvernement continue de dépouiller les seniors : 23.09.2019

Un senior sur 2 a subi l'augmentation de 1,9% de la CSG (perte moyenne annuelle : 400 €) ne recevant en échange qu'un simple merci de la part M. Macron. Malgré ce mépris, selon les sondages qui valent ce qu'ils valent, nos aînés continuent de plébisciter le chef de l'État et lui permettront sans doute de triompher à nouveau de Marine Le Pen en 2022. Or en l'espace de 5 jours, on vient d'apprendre que le pouvoir médite 3 nouveaux mauvais coups envers les seniors. D'abord, on va supprimer l'exonération des charges pour les femmes de ménage, les jardiniers et les services à la personne employés par des personnes âgées de plus de 70 ans et non dépendantes. Le prétexte donné par l'inénarrable porte-parole du gouvernement Mme Ndiaye est risible : employer un jardinier serait abusif. Outre que cette remarque est contestable (Faire entretenir son jardin à moindres frais alors qu'on est trop âgé pour le faire soi-même permet de maintenir les seniors chez eux le plus longtemps possible), il suffisait de retirer le jardinage de la liste des métiers dont les charges sont supprimées ! En fait Mme Ndiaye a pris sciemment cet exemple pour faire passer la pilule auprès des 80% de Français qui ne vivent pas en pavillon individuel et ne seront pas concernés. Quoiqu'il en soit le coup porté par le pouvoir est terrible pour les finances de nos seniors. Nos aînés qui ne sont pas assez malades pour être assistés tous les jours, mais plus assez valides pour se passer d'aide devront débourser au minimum 3 € de plus par heure de ménage. En estimant au plus juste à 3 heures d'aide-ménagère par semaine un couple de personnes âgées perdra 470 euros par an ! Une nouvelle saignée dont ils auront du mal à s'en remettre. De plus, être déclaré dépendant par une administration tatillonne est tout sauf une formalité : il faut marcher avec difficultés, voire être incapable de se laver seul pour être reconnu dépendant. Outre cette attaque sur les charges, 2 autres mesures odieuses sont en préparation : jusque-là, la grande majorité des personnes âgées propriétaires de leur logement et placées en EHPAD étaient exonérées de l'impôt sur les plus-values immobilières pour leur ancienne résidence principale du moment qu'ils la vendaient dans les 2 années qui suivaient leur départ. Ils ne le seront plus ! Or l'entrée en EHPAD se fait souvent en catastrophe soit parce qu'une place se libère soit parce que l'état de la personne âgée s'est brusquement dégradé. Dans la plupart des cas, il est impossible de vendre le logement avant l'entrée en maison de retraite parce qu'il faut du temps pour trouver un acheteur solvable ou parce qu'il faut demander l'autorisation au juge des tutelles. Dernier mauvais coup : quand un PEA sera dénoué en rente celle-ci ne sera plus défiscalisée. En plus de la CSG à 17,2% qu'on payait dans tous les cas, le contribuable sera taxé au taux de l'impôt sur le revenu donc le plus souvent à 14 %. Le pire est que le paiement en rente d'un PEA se base sur le capital et les plus-values réalisées. On sera donc taxé sur ses propres économies. Honteux !

Les vraies nouvelles sur le climat sont rassurantes : 27.09.2019

Les « réchauffistes », les faux prophètes qui hurlent à l'apocalypse sur le climat se sont déchaînés dans les médias pendant tout l'été. Il est temps de remettre les pendules à l'heure. D'abord, leurs adversaires, les climato réalistes ne nient pas le réchauffement, mais estiment que la hausse finale a des chances d'être modérée et que même si l'élévation des températures dépassait 2° en 2100, l'Humanité saura relever le défi. Des articles hystériques ont annoncé comme possible une augmentation de 7° à la fin de ce siècle alors qu'il ne s'agissait que d'une hypothèse ayant fort peu de chances de se réaliser et s'appuyant en outre sur des modèles problématiques (non confirmés par l'expérience). Pour que les températures s'envolent à un tel niveau, il faudrait que la plupart des sources d'énergie fossile (charbon, gaz, pétrole) soient utilisées (très peu probable) et surtout que la sensibilité au CO2 soit extrême (ce qui loin d'être scientifiquement prouvé). Rappelons qu'il y a 55 millions d'années, suite à des éruptions volcaniques, le Spitzberg qui était déjà proche du pôle avait un climat tropical et que les températures moyennes étaient alors de 25° (maximum possible) contre 15° actuellement sans que la faune et la flore n'aient été éradiquées. D'autre part, la fable de 97% des scientifiques d'accord avec les thèses du GIEC a pris un coup mortel, car 500 savants de haute volée et de tous les pays (dont 40 pour la France) viennent d'écrire une lettre collective au secrétaire général de l'ONU : ils demandent plus de mesure dans le débat sur le climat et que cessent les prédictions catastrophistes qui n'ont pas lieu d'être et qui affolent inutilement le public. Qui en a parlé ? De même on nous a expliqué que nous venons de vivre les 5 années les plus chaudes depuis 1850 ; c'est vrai, mais 2019 est derrière 2017. En fait, si on en croit les mesures satellitaires, nous serions depuis 2000 sur un plateau, les variations de température étant faibles en dessous des erreurs dues aux instruments de mesure. Les températures relevées au sol sont en réalité extrapolées pour 70% d'entre elles. De plus une grande partie des mesures sont effectuées dans des agglomérations où l'utilisation des climatiseurs et autres appareils électriques provoquerait une augmentation artificielle des températures ! On affole les foules avec la montée des mers, or le GIEC ne prédit pour l'instant que 3,2 mm par an soit 32 cm en un siècle. Est-ce inquiétant ? 26% des Pays-Bas sont sous le niveau de la mer et sont protégés par des digues avec un record de moins 6 mètres ! Aucune île n'a été submergée contrairement aux prévisions (En 1990, on prédisait la disparition de Tuvalu). De plus la montée des eaux est constatée par les satellites mais curieusement pas par les marégraphes (Qui a raison ?). Enfin, il y a eu en juillet une semaine de chaleur en Arctique et les médias ont prédit dans la foulée une année noire pour la banquise. Or pour finir, elle est au même niveau que celles des années 2013 à 2018 et est nettement au-dessus (+20%) que l'année record qu'a été 2012. Une expédition envoyée pour constater le recul de la banquise a même été prise par une avancée précoce des glaces et le bateau a dû être abandonné !

Des éventuelles réparations financières pour l'esclavage seraient-elles justifiées ? : 29.09.2019

Il y a 400 ans, en 1619, les premiers esclaves africains ont débarqué sur le sol des futurs USA et leur exploitation dans les plantations américaines a duré 246 ans. Les réparations financières pour cette servitude sont un des thèmes de la campagne pour l'investiture démocrate aux Présidentielles. Elles sont surtout évoquées par les postulants à la Maison-Blanche qui se situent le plus à gauche sur l'échiquier du parti de l'âne, en particulier Kamala Harris, Élisabeth Warren ou Juan Castro. Aucun d'entre eux n'a précisé les modalités des compensations qu'ils envisageaient, mais sans doute s'ils sont élus, s'appuieront-ils sur le projet de loi HR40 que le sénateur démocrate John Coyners a présenté chaque année depuis 1989 jusqu'à sa démission en 2017. HR40 a été baptisé du nom des 40 acres de terre (et une mule) que le Président républicain Lincoln avait promis à chaque esclave libéré pendant la guerre de sécession, programme qui a connu en 1863 un début de réalisation par le général nordiste Sherman avant que le successeur de Lincoln, le démocrate Andrew Johnson, ne rendent les terres confisquées aux planteurs qui en avaient été dépossédés. Le projet HR40 est désormais porté par la députée

Sarah Jackson Lee. Il est clivant : 89% des américains Blancs sont contre tandis qu'il est approuvé par 58 % des Afro-Américains. Les républicains bloquent chaque année le projet HR40 en reprenant invariablement le même argument : il y a prescription et tous ceux qui ont subi un préjudice (les esclaves libérés en 1865) sont morts. Les démocrates répliquent que les anciens traités internationaux sont toujours appliqués alors que tous leurs signataires sont décédés ; ils mettent en avant également les réparations versées par la République Fédérale allemande à Israël pour l'extermination des Juifs pendant la seconde guerre mondiale et les compensations données à des tribus amérindiennes pour la spoliation de leurs terres. Par exemple, les Séminoles, tribu originaire de Floride qui, au XVIII [ième] siècle, avait accueilli en son sein des esclaves géorgiens et virginiens en fuite au point de modifier profondément la composition ethnique de ce peuple, ont reçu 56 millions de dollars sous la Présidence Obama pour avoir été expulsés illégalement de Floride en 1848. Ce sont les lointains descendants (arrière-arrière-arrière-petits-enfants) de ceux qui avaient été spoliés qui ont été indemnisés. Ce pactole a provoqué des tensions raciales et a entraîné l'expulsion de la tribu des Séminoles de personnes considérées comme trop noires et pas assez Amérindiennes. Quoi qu'il en soit, ces indemnisations qu'on verserait aux Afro-Américains poseraient deux problèmes cruciaux : le montant et la forme de ces réparations Un chercheur du Connecticut Thomas Craemer a proposé une indemnisation comprise entre 5,9 billions de dollars et 12,9 billions de dollars (à titre de comparaison, le PIB des USA a été de 12,34 billions de dollars en 2018). M. Craemer a pour cela comptabilisé toutes les heures effectuées par les esclaves entre 1876 et 1865 au taux du salaire moyen de l'époque et a appliqué un taux d'intérêt de 3% par an. Si ce calcul peut éventuellement se justifier, le montant trouvé est absurde, car il est équivalent à la dette actuelle des USA. Il serait insupportable pour l'économie américaine et entraînerait une révolte du contribuable. Presque personne ne parle de donner un dédommagement pécuniaire aux seuls descendants d'esclaves, car la procédure se révélerait vite ingérable. Qui a encore l'acte d'affranchissement de son ancêtre ? Donner une prime à tous les Afro-américains serait moralement injustifiable et profondément raciste. Cette prime serait-elle modulée suivant la quantité de sang noir dans ses veines ? Écartera-t-on les descendants des rares « noirs libres » qui possédaient eux-mêmes des esclaves africains ? (En 1659, un noir libre Anthony Johnson a gagné le premier jugement prononcé sur le sol des USA et prévoyant que la servitude serait désormais à vie alors que les contrats tant pour les Noirs que pour les Blancs duraient jusque-là en moyenne 7 ans. Ce jugement a légalement fondé l'esclavage). Écartera-t-on également les Américains qui comme Barack Obama ne descendent pas d'esclaves, mais d'Africains qui ont émigré aux USA après 1865 ? La loi HR40 et les autres initiatives similaires évoquent plutôt des programmes sociaux destinés aux Afro-américains comme des bourses pour les étudiants et des programmes de réhabilitation de logements. C'est par ce bais que les Amérindiens redistribuent les subventions qu'ils reçoivent des autorités fédérales, mais ce procédé génère de nombreux abus. Dans certaines tribus on donne des bourses à des lycéens et étudiants ayant au moins un huitième de sang amérindien. On est donc tributaire d'une analyse sanguine, ce qui 74 ans après la fin du troisième Reich et son délire raciste pose des problèmes moraux et éthiques insurmontables. Si on adoptait de tels dispositifs basés sur l'origine ethnique, on défavoriserait gravement et uniquement sur la couleur de peau, un « petit blanc » des Appalaches, descendant des 95,2% des habitants de la confédération sudiste qui ne possédaient pas d'esclaves et dont les ancêtres ont toujours été misérables. Pour cette raison Bernie Sanders un des candidats le plus à gauche à l'investiture démocrate n'est pas favorable à des programmes destinés aux seuls Afro-Américains, mais est partisan d'aider tous les pauvres, quelle que soit leur origine ethnique. Je serais enclin à partager son avis.

En France, une conférence de *l'école décoloniale* qui se tiendra le dimanche 1 décembre 2019 évoquera ce problème des réparations pour l'esclavage. Le CRAN (conseil représentatif des associations noires) est partisan de dédommagements sous forme de programmes sociaux. En 2015, il a assigné en Justice le baron Ernest-Antoine Sellière, ancien patron du Medef, pour crime contre l'humanité et recel de crimes contre l'humanité en tant que lointain héritier de négriers. Cette plainte semble ne pas avoir abouti ; de toute façon elle paraît contraire à tous les principes de droit : en France on ne peut pas être tenu comme responsable des crimes de ses ancêtres. Mme Taubira lors du débat instaurant la journée annuelle de commémoration de l'esclavage aurait voulu installer une commission pour débattre d'un éventuel dédommagement, mais elle n'a pas été suivie par les députés. En 2005 un groupe de descendants d'esclaves a assigné l'État Français pour obtenir une expertise visant à dédommager le peuple Martiniquais pour l'esclavage subi. Ils ont été définitivement déboutés par la cour de cassation en 2019, car les magistrats ont refusé de reconnaître l'existence d'un préjudice direct et personnel subi par les demandeurs 171 ans après l'abolition de l'esclave. Leur plainte a été déclarée irrecevable car prescrite. Toute autre action judiciaire connaîtrait sans doute le même sort.

Le Cran a assigné en 2013 la caisse des dépôts et des consignations car elle a perçu l'indemnité de 90 millions de Franc-or versée par Haïti en 1823 pour dédommager les planteurs blancs, noirs ou mulâtres haïtiens dépossédés de leurs esclaves par la révolte de 1795. Cette indemnisation a été extorquée après négociations par la France de Charles X qui a appuyé sa demande par l'envoi d'une escadre. Le Cran exige que la France reverse 12 milliards d'euros à Haïti en compensation. Si on s'en tient à la quantité d'or que représentaient les indemnités d'Haïti (le Franc-or était attaché à une quantité fixe d'or) et si on considère que le métal précieux a conservé au cours des siècles le même pouvoir d'achat (ce qui est néanmoins très approximatif) on trouve un montant de 1,219 milliards d'euros. 90 millions de francs-or représentaient le salaire annuel de 400000 ouvriers en 1823 ce qui donne en multipliant par la valeur du smig en 2019 11,2 milliards d'euros, méthode de calcul qu'a sans doute suivi le CRAN. M. Hollande a reconnu qu'il y avait un problème et s'est engagé à présenter ses excuses à Haïti, mais n'a pas parlé d'indemniser ce pays. Des chercheurs ont accusé la France d'avoir plongé Haïti dans le sous-développement par cette extorsion de fonds. Il faut nuancer ce propos. Juste après l'indépendance en 1802, Haïti était un pays riche qui signait des traités de commerce égalitaires avec les États-Unis. Il a néanmoins choisi d'emprunter pour dédommager la France et a payé jusqu'en 1932 sa dette ! Cette date tardive peut légitimement faire peur et faire croire à un poids exagéré sur les finances de cet état, mais en 1880 le montant total de la dette haïtienne était de 12 millions de piastres (la monnaie locale) alors que le reliquat de la dette française n'était que de 300 000 piastres (3% du total) ce qui relativise le poids de cet emprunt. Néanmoins, la France s'honorerait si elle remboursait cette extorsion de fonds, À mon sens, elle devrait alors se baser sur la quantité d'or (soit 1,2-milliard d'euros) et aurait le droit de déduire de cette somme toutes les aides déjà accordées à Haïti. L'indignation du CRAN qui trouve choquant que notre pays ait indemnisé les possesseurs d'esclaves libérés et jamais directement ceux-ci, est à mon sens légitime. Néanmoins, l'aide importante accordée par la France à la Guyane, la Guadeloupe, Mayotte, la Martinique et la réunion me semble être une forme de réparation suffisante envers les descendants d'esclaves habitant sur le sol de la République Française. Il en est de même pour l'aide financière offerte au Sénégal seul territoire africain sous la domination de la France qui a connu l'esclavage.

De toute façon, les réparations pour l'esclavage deviennent vite inextricables : si on décide de dédommager les descendants d'esclaves, les pays du Maghreb, ceux de la Péninsule Arabique, l'Irak voire l'Iran devraient également en bonne logique être mis à contribution, puisque la traite négrière vers les pays musulmans a été bien plus importante que son homologue occidentale. En outre, les roitelets Africains sont responsables autant que les négriers de la capture et de la mise en esclavage d'une partie de leur peuple. Si on décide d'accorder des réparations, pourquoi exonérer les descendants de ces « élites » africaines qui pour finir ont une grande part de responsabilité dans ce drame humain qu'a été l'esclavage ? De même si on veut être impartial, le Maroc, l'Algérie et la Tunisie devraient indemniser la Corse, la botte italienne, la région de Valence ou même l'Islande pour les ravages des pirates barbaresques qui, en asservissant plus d'un million de personnes, ont ruiné ces régions et sont grandement responsables de leur retard économique constaté au dix-neuvième siècle. Pourtant, personne n'a jamais envisagé de faire payer l'Algérie !

Les islamistes blâment les femmes pour un tremblement de terre à Istanbul : 30.09.2019

Ahval est un site d'informations dédié à l'actualité turque et qui s'exprime en Turc, en Anglais et en Arabe. Il est dirigé par Yavuz Baydar, journaliste connu en Turquie et qui a fui son pays après la tentative de coup d'état de juillet 2016. Selon un article posté sur ce site, le 26 septembre 2019, les islamistes auraient blâmé les femmes pour un tremblement de terre de force 5,8 sur l'échelle de Richter qui vient de se produire à Istanbul. Sur les réseaux sociaux, des religieux musulmans turcs extrémistes ont accusé les femmes d'avoir provoqué le séisme en s'habillant de manière provocante, en égarant les Hommes, en corrompant leur chasteté et en pratiquant l'adultère. Un prédicateur plus radical que les autres a même affirmé qu'Allah a provoqué cette catastrophe naturelle pour exiger l'annulation de la signature par la Turquie de la convention du conseil de l'Europe sur la prévention et la lutte contre les violences faites aux femmes. Les islamistes reprochent violemment à ce texte de favoriser la propagande LGBT et de porter atteinte aux valeurs familiales. Certaines femmes qui fuyaient dans la rue le tremblement de terre ont été victimes d'injures et l'une en chemise prétendument trop courte a été harcelée pour sa tenue responsable paraît-il du séisme. Comble du ridicule, un prédicateur a même accusé les États-Unis de cette catastrophe.

Déjà, en 1999, après un séisme qui avait provoqué plus de 18000 morts dans une région proche de l'ancienne Byzance, les femmes avaient été prises pour bouc émissaire. C'était alors le refus de porter le voile qui avait été mis en cause.

Ce phénomène n'est pas propre à la Turquie. Selon le Figaro, en 2010, l'ayatollah iranien Kazem Sedighi avait dans un prêche à Téhéran attribué l'accroissement des tremblements de terre à l'augmentation des relations sexuelles illicites. Selon lui, Les femmes en ne portant pas une tenue islamique conforme pervertiraient les jeunes gens et les inciteraient à l'adultère. Elles seraient donc les premières responsables des catastrophes naturelles. En Occident, il y a plusieurs siècles, on accusait les sorcières ou les Juifs de provoquer des épidémies ou des famines (Et on les brûlait parfois pour les punir). Après la défaite de 1870, on a organisé en France des processions religieuses pour « expier les crimes de la Commune » auprès de Dieu et on a construit dans ce but la basilique du sacré cœur sur la butte de Montmartre. En 1940, le régime de Vichy a favorisé « l'ordre moral » pour expier le Front Populaire, même si le Maréchal Pétain s'en est défendu dans un discours en octobre 1940. En 2019, il reste des traces de cette mentalité : l'Occident est prompt à battre sa coulpe avec le réchauffement climatique dont nous serions tous responsables. D'autres discours ont accusé MM. Zemmour, Camus ou Finkielkraut d'avoir provoqué par leurs écrits la tuerie de Christchurch. Ils étaient pourtant aussi coupables de ce massacre que les femmes d'Istanbul du tremblement de Terre !

Quel montant la France doit-elle rembourser à Haïti ? : 02.10.2019

Saint Domingue était le fleuron de l'empire colonial de la France de Louis XVI. 32 000 planteurs blancs et 28 000 noirs et mulâtres libres régnaient sur 500 000 esclaves. En 1791, ceux-ci se sont soulevés et les planteurs affolés appelèrent les Anglais à la rescousse. Toussaint Louverture, un affranchi noir devint le chef charismatique de la rébellion. En s'appuyant sur la convention qui le nomma général, puis gouverneur, il obtint la liberté pour les esclaves, chassa les Anglais et occupa la partie espagnole de l'île d'Hispaniola. Il entreprit une politique de réconciliation avec les Blancs, mais Napoléon Bonaparte n'eut pas la sagesse de traiter avec lui. Le futur empereur envoya 20 000 soldats à Saint Domingue pour rétablir l'esclavage. Les troupes Françaises, décimées par les maladies tropicales furent battues militairement et durent capituler. Haïti devint alors indépendante. Elle fut en proie à l'anarchie et à d'incessantes guerres civiles tandis que 10 000 blancs restés après le départ des troupes Françaises étaient massacrés sur l'ordre du Président Dessalines. Néanmoins le pays était prospère, notamment grâce aux plantations de café et il signait des accords économiques équilibrés avec les États-Unis et l'Angleterre. La France de la Restauration échoua à imposer son protectorat, malgré l'envoi d'une escadre de 14 navires, mais obtint en 1823 après d'âpres négociations une indemnisation pour les planteurs dépossédés de leurs esclaves. La somme extorquée représentait 10 années de recettes fiscales du pays. Le Président haïtien Boyer qui avait signé l'accord dût créer un impôt spécial (très impopulaire) et solliciter un emprunt de 30 millions de Francs or à 6% d'intérêts auprès d'une banque Française. Ce dernier n'a été totalement remboursé qu'en 1972 ! En 1838, Haïti a obtenu une réduction de l'indemnité à 90 millions de Francs Or.

Notre pays a donc rançonné une république pauvre et il s'honorerait en remboursant cette dette. Tout le problème est de déterminer le montant qu'il devrait restituer. L'ancien Président Haïtien Aristide exigeait 27,2 milliards d'euros. Le CRAN (conseil représentatif des associations noires) a, en 2013, assigné à ce sujet la caisse des dépôts et consignations, l'organisme financier par lequel les fonds versés par Haïti ont transité en réclamant 12 milliards d'euros d'indemnités.

90 millions de Francs or de 1838 (dont la parité avec le métal était fixe) correspondaient à 29,2 tonnes d'or, soit en 2019 à 1,29 milliards d'euros. En première analyse on peut considérer que le pouvoir d'achat de l'or est resté fixe en 180 ans, mais ce moyen de calcul reste approximatif. Si on se base sur le salaire moyen, l'indemnité payée par Haïti équivalait à la rémunération annuelle de 400 000 ouvriers sous la Restauration. 400 000 smigs de 2019 correspondent à 11, 9 milliards d'euros (le montant proposé par le CRAN). On peut aussi considérer, ce que je trouve plus satisfaisant, qu'Haïti a prêté en 1838 90 millions d'anciens francs à la France, à un taux d'intérêt égal à celui consenti à ce pays (6 %) Paris devrait alors rembourser en 2019 un peu moins de 5 milliards d'euros. Faudrait-il y ajouter d'éventuels dommages et intérêts ? La dette d'Haïti est-elle la cause du sous-développement dramatique de la première

République noire au monde, alors que juste après l'indépendance, le pays était riche et semblait bien parti ? Que la France ait extorqué 10 années des recettes fiscales d'Haïti peut choquer, mais il faut savoir que le pays n'avait pas une économie monétaire très développée. Beaucoup de contribuables haïtiens payaient à cette époque leur impôts grâce à la corvée et au travail gratuit dans les plantations de l'état. Il reste néanmoins que l'effort fiscal demandé à Haïti était démesuré surtout qu'en 1823 le pays était déjà ruiné par l'incurie de ses dirigeants. Cependant, même si le prêt contracté pour dédommager la France n'a été remboursé qu'en 1972, en 1880 le reliquat de l'emprunt contracté pour payer la France ne représentait que 3% du total des dettes d'Haïti. L'impact de l'indemnité s'était donc estompé en une trentaine d'années. Or en 1860 la partie Espagnole de l'île d'Hispaniola était dans une situation bien plus désespérée qu'Haïti, au point qu'elle a demandé à réintégrer l'empire colonial espagnol, seul cas au monde d'une colonie abdiquant volontairement son indépendance. Or en 2019 le PIB de la République dominicaine est de 8900 $ par habitant contre 1900 $ en Haïti. La France a également accordé depuis la fin de la seconde guerre mondiale une aide économique à Haïti, qu'il est difficile de chiffrer, mais qui a connu des pics lors des tremblements de terre et des épidémies. Au doigt mouillé, on peut estimer cette aide à 3 milliards d'euros. Pour finir un remboursement par la France d'environ 2 milliards d'euros à Haïti permettrait sans doute de clore honorablement ce chapitre douloureux de notre histoire.

Un site payant propose de devenir parent sans être en couple : 04.10.2019

Facebook utilise pour ses publicités un algorithme dont le fonctionnement est curieux : alors qu'il n'y avait aucune chance que je puisse être intéressé, Facebook a affiché sur mon profil l'annonce d'un site dont je préfère taire le nom. J'ai d'abord cru en la lisant que j'étais victime d'une blague à la Gorafi, mais non : tout était sérieux. Je vous cite les termes employés sans en changer un mot : vous êtes une femme et vous souhaitez un enfant, seule ? Trouvez ici un géniteur pour aider à tombez (sic ! l'erreur d'orthographe n'est pas la mienne) enceinte. Vous êtes un homme ? Devenez géniteur et aidez une femme à devenir maman ! Vous êtes célibataire et souhaitez avoir un enfant sans être en couple ? La coparentalité est faite pour vous : rencontrez l'Homme ou la Femme qui vous convient et faites un enfant ensemble ! Devenez coparent !

Dans le premier cas, on parle de géniteur. L'homme ne donne que son sperme sans s'impliquer dans l'éducation du bébé. Dans le second, c'est le désir d'enfants qui prime avant tout. La femme peut faire son marché et regarder les profils. J'ai eu la curiosité d'essayer. Les annonces sont vagues : le monsieur précise sa taille son poids la couleur et la longueur de ses cheveux, s'il est fumeur. Je n'ai vu aucune photo (peut-être les dames y accèdent si elles payent ?)

Bien sûr, si on réfléchit, cette offre n'est pas différente de la PMA pour femme seule ou du don de sperme. Elle est peut-être plus saine, puisque la femme choisit le profil du géniteur de son enfant et ne se base pas sur une éprouvette anonyme. Néanmoins, le principe de ce site m'a choqué, car il vend des informations conduisant à la naissance d'un enfant. La prochaine étape sera la GPA non éthique où une femme monnayera sans complexe la location de son utérus. Ce site illustre la dérive redoutée par les opposants à la PMA et montre que leurs craintes sont fondées.

Consulter cette annonce m'a profondément déprimé. Comment notre espèce a-t-elle pu arriver à un tel degré de déshumanisation ? Qu'est-ce qui a déraillé dans notre civilisation occidentale pour que Facebook affiche des publicités si monstrueuses ? Pourquoi les services de M. Zuckerberg ont-ils pu laisser passer cette annonce eux qui empêchent toute publication un peu trop légère ou jugée trop politique ? Bien entendu, les « progressistes » de LREM ou d'ailleurs vont s'offusquer de ma réaction qui trahit son « réactionnaire ». À leurs yeux, je suis sans nul doute un affreux passéiste qui ne comprend rien et s'arc-boute sur des valeurs de la France de Vichy ! Tant pis je ne changerai pas pour autant d'avis !

l'observatoire international des prisons risque la faillite : 08.10.2018

L'O.I.P, l'observatoire international des prisons s'oppose à la notion même de prison. Dès qu'on parle de construire de nouveaux établissements pénitentiaires, l'O.I.P hurle son mécontentement, souvent avec succès ; beaucoup de projets de prisons ont été abandonnés sitôt conçus, surtout en période de disette budgétaire. Pourtant, l'organisation dénonce (avec raison !) les conditions insalubres dans lesquelles vivent les prisonniers, parfois à 3 dans une cellule de 9 M^2 avec dans les cas les plus extrêmes les rats et les cafards pour compagnons. Cette situation indigne est due au nombre trop restreint de places en prison, le taux d'occupation des cellules étant de 118 % en moyenne (il y a 118 prisonniers pour 100 places). Cette promiscuité engendre des drames : le taux de suicides est élevé, 7 fois plus important que dans le reste de la population. (Mais serait-il plus faible si les conditions d'incarcération étaient moins rudes ?) Néanmoins, une chose est évidente : la prison est suffisamment dure en elle-même pour que la peine ne soit pas aggravée par des conditions indignes de détention. De même on doit tout faire pour éviter les viols et les contraintes sexuelles en milieu carcéral.

La France compte environ 74 000 prisonniers avec un taux d'incarcération de 103 pour 100 000 habitants. Il est de 666 aux États-Unis, de 156 en Grande Bretagne, mais de 77 en Allemagne et de 55 dans les pays nordiques. Les taux européens varient entre 55 et 195, la France étant juste au milieu : il y a autant de pays de l'U.E ayant proportionnellement plus de détenus que de pays qui en ont moins.

La prison a 2 fonctions : la punition en réponse à un délit et la protection des honnêtes citoyens contre les voyous. Un cambrioleur sous les verrous ne vole pas ; si des agresseurs sexuels sont incarcérés, ils ne violeront plus et ne menaceront pas la jeune fille qu'ils ont violée pour qu'elle retire sa plainte. Certes, la politique pénale doit être efficace et dissuader le plus possible la récidive, mais cela ne doit pas se faire au détriment de la sécurité des Français. Celle-ci est avec le droit au logement et l'accès à la nourriture l'un des 3 droits fondamentaux qu'un état doit fournir à ses citoyens. Aussi la construction dans un premier temps de 20 000 places de prison en France est nécessaire et incontournable. On pourra ensuite étudier les alternatives à l'incarcération avec des bracelets électroniques efficaces qui seraient pour les crimes les plus graves installés à vie chez les délinquants (Ils ne commettraient ainsi plus de nouveaux délits, car ils seraient aussitôt démasqués)

Libération s'affole : l'OIP va perdre ses dernières subventions publiques (notamment du ministère de la justice, un paradoxe !). L'organisation risque la faillite, mais que des ministères et des collectivités subventionnent l'OIP était inadmissible et antidémocratique. Les membres de l'OIP ont tout à fait le droit d'avoir leur opinion sur la politique répressive, mais c'est à eux de financer leur organisation : en aucun cas l'argent public ne peut servir à soutenir une cause partisane. Les adversaires de l'OIP ou les partisans de la peine de mort n'ont jamais reçu de subventions et c'est très bien ainsi !

Des religieux favorisent-ils la pédophilie en Irak ? : 08.10.2019

En 2014, des articles de journaux s'inquiétaient d'une éventuelle légalisation de la pédophilie en Irak. En effet, un projet voté en conseil des ministres par 21 voix sur 29 projetait d'abaisser à 9 ans l'âge du mariage pour les filles. Les médias bien-pensants ont immédiatement fait la leçon : ils ont publié des papiers commençant par affirmer que tout était faux, que relayer l'information était un acte odieusement islamophobe, avant de concéder que certes le projet de loi existait bien, mais il n'était qu'une manœuvre d'un parti chiite qui n'avait aucune chance d'être adopté. De fait l'âge du mariage « classique » est resté à 18 ans et le grand Ayatollah Sistani la plus haute autorité chiite en Irak a vigoureusement interdit d'aller en deçà de cette limite, ce qui est tout à son honneur.

Mais la BBC vient de diffuser un reportage édifiant : des journalistes ont enquêté pendant 11 mois à Bagdad et dans la ville sainte de Karbala. Ils ont constaté que les mariages de « plaisir » sont fréquents bien que la loi irakienne les interdise formellement. Ces unions de plaisirs ont la particularité d'être temporaires. On fixe dès le départ dans le contrat de mariage une durée, un mois, une semaine, un jour voire une heure. Pendant ce laps de temps les « conjoints » ont le droit d'avoir des rapports sexuels légaux. Les musulmans qui font l'amour sans être mariés risquent de recevoir des coups de fouet voire d'être lapidés selon la charia. Dans l'islam, les hommes qui épousent une femme doivent impérativement leur donner une dot qui reste à l'épouse si le mari souhaite divorcer. Le mariage temporaire n'échappe pas à cette règle. L'homme verse à la femme qu'il épouse temporairement une somme fixée à l'avance et qui restera à celle-ci. En France cela s'appellerait de la prostitution ! Le mariage temporaire appartient à la législation chiite ; des sunnites les ont imités en instaurant le mariage de voyage, mais la grande majorité des religieux sunnites condamne cette pratique.

12 religieux chiites interrogés en caméra cachée par la BBC ont approuvé le mariage de plaisir ; 6 d'entre eux l'autorisent même pour des fillettes de 12 ans. Certains ont même affirmé qu'une petite fille pouvait le contracter à partir de 9 ans ! Deux d'entre eux ont expliqué qu'épouser une fille de 9 ans temporairement ne posait aucun problème si on respectait sa virginité : « l'époux » aurait le droit de caresser l'enfant voire d'utiliser la voie anale si la fillette est d'accord. (Comment pourrait-elle dire non ?). En revanche le devant est interdit, car une femme doit arriver vierge à son « vrai » mariage. La BBC a prouvé que certains religieux ont contracté des mariages de plaisir. Beaucoup de religieux chiites dans ce reportage se sont élevés contre cette pratique odieuse qui je le rappelle est formellement interdite par la loi irakienne. La pédophilie est bien illégale dans l'ancienne Mésopotamie, mais elle existe malheureusement du fait que les hommes qui veulent y recourir trouvent des religieux pour justifier leur pseudo union et apaiser ainsi leurs scrupules si par hasard ils en avaient.

Le Modem crie haro sur l'assurance-vie : 09.10.2019

L'assurance-vie est le placement préféré des Français ; grâce à elle, on peut transmettre une bonne part de son capital à ses enfants sans que ceux-ci ne soient spoliés. En effet si les sommes ont été versées sur l'assurance-vie par le défunt avant ses 70 ans, chaque héritier ne paye rien jusqu'à 152 000 € et 20% au-dessus de ce plafond alors que les frais de succession montent à 30% au-dessus de 552 000 € et grimpent jusqu'à 45%. La France est le pays qui taxe le plus les successions, si on excepte la Corée du Sud et le Japon. L'assurance-vie déplaît au pouvoir, qui y voit une perte importante de recettes fiscales, d'autant plus qu'elle est majoritairement investie en fonds euros : certes ceux-ci ne rapportent plus que des taux anémiques, mais leur capital est garanti. Or les banques se demandent désormais comment maintenir cette garantie puisqu'elles n'arrivent plus à acheter avec les sommes récoltées sur les fonds euros des obligations à des taux positifs ou même à 0% tandis que les emprunts d'état ont des taux négatifs. En outre, le Pouvoir fait pression pour que les fonds en euros soient abandonnés au profit des fonds investis en actions. Or suivre cette injonction est la meilleure façon de perdre ses économies : les établissements bancaires comptent en effet 10% de clients privilégiés, souvent regroupés dans des banques dites privées : ces derniers ont droit à des placements en actions qui rapportent plus de 5% l'an alors que les clients ordinaires sont systématiquement perdants même quand la Bourse monte. En effet, les banques font racheter par leurs clients lambda les actions qui baissent afin que les privilégiés, les seuls qui les intéressent, ne subissent aucune perte. Si on supprimait ou réformait les fonds en euros, l'assurance-vie perdrait une bonne part de son attractivité. C'est une première menace encore nébuleuse, mais qui risque de prendre de l'ampleur. Une deuxième plus concrète vient des députés MODEM, alliés au parti de M. Macron au Parlement. Ils ont déposé plusieurs amendements : selon le premier l'avantage successoral des assurances-vie pour les fonds déposés avant 70 ans ne jouerait plus que pour les contrats souscrits jusqu'au 1 janvier 2022. D'ici là une expertise aura été menée pour évaluer le dispositif, le maintenir, le réformer voire le supprimer. Cet amendement a des chances d'être adopté. Le MODEM en a déposé 2 autres qui rencontreront plus de résistance : dans l'un le parti de M. Bayrou propose carrément d'aligner les frais payés par les bénéficiaires de l'assurance-vie sur ceux qui régissent les successions, si ce n'est que l'abattement resterait à 152 000 € pour l'assurance-vie contre 100 000 € pour les successions. En outre, le MODEM suggère que les fonds euros soient exclus de l'abattement annuel de 9200 € pour un couple sur lequel l'État ne prélève pas d'impôts sur les plus-values. Heureusement, cet amendement n'a que très peu de chances d'être adopté, car les gérants des contrats auraient techniquement trop de mal à le mettre en œuvre. Nous n'irons sans doute pas à de telles extrémités et l'assurance-vie survivra, mais probablement le Pouvoir agite le pire pour faire passer des modifications fort déplaisantes.

Espagne, Belgique, Israël, les limites de la proportionnelle : 13.10.2019

La proportionnelle serait aux yeux de beaucoup le mode de scrutin le plus démocratique. Pour cette raison, la grande majorité des pays l'utilisent avec parfois des correctifs majoritaires et elle sera partiellement introduite en France pour les prochaines élections législatives.

Or en 2019 plusieurs pays ont été incapables de mettre en place un gouvernement stable après des élections au scrutin proportionnel. C'est le cas notamment en Espagne (où pourtant existe une prime majoritaire) et en Israël, 2 pays où les électeurs ont dû revoter. En vain, puisque les rapports de forces entre les partis n'ont guère changé. Il en est de même en Belgique où les pourparlers s'enlisent. Le record précédent d'un an et demi avec un gouvernement démissionnaire sera peut-être battu outre-Quiévrain pendant cette législature. Dans d'autres pays, (Suède, Danemark) des majorités se sont dégagées après d'intenses négociations, mais ces dernières ont eu lieu, *après* *l'élection* ; les contrats de gouvernement obtenus à l'arraché n'ont donc jamais été ratifiés par le Peuple, ce qui présente à mon sens un grave déficit démocratique. On voit parfois des renversements d'alliances sans nouvelle élection ; c'est le cas de l'Italie, où 2 gouvernements ayant le même Premier ministre, mais aux politiques diamétralement opposées, ont été successivement formés. Quoi que l'on pense de M. Salvini, ce tour de passe-passe parlementaire est problématique vis-à-vis de la démocratie.

En Allemagne où le scrutin est mixte (majoritaire et proportionnel) le Parti social-démocrate s'est « dévoué » pour former une coalition avec la CDU-CSU alors qu'il aurait préféré se « régénérer » par une cure d'opposition. S'il n'avait pas pris ses responsabilités, l'Allemagne aurait été ingouvernable, ce qu'elle sera peut-être lors de la prochaine législature. Mais le programme du gouvernement allemand reflète toute l'ambiguïté de la proportionnelle : les deux partis, qui avaient des philosophies totalement différentes se sont mis d'accord à minima. Il en résulte une politique mi chèvre mi chou qui ne résout rien à force d'être insipide. Aucune véritable réforme ne sera menée alors que la récession menace. L'Autriche a été entre 2007 et 2016 une victime de ces grandes coalitions forcées Gauche Droite, vastes sables mouvants où les nations s'enlisent et qui ont à plusieurs reprises provoqué des explosions de colère populaire, car pour finir, en mariant la carpe et le lapin, on n'applique ni la politique de la Droite ni celle de la Gauche.

L'impuissance est souvent une conséquence de la proportionnelle. Certes le scrutin majoritaire ne garantit pas une majorité à coup sûr. Nous en avons deux exemples récents ; le Canada où aucun parti n'a obtenu, lors des dernières élections, les 170 députés nécessaires pour gouverner sans partage ; La Grande-Bretagne où on doit revoter au bout de 3 ans, la faible majorité tory s'étant effritée au fil des mois. Mais dans ces deux exemples, il s'agit d'élections majoritaires à un seul tour, où 4 partis dépassent chacun 10% des voix. Cette disposition favorise l'émiettement des sièges surtout si, en outre, existent des formations régionalistes, hégémoniques dans une partie du pays. (Les séparatistes québécois au Canada et les nationalistes écossais au Royaume Uni). Néanmoins en observant toutes les élections qui se sont déroulées dans le monde depuis 1800, le pourcentage de parlements sans majorité est bien plus fort avec le scrutin proportionnel qu'avec le scrutin majoritaire.

Il faut distinguer 2 points différents : former un gouvernement et mener une politique efficace. Pour éviter la situation fâcheuse de l'Espagne, d'Israël ou de la Belgique où aucun Premier Ministre ne peut être investi, il existe des dispostifs constitutionnels simples. Par exemple, on peut décider que le leader de la formation ayant le plus de députés ou celui qui recueillera le plus grand nombre de suffrages de parlementaires occupera ce poste. On peut également nommer comme aux États-Unis ou dans la République de Weimar des gouvernements qui ne sont responsables que devant le Président, lui-même élu au suffrage majoritaire. Mais avec un Parlement morcelé, le véritable problème est l'absence de projet politique construit. Des lois sont certes adoptées, mais avec des majorités à géométrie variable, ce qui va à l'encontre du principe de bon gouvernement. À mes yeux rien ne vaut le scrutin majoritaire à 2 tours pour dégager une majorité stable et mettre en place un gouvernement capable de mener des réformes indispensables. Ce mode de scrutin induit nécessairement des alliances, mais celles-ci ont lieu au grand jour *avant* les élections et non *après*. Le peuple choisit en toute connaissance de cause. Néanmoins, le laps de temps entre deux scrutins doit être peu important. Le délai de 5 ans existant en France me semble long, je préférais 4 ans. Les Romains dont la constitution était un modèle d'équilibre votaient, eux, tous les ans.

Les coûteux avantages des cheminots : 20.10.2019

La cour des comptes est chargée d'ausculter tous les organismes qui dépendent de l'État. À ce titre elle a protesté à maintes reprises contre l'avantage accordé aux employés d'EDF ou de GDF et qui leur permet de ne régler que 10% de leur consommation d'énergie. Mais ces réductions ne sont qu'un complément de salaire, une façon de rémunérer à moindre coût les employés et qui est commune à toutes les entreprises : les vendeurs des concessions automobiles roulent toujours dans des voitures neuves de moins de 6 mois, les chargés de clientèle dans les banques ont droit à des emprunts à des taux encore plus bas que ceux qui sont consentis aux particuliers, etc.… Mais l'avantage accordé aux salariés de la SNCF dépasse et de loin ce que les autres entreprises publiques offrent à leurs employés. Chaque agent ou retraité de la SNCF a droit à la gratuité totale des billets de trains et 8 réservations par an, leur conjoint (marié, pacsé ou concubin), leurs enfants bénéficient de « 8 cases gratuites » (grossièrement un aller-retour en 2 jours) et ne payent que 10% du prix des autres billets. Mieux les parents et les grands-parents des cheminots qu'ainsi que les parents et les grands-parents de leurs conjoints ont droit eux aussi à 4 cases gratuites, avantage qui parfois atteint un montant de 1000 euros annuel ! Une centaine d'agents basés à Paris s'occuperaient de gérer ce privilège et de dresser la liste de ceux qui y ont droit. Au total ce système profite à 1,3 millions de personnes (2% de la population de l'hexagone). Les actifs, les conjoints d'actifs et les enfants d'actifs ne représentent que 35 % des heureux élus. Les retraités et la parentèle lointaine constituent les gros bataillons des privilégiés. Non seulement la SNCF perd le prix des billets qu'auraient payé sinon les cheminots ou leur famille proche ou lointaine mais en outre ces places occupées manquent aux autres voyageurs et les trains sont artificiellement bondés. On évalue à 30 millions d'euros cet effet d'éviction. L'entreprise ferroviaire règle en outre tous les ans 20 millions de charges sociales, pour cet avantage salarial. Au total le dispositif coûterait 220 millions par an à la SNCF. C'est une hypothèse basse, car ce montant n'est calculé que pour les voyages en TGV soumis à une réservation obligatoire. Les trajets en TER à prix cassé ne sont pas pris en compte. Certes cela représente moins de 5% du déficit global de l'entreprise ferroviaire qui est de 14,4 milliards d'euros par an ; chaque Français est racketté de 234 euros au profit de la SNCF même s'il ne prend jamais le train. Mais alors que les gestionnaires de la SNCF cherchent à tout prix à faire des économies, le privilège des cheminots et de leur parentèle interpelle. Les magistrats de la cour des comptes s'étaient déjà émus de ces coûteux cadeaux en 2013, en vain : le nombre de bénéficiaires des réductions a augmenté de 20% depuis 2011. Une des pistes suivies serait de n'accorder cet avantage qu'aux agents actifs de la SNCF et à leur famille proche pour un coût total de 80 millions d'euros, ce qui constituerait un net progrès. Mais la SNCF a fait la sourde oreille quand la cour des comptes lui a fait cette suggestion en 2013 et rien ne dit qu'elle sera plus réceptive en 2019.

Une note lierait résultats électoraux et suppression de postes de juges d'instruction : 24.10.2019

Une note des services de Mme Belloubet dévoilée, le 23 octobre par le Canard Enchaîné a provoqué, à jute titre, un tollé chez les syndicats de magistrats et crée un profond malaise dans l'opinion. Selon ce document, la chancellerie a sollicité une réunion avec l'un des conseillers du Premier ministre et des experts électoraux de LREM afin de déterminer les villes pouvant être gagnées par les fidèles de M. Macron et de différer pour celles-ci les annonces de suppression de postes de juges d'instruction. Il s'agirait de ne pas mécontenter l'opinion publique locale.

En effet, la réforme de la carte judiciaire promulguée en mars permet de telles modifications dans les départements où plusieurs villes sont pourvues de juges d'instruction. Cette mesure peut se comprendre : est-ce utile de conserver dans une agglomération un poste de magistrat instructeur et tout son cabinet pour moins de 50 dossiers par an ? Alors que notre pays étouffe sous l'hydre d'un déficit structurel, chercher à économiser sans trop nuire à l''administration de la justice est logique et guère contestable.

Mais le contenu de la note interne provoque avec raison la fureur des syndicats, car des postes de juges d'instruction seraient provisoirement sauvés pour permettre à un candidat LREM de s'imposer ! C'est le cas à Montluçon, où le magistrat instructeur a traité 22 dossiers en 2018 (2 par mois !) et qui serait maintenu, car la ville serait « gagnable », la population locale ayant voté plus que la moyenne pour M. Macron aux Présidentielles. Apparemment le juge d'instruction de Montluçon finira par sauter, mais sans doute dans une période de creux électoral, loin de toute échéance.

Mme Belloubet se défend mollement ; elle ne nie pas l'existence de cette note, juste son interprétation. Elle ne souhaite pas évidemment assumer le cynisme total que ce document implique.

Dans le nouveau monde Macronien, qui devait tant différer de l'ancien, recevra-t-on des avantages si on vote bien. En revanche, si on choisit des candidats d'opposition sera-t-on sévèrement sanctionné ? Un des ténors de LREM, n'avait-il pas annoncé que les maires qui seraient élus sans le soutien de M. Macron seraient considérés comme des ennemis. Avons-nous l'illustration de ces propos qui ont fait scandale lorsqu'ils ont été émis ? En 1860, MM. Erckmann et Chatrian, les chantres de l'Alsace française, démontaient les mécanismes qui permettaient à Napoléon III de gagner, sans bourrer les urnes, les différents plébiscites qu'ils soumettaient aux Français : les villages qui votaient bien avaient droit à de menus avantages comme laisser paître leurs cochons dans les bois de l'État. Sommes-nous revenus à cette époque peu démocratique ? Peut-être.

Le malaise est en tout cas profond. Les gouvernements précédents n'étaient pas plus vertueux, leurs pratiques s'approchaient de celles qui sont reprochées à Mme Belloubet. Mais elles n'étaient pas revendiquées et assumées sans complexes par un Pouvoir qui se pose en modèle de vertu. La première mesure votée par la majorité de M. Macron ne portait-elle pas sur une illusoire moralisation de la vie politique ? Que reste-t-il au bout de 3 ans de cette prétendue volonté ? Pas grand-chose !

Les fondements ambigus de « l'état » de la diaspora africaine : 26.10.2019

Un nouvel « état » vient de se créer suite à une initiative de l'OUA, (l'organisation de l'unité Africaine) : celui de la diaspora africaine ; son but est de rassembler tous les Africains vivant hors de leur continent d'origine. Une conférence de Presse qui s'est tenue le 24 octobre a présenté cette nouvelle entité et a défini ses objectifs et moyens d'action. Cet « état » possède un siège en Jamaïque, un drapeau, un Premier Ministre, l'ancien président du CRAN (Conseil représentatif des associations noires) M. Louis Georges TIN et un gouvernement. Il sera doté d'un parlement et sera sans nul doute bientôt reconnu au niveau international. L'état de la diaspora africaine émet déjà des passeports. Pour en recevoir un, il faut avoir pour ancêtre un esclave Africain déporté en Amérique ou être migrant ou descendant de migrant. Cette nouvelle entité confère des avantages à ses citoyens : des réductions sur les vols d'une compagnie aérienne qui vient de se créer (elle a déjà acheté des avions), un accès gratuit à un programme de télé médecine et des prêts à des taux préférentiels. M. Trin justifie cette dernière initiative, car selon lui, les banques occidentales feraient payer plus chers leurs crédits aux personnes de couleur.

Ce programme pose problème ; il est ambigu, voire teinté de racisme. Cette entité distribue en effet des avantages indéniables suivant l'origine raciale. Si notre gouvernement décidait que les « Blancs » paieraient désormais moins cher leur billet SNCF, il provoquerait un tollé international tout à fait justifié. Malgré ces objectifs, la LDNA (la ligue de défense noire africaine) plus radicale que le CRAN n'est pas satisfaite : elle a dénoncé dans un communiqué la présence et le discours de l'humoriste controversé Yassine Bellatard lors de la conférence du 24 octobre. Les raisons de ce rejet ne sont pas précisées. M. Bellatard serait-il ostracisé par la LDNA, car il est arabe et non noir ? J'espère que non !

Le but principal de l'état de la diaspora africaine est d'obtenir des réparations pour l'esclavage. Le montant exigé peut tutoyer des sommets : un chercheur américain a proposé (sans rire) que les USA versent l'équivalent de leur PIB annuel ! Pourtant, cette demande de réparations n'a guère de légitimité : 80 % des « Blancs » européens descendent de serfs dont l'exploitation n'était guère moins cruelle que celle des esclaves. Les derniers serfs français ont été libérés en 1789, 59 ans avant les esclaves. Indemniser les descendants des uns et pas des autres n'aurait aucun sens. Cela serait même raciste. En outre, une infime minorité de Blancs a pour aïeux des négriers. En droit, seuls ceux-ci pourraient être (très éventuellement) taxés, quoiqu'un descendant de criminel ne puisse pas être puni pour le délit de son ancêtre. Et pourquoi ne s'en prendre qu'à l'Occident ? La traite orientale vers les pays Arabes a été bien plus longue, bien plus importante et bien plus cruelle que son homologue occidentale : les jeunes garçons étaient le plus souvent castrés et beaucoup en mouraient. Et les esclaves étaient capturés par des roitelets africains qui se sont enrichis grâce à cet odieux trafic. Si un jour on taxe les pays occidentaux, l'Iran et toutes les nations Arabes et africaines devraient également payer de lourdes indemnités.

Les Subbotniks, ces chrétiens russes qui sont devenus juifs : 29.10.2019

L'église orthodoxe russe a connu de nombreuses hérésies. Certaines d'entre elles n'ont aucun équivalent au monde, sauf peut-être en Éthiopie avec les Falashas. Leurs membres ont en effet rejeté en partie ou totalement le Nouveau Testament pour ne retenir que la Bible Hébraïque. La plus ancienne de ces hérésies la secte des « Judaïsants » a été prêchée par Skhariya le juif dans la seconde moitié du quinzième siècle ; elle a rencontré un grand succès dans les régions de Moscou et Novgorod. Un de ses fidèles l'archiprêtre Aleksei a converti l'entourage du grand-duc de Moscou Ivan III notamment la femme de l'héritier du trône Ivan le jeune. Après la mort de ce dernier, Ivan III a persécuté les judaïsants sans doute pour des raisons politiques. Il voulait en effet écarter du Trône le fils d'Ivan le jeune au profit de celui de sa nouvelle épouse, descendante des empereurs de Byzance. On ne connaît cette secte que par les textes de ses persécuteurs. Elle aurait, semble-t-il, rejeté la divinité de Jésus, adopté certaines pratiques juives mais la pleine adhésion au judaïsme est controversée. Cette hérésie s'est probablement perpétuée dans le peuple et a peut-être contribué à l'émergence à la fin du XVI ième siècle d'une nouvelle secte les Molokans. Ceux-ci étaient des paysans qui rejetaient le pouvoir des grands propriétaires fonciers, de l'église, le culte des icônes et le baptême par l'eau. Les Molokans croyaient en Jésus, considéré comme le messie des Juifs tout en revalorisant fortement l'ancien testament et ses pratiques. Ils ne mangeaient plus de porc et suivaient un régime alimentaire inspiré de la cacheroute juive.

Les Subbotniks sont apparus sous le règne d'Alexandre I dans la région de Voronej. Comme aucune communauté juive n'existait dans cet oblast, une filiation directe avec le judaïsme semble peu probable, mais une origine Molokane est vraisemblable, même si elle est discutée. Selon des rapports administratifs de 1810, les Subbotniks pratiquaient la circoncision, et suivaient les règles juives pour les mariages et les divorces, l'enterrement des morts et les réunions de prière. Ils observaient également le Shabbat. Ce rite est l'origine de leur nom : Subbotniks signifie en russe, sabbatariens ceux qui pratiquent le Shabbat. À l'origine, les Subbotniks avaient un culte ressemblant à celui des juifs sans avoir intégré le judaïsme, mais les différences se sont estompées avec le temps.

En 1806, les autorités ecclésiastiques estimaient à 1000 le nombre de Subbotniks, mais indiquaient que les adhérents secrets étaient bien plus nombreux. Les croyances des Subbotniks n'étaient pas unifiées. La plupart d'entre eux pratiquaient la circoncision, observaient le shabbat et rejetaient la trinité. Des groupes ont conservé des pratiques chrétiennes : quelques-uns d'entre eux croyaient en Jésus, tout en ne le voyant que comme un Prophète et non comme le fils de Dieu. Certains attendaient le messie des Juifs. D'autres ont très tôt pleinement adhéré au judaïsme, ceux de la région de Voronej ayant même fait venir des Rabbins pour se convertir. Selon plusieurs auteurs, les Subbotniks auraient compté jusqu'à 2,5 millions de membres, mais ce chiffre paraît peu crédible.

Les Subbotniks ont été persécutés par le régime tsariste, surtout sous le règne de Nicolas I. Les tracasseries ont cessé sous Alexandre III ; en 1905, Nicolas II a levé toutes les restrictions légales contre eux et leur a conféré une identité différente des

Juifs. Les Subbotniks ont subi des persécutions religieuses sous le régime soviétique et beaucoup ont alors abandonné leur religion. En 1950, Staline a supprimé leur nationalité spécifique et les a intégrés soit dans la nationalité russe, soit dans la nationalité juive. Les nazis ont officiellement déclaré qu'ils n'extermineraient pas les Subbotniks, car ils n'étaient pas de race juive, mais cette distinction n'a pas été respectée : les Subbotniks d'Ukraine ont été victimes des pogromes sous l'occupation allemande.

De nos jours il existe en Russie environ 20 000 Subbotniks et Molokans qui ont résisté à l'assimilation de l'époque soviétique. Ils sont 20 000 en Israël et on en trouve également en Arménie et à Los Angeles. Leurs croyances sont disparates, certains d'entre eux révèrent Jésus, d'autres ont pleinement adhéré au judaïsme, mais sans admettre le Talmud, ce qui les rapproche des Karaïtes. On trouve également des Subbotniks qui pratiquent le judaïsme talmudique, mais sans se considérer comme Juifs. Enfin, une bonne partie d'entre eux se sont totalement fondus dans le peuple juif. Les unions mixtes sont nombreuses, mais une certaine prévention contre eux existe toujours chez les juifs de stricte obédience. Notamment, les rabbins israéliens obligent souvent les Subbotniks à se convertir officiellement pour pouvoir se marier religieusement (le mariage civil n'existe pas en Israël)

La France est en faillite à partir du 12 novembre : 13.11.2019

Tous les pays de l'Union Européenne, à l'exception de la Roumanie, de l'Italie et de la France ont profité de l'accalmie de la crise économique pour améliorer leurs finances publiques et se rapprocher de l'équilibre budgétaire. L'Italie présente, en 2019 un déficit de 2,1% du PIB, la Roumanie sera elle autour de 3% (mais avec une croissance annuelle record de 5,5% du PIB et un endettement modéré de 37% du PIB) . Pour notre part, nous sommes les cancres de l'Europe avec un déficit de 3,2 % en 2019 et un endettement qui atteint 100% du PIB. Le gouvernement avance que la dégradation observée en 2019 est temporaire et est due au basculement du CICE vers une baisse des charges, ce qui a conduit à compter deux fois en 2019, cette aide aux entreprises pour un montant total de 38 milliards d'euros. De ce fait, nous sommes ce mercredi 13 novembre en cessation de paiements et en faillite. Pas de panique cependant : les fonctionnaires continueront à être payés, la machine économique ne sera pas grippée, car nous allons emprunter pour finir l'année. Mais s'apercevoir que dès la mi-novembre, les recettes de l'État français sont épuisées, que sur 27 pays de l'U.E, deux autres seulement sont dans une situation comparable à la nôtre fait froid dans le dos. En 2020, nous ne ferons guère mieux. Le déficit est prévu à 2,2 % c'est-à-dire le même que nous aurions atteint en 2019, s'il n'y avait pas eu le CICE. Or en dehors des périodes de crise, les déficits ont tendance naturellement à se résorber. La conclusion est limpide : nous avons un des pires gouvernements de l'Union, puisqu'il est incapable de pratiquer la moindre économie. Au contraire, il augmente les dépenses allégrement, car si le budget 2019 aurait été reconduit en 2020 sans aucun changement, nous serions probablement en dessous de 2%. M. Macron, fait comme tous les cancres : il remet en cause la notation en prétendant que la règle de 3% (pourtant laxiste !) date du siècle dernier. Cette affirmation outrecuidante en dit long sur l'impéritie économique du Pouvoir. Pour le court terme, il n'y a aucun danger, car les taux sont négatifs même pour les emprunts sur 10 ans. Emprunter de l'argent pour finir ses fins de mois rapporte plusieurs centaines de millions d'euros. Pour cette raison des apprentis sorciers (LFI, les écologistes) exigent qu'on augmente encore la dette d'une centaine de milliards d'euros, pour une hypothétique révolution verte. Or les taux vont bientôt repasser en territoire positif. Les taux à 10 ans ont déjà fait début novembre une courte incursion au-dessus de 0. Les taux négatifs sont en effet intenables sur le moyen ou le long terme sauf à ruiner définitivement le système bancaire et les épargnants, ce qui aurait des conséquences économiques catastrophiques. Or si les taux atteignent 1% (Ce qui est très modéré !) nous devrons payer au marché 20 milliards par an ! Comment ferons-nous ? De même si, comme c'est probable, un Krach bancaire et financier se produit en 2020, nous sombrerons corps et biens. M. Macron s'imagine être le sauveur de la France ; malheureusement je crains que les historiens, lorsqu'ils raconteront le naufrage de notre nation, ne le présentent que comme son fossoyeur, l'homme qui aurait pu la sauver, mais qui l'a définitivement enfoncée.

Va-t-on en France taxer l'argent déposé à la banque ? : 20.11.2019

Le 19 novembre 2019 fera date dans l'histoire : pour la première fois une banque européenne a décidé de taxer, dès le premier centime d'euro, les dépôts laissés sur leurs comptes par les usagers. L'établissement qui a brisé le tabou est la banque coopérative Volksbank basée à Munich en Allemagne. Le taux extorqué sera de −0,5 % c'est-à-dire le même que celui qu'applique la Banque centrale européenne aux dépôts obligatoires que doivent effectuer toutes les banques de la zone euro, dès qu'elles ont des capitaux inemployés. Jusqu'à présent les banques allemandes ou suisses ne taxaient les dépôts qu'au-dessus de 100 000 euros. L'une d'entre elles était néanmoins descendue à 75 000, mais la Volksbank vient de franchir un pas de géant et sans nul doute, elle sera rapidement suivie par l'ensemble de ses consoeurs germaniques. Le cynisme de cette mesure fait froid dans le dos : tous les particuliers sont tenus de verser sur un compte en banque ses revenus, salaires ou pensions. Jusque-là ils bénéficiaient en échange de cette contrainte, de la sécurité pour leur argent. Leurs fonds étaient protégés des voleurs, contrairement à ce qui se passerait s'ils les avaient gardés chez eux, sous leur matelas ou dans une autre cachette. Mais désormais les Allemands devront payer pour ce menu avantage : 50 € par an pour un montant moyen de dépôt de 10 000 €. Les usagers allemands seront-ils tentés alors de retirer leur salaire dès qu'il sera versé ? Sans doute ne le pourront-ils pas ! Pour éviter que les banques ne se retrouvent sans capitaux, on risque bientôt de limiter le montant des retraits hebdomadaires, comme dans les pays en crise. Longtemps en Grèce on ne pouvait pas prélever sur ses comptes plus de 420 € par semaine.

Nous sommes provisoirement à l'abri d'une mesure similaire en France. De même que les comptes courants ne peuvent être rémunérés (contrairement à l'étranger) les établissements bancaires ne peuvent les taxer sauf pour les dépôts supérieurs à 1 million d'euros. Les banques françaises utilisent un autre biais que leurs consoeurs germaniques pour faire payer leurs clients : elles augmentent considérablement leurs frais de tenue de comptes et surtout envoient un rideau de fumée pour cacher leur tarification. Tout y passe : impression de carnets de chèques, taxation forfaitaire de 2,5 € par mois par compte (soit 30 € annuels ! Ce qui équivaut largement à un taux négatif de 0,5 %), amende en cas de découvert non autorisé, forfait de 1 € en cas de retrait dans des distributeurs appartenant à des banques concurrentes. Et n'oublions pas que les banques prélèvent un pourcentage sur les achats par cartes, en théorie payé par les commerçants en réalité répercuté sur le consommateur. Pour finir, les banques de l'hexagone gagnent plus avec ces procédés qu'en appliquant un taux négatif ! Celui-ci est d'une certaine mesure moins hypocrite, plus visible. Mais nous ne leurrons pas : si les taux négatifs se répandent en Europe, nous les connaîtrons également en France. On nous expliquera que les établissements bancaires ne peuvent absolument pas s'en passer. Et on continuera bien entendu les autres prélèvements ! Quoi qu'il arrive, l'usager paye et bien plus qu'il ne le doit.

Des propos anodins du président Macron provoque un début de polémique au Liban : 28.11.2018

Léo Nicolian est un reporter de guerre français d'origine libanaise qui a couvert un grand nombre de conflits (Irak, Tchétchénie,….); alors que des manifestations secouent le pays du cèdre et remettent en cause le confessionalisme qui régit cet état, il a brièvement interviewé le chef de l'état lors de sa visite à l'usine Whirpool d'Amiens le 22/11/2019. M. Macron a déclaré, alors que M. Nicolian lui avait demandé sa réaction aux événements libanais « On fêtera l'année prochaine la proclamation du Grand Liban de 1920 » Le journaliste lui a rétorqué que c'était aussi l'anniversaire de l'instauration du confessionnalisme, si décrié par les manifestants ; ils y voient la principale raison des malheurs de leur patrie. « Exactement » a répondu le chef de l'état avant de s'éloigner. Cette micro-interview de M. Macron a été diffusée au Liban notamment grâce surtout à WhatsApp. L'intervention de notre chef de l'état et surtout le mot « exactement » est perçue (à tort sans doute) par une partie des manifestants, au mieux comme une maladresse, au pire comme une ingérence et un appui aux dirigeants actuels du pays du Cèdre.

Un peu d'histoire est nécessaire pour mieux appréhender le contexte. Le Liban a toujours été un pays à part. Au temps des premiers Califes, les chrétiens Mardaïtes à l'origine mystérieuse ont réussi à maintenir pendant plusieurs siècles de petites principautés indépendantes dans le mont Liban. Les Mardaïtes auraient (peut-être) donné naissance aux Maronites actuels. La Comté de Tripoli qui occupait le nord du pays du Cèdre, a été de 1100 à 1289 un état croisé prospère, à majorité chrétienne. La montagne libanaise a été rétive par la suite à la domination Mamelouk et à celle de l'empire Ottoman qui lui a succédé en 1517. Constantinople déléguait l'affermage des impôts du Mont Liban à des dynasties locales dont les émirs étaient, suivant les époques, plus ou moins indépendants du Sultan ; l'un d'entre eux Bachir Chebab II (1767-1850) né sunnite, est devenu publiquement maronite sans perdre son pouvoir. Ce système féodal a duré jusqu'en 1840 et l'invasion des Égyptiens de Mohamed Ali. En 1860, des massacres de Maronites par des Druzes ont provoqué l'intervention de troupes françaises ; Constantinople a alors créé, sous la pression des puissances Occidentales, le Moutassarinat du Mont Liban, une petite région autonome qui enserrait Beyrouth, dont la population était majoritairement chrétienne et dont le gouverneur devait nécessairement être chrétien, mais sans être Maronite. En 1916, la France et la Grande Bretagne se sont partagés le Moyen Orient par les accords Skypes-Picot ; les Français ont aussitôt envoyé des troupes dans le Mont Liban. Après que la SDN eut accordé à notre pays un mandat sur la Syrie et le Liban actuel, le général français Gouraud a proclamé, le 1/09/1920 le Grand Liban. Cette entité rassemblait le Moutassarinat, Beyrouth, la région de Tripoli, la plaine de la Bekaa et le sud Liban. Adopté sous la pression de la hiérarchie maronite, ce tracé a réuni au noyau chrétien homogène des terres musulmanes et s'est fait au détriment de la Syrie. Ce puissant voisin n'a jamais accepté ce « dépeçage » qui n'était justifié que par des raisons économiques. En outre la cession du Sandjak d'Alexandrette et de l'ancienne Antioche à la Turquie en 1938 (pour éviter qu'Atatürk ne s'allie à Hitler) a entraîné le démantèlement de l'état Alaouite, mis en place dans la région de Lattaquié où les adeptes de cette religion sont majoritaires. La Syrie devait disposer absolument d'un grand port qui aurait dû être Tripoli donné au Liban. On s'est rabattu sur l'ancienne Laodicée. Ces choix de la France entre 1920 et 1936 (dont évidemment M.

Macron n'est pas responsable !) sont perçus comme mauvais par une partie des Libanais : ils lui reprochent d'être responsables des guerres civiles qui ont déchiré leur pays et la Syrie ; la première a pour cause principale l'impossibilité pour des peuples trop différents de vivre ensemble ; la seconde dernière comporte un volet religieux : l'insurrection des sunnites contre le pouvoir alaouite incarné par les El Assad.

Sous le mandat français (1920-1943) le confessionalisme s'est peu à peu mis en place pour garantir la stabilité de ce pays qui est une mosaïque ethnique : le Président de la République doit être maronite, le Premier ministre sunnite et le Président du Parlement chiite. Ce système est accusé d'avoir plongé le pays dans la corruption et l'immobilisme et est désormais pris pour cible par nombre de manifestants. Beaucoup de libanais préféreraient commémorer en grande pompe le 22/11/1943 (date de l'indépendance) moins polémique, plus rassembleur et non le 1/09/1920 qu'ils voient à tort ou à raison comme l'origine des problèmes de leur pays. Être l'ancienne puissance coloniale n'est jamais facile. Ses dirigeants sont facilement accusés d'ingérence, même pour des propos anodins.

Nicolas Canteloup pousse-t-il la satire trop loin avec Éric Zemmour ? : 03.12.2019

M. Canteloup officie sur Europe I et TF1. Il s'en prend à tout le monde, homme ou femme politique de Gauche, de Droite, présentateur sportif, animateur de télévision ou personnalité du Show-Businessman. Mais les coups ne sont pas répartis équitablement et les portraits diffèrent suivant l'orientation politique. M. Macron est certes décrit comme cynique, mais l'animateur lui reconnaît de l'habileté, contrairement à son Premier ministre présenté comme quelqu'un de confus dont on ne comprend jamais les propos. Mme Royal si elle subit quelques piques est vue sous un angle plutôt sympathique, alors que son ex-compagnon et ancien chef de l'état est perçu comme un « simplet » (au sens médical du terme). Pour M. Sarkozy, M. Canteloup joue dans le registre escroc et mythomane, mais sans réelle méchanceté, voire avec une certaine tendresse. Les personnalités qualifiées d'extrême droite en revanche ne sont pas ménagées. M. Le Pen devient un ancien Waffen SS aux propos racistes, et pour souligner ce point de vue on le fait régulièrement lever les 2 bras pour esquisser le salut nazi ; sa fille est, selon l'imitateur, une incompétente notoire qui ne sait que sourire quand on lui pose une question complexe. Mais le malaise est total, quand M. Canteloup caricature M. Zemmour. Le célèbre polémiste devient un admirateur inconditionnel d'Hitler, qui aurait obtenu le droit de célébrer sa (fausse) idole chaque soir sur CNEWS. Les chambres à gaz ne sont heureusement pas évoquées, mais transformer en nazi une personnalité de confession juive est problématique, voire choquant.

Les animateurs et les imitateurs sont à l'abri de toutes poursuites judiciaires et c'est sans nul doute une bonne chose, car la satire même poussée à l'extrême et aux limites du mauvais goût fait partie de la liberté d'expression. Le délit de blasphème ne doit en aucun cas être réintroduit dans notre législation, on doit à tout prix conserver le droit de se moquer des rites d'une religion, de l'armée ou des hommes politiques. Rien ne doit être sacré. Mais les amuseurs publics ont alors une responsabilité morale énorme sur les épaules : celle d'être impartiaux. Le public confond souvent les hommes politiques et les marionnettes et les images qui les représentent. M. Raymond Barre aimait à reprendre cette anecdote : une dame lui avait confié qu'elle ne voterait jamais pour lui, car il avait chanté l'internationale. M. Barre, fort surpris, lui avait demandé quand il aurait entonné cette complainte révolutionnaire. « Eh bien, vous l'avez fait aux *bébête show* » (émission satirique des années 1980-1990) répondit la dame. Cet exemple n'est pas isolé. Quand M. Canteloup attribue à M. Zemmour des opinions nazies, beaucoup parmi ceux qui le regardent s'imaginent que *Mein Kampf* est réellement célébré tous les soirs sur Cnews et que les jours les plus sombres de notre Histoire sont de retour. Or si M. Zemmour est parfois excessif, si sur quelques points, ses opinions sont contestables, pour le connaître personnellement, je peux assurer qu'il est un vrai démocrate et qu'il ne ferait pas de mal à une mouche. Avec M. Canteloup il devient un croque-mitaine dangereux.

La France stagne au concours Pisa : 03.12.2019

Le concours Pisa a pris une très grande importance. Piloté par l'OCDE, instauré en 2000, il teste tous les 3 ans, 600 000 élèves de 15 ans (dont 6300 en France) répartis dans 79 pays. Grâce à lui, nos ministres de l'éducation successifs ne peuvent plus prétendre comme autrefois que nous avons la meilleure école du monde et qu'il n'y a rien à changer, bien au contraire. Pisa a permis de prendre conscience des ravages du « pédagogisme » qui a longtemps sévi en France ; il a incité M. Blanquer à revenir à des méthodes de lecture traditionnelles, à abandonner l'effroyable méthode globale, qui a généré des dizaines de millions de quasi analphabètes.

Pisa est dominé par les pays asiatiques (Chine, Singapour), mais leur modèle éducatif privilégiant la compétition et où les enfants ont des emplois du temps à rallonges (les cours du soir sont nombreux) n'est guère exportable chez nous. Pour notre part, nous stagnons dans le cru 2019 (qui s'est déroulé en fait, en 2018). Nous sommes au 22ième rang pour la lecture, domaine qui cette fois-ci était privilégié. Avec 493 points, nous dépassons légèrement la moyenne ; nous nous comparons à la république tchèque, à l'Allemagne, la Belgique, le Portugal et la Slovénie. Nous occupons une position présentée par certains experts comme honorable, étiquetée « *moyenne plus* », mais d'autres observateurs estiment que ce rang est problématique pour la 7ième puissance industrielle. Nous stagnons également en mathématiques et en sciences, 2 autres domaines explorés par l'étude. Il n'y a pas eu de choc Pisa comme il s'en est produit un en Allemagne après le cru 2000 qui avait montré à notre voisin d'outre-Rhin, l'inefficacité de son système éducatif. L'Allemagne avait alors réussi à redresser sensiblement la barre en 2009 en réformant le mode de fonctionnement de ses écoles. Rien de tel chez nous. Une autre particularité française est le fossé qui existe entre l'élite (qui tire notre classement vers le haut) et élèves les plus faibles. Nous serions, avec Israël, le Luxembourg et la Hongrie les champions de l'inégalité sociale. Le Royaume Uni confronté à ce problème dans les années 2000 a réussi à redresser la barre en instaurant notamment une heure de lecture par jour dans les écoles primaires. Cette inégalité sociale qu'il ne faut surtout pas nier s'explique en partie par les méthodes « pédagogistes » pourtant prônées par la gauche, qui sont en fait des machines de guerre contre les enfants issus de milieux défavorisés. La méthode globale marche très bien avec les enfants des milieux culturellement aisés ; leurs parents vont les stimuler et leur apprendre eux-mêmes à lire ; elle est une catastrophe pour les enfants pauvres. S'y rajoute aussi en France, le défi de l'immigration et des élèves non francophones. Jadis quand notre système éducatif marchait mieux, beaucoup d'enfants ne parlant absolument pas le Français à 7 ans faisaient néanmoins de brillantes études. L'échec massif des enfants immigrés n'est donc pas une fatalité. Dernier point qui explique notre médiocrité éducative : il n'y a que 2 pays au monde (sur 79 !) où l'indiscipline est pire que chez nous, l'Argentine et le Brésil. Si nous rétablissions l'ordre en classe, nous gagnerions sans doute une dizaine de places à Pisa.

Quand nazis et communistes organisaient ensemble une grève en 1932 à Berlin : 04.12.2019

La république de Weimar (1918-1933) a affronté et surmonté de nombreuses crises, avant de succomber en janvier 1933. Paradoxalement, Hitler est arrivé au pouvoir alors que la terrible crise de 1929 s'estompait, que le redressement économique était en route ; la politique nécessaire pour l'accentuer avait été définie et ne demandait plus qu'à être mise en œuvre. Il aurait suffi que le président du Reich Hindenburg tienne bon, soutienne le chancelier Brüning et applique, grâce à des décrets-lois, les recettes miracles du docteur Schacht, le futur ministre du führer et l'artisan de la reprise, pour que, peut-être, le monde ne soit jamais confronté au terrifiant troisième Reich.

Cette période troublée est marquée par les convergences et les connexions qui existaient entre l'extrême gauche et l'extrême droite allemandes. Ces deux ailes, a priori opposées, se retrouvaient au sein de la mouvance nationale Bolchevisme, nébuleuse théorisée par Paul Elztbacher, député nationaliste proche des milieux anarchistes. Un petit groupe relevant de cette idéologie s'est organisé à Hambourg autour de deux leaders bolcheviques de l'insurrection qui a éclaté en 1920 dans la ville hanséatique. Ils ont milité d'abord au sein du KDP, parti communiste allemand officiel avant de rejoindre le KAPD un parti communiste dissident dont ils ont été exclus en 1922. D'autres groupuscules ont mené en parallèle une existence indépendante. La personnalité la plus connue de ce courant d'idées est Ernst Niekisch qui a animé la revue Widerstand très influente avant 1933 dans la jeunesse. Le national bolchevisme prônait la coopération entre l'Union Soviétique et le Reich pour contourner le traité de Versailles. Pendant le troisième Reich, une grande partie des nationaux bolcheviques ont plongé dans la clandestinité alors que d'autres collaboraient avec le nouveau pouvoir.

Au printemps 1923, alors que les Français occupent la Ruhr, le KDP lui-même s'est brièvement rapproché de l'extrême droite. La mémoire du lieutenant Schlageter, un militaire de droite, auteur de nombreux attentats et fusillé par les Français est célébrée à la fois par les communistes et les nationalistes (dont les nazis). Dans la foulée, des personnalités très à droite s'expriment dans la presse communiste (notamment dans *Die Rote Fahne*). Un député du KDP Hermann Remmele, futur président du parti, va ébaucher un début de rapprochement avec le parti nazi. Il se fait acclamer en 1923 à un meeting des SA à Stuttgart avant de laisser réciproquement la parole à un militant nazi dans une réunion communiste. Il va même jusqu'à affirmer qu'une alliance avec les nationaux-socialistes pour renverser le capitalisme lui semble moins blâmable que celle qui lierait communistes et sociaux-démocrates. Le KDP change brutalement de cap à la fin de 1923. De nouvelles convergences entre partis communistes et nazis apparaissent à partir de 1930. Des groupes de nazis de gauche adhèrent au KDP dont le héros du NSDAP Richard Scheringer. Un referendum commun NSDAP-KDP est organisé en 1932 contre le gouvernement régional de la Prusse, une mention soutenue au Reichstag par les députés nazis et communistes provoque la dissolution du parlement du Reich en juillet 1932. Le summum est atteint lors de la grande grève des transports organisée conjointement par les syndicats nazis et communistes à partir du 3 novembre 1932. Des cantines communes sont notamment mises en place. Provoquée par le désir de la direction de baisser le salaire horaire des employés de 20 pfennigs, la grève est votée par 15 000 ouvriers sur 20 000 votants et est totale. Les syndicats sociaux-démocrates, bien qu'ils aient obtenu que la baisse soit réduite à 2 pfennigs, n'obtiennent pas la reprise du travail. La grève est déclarée illégale le 4 novembre 1932. De violents affrontements avec la police se produisent ; on compte 500 arrestations et 4 morts. Le mouvement cesse le 11 novembre 1932, au lendemain des législatives.

À cette occasion, Walter Ulbricht, futur dirigeant de la RDA, écrit dans les colonnes du *Rote fahne* « les membres prolétariens du NSDAP sont entrés dans les rangs du front uni du prolétariat ».Thaelmann un des dirigeants du KDP ajoute « Nous avons constitué un front unique de classe avec les prolétaires nazis....Jeunesse communiste et Hitler Jüngend quêtent ensemble dans la rue de la capitale pour soutenir les grévistes ». Quelques semaines plus tard Hitler établissait sa sinistre dictature et exterminait ceux qui avaient été un instant ses compagnons de route vers le pouvoir.

Retraites : les fausses concessions du Premier Ministre 11. 12.2019

M. Phillipe vient de faire de fausses concessions pour apaiser la colère sociale. Car ce qu'une loi établit, une loi postérieure peut le défaire. La garantie donnée solennellement par le Premier Ministre selon laquelle la valeur du point ne baissera pas et progressera autant que les salaires sera sans doute votée en 2020, mais elle n'est un chiffon de papier. Les retraites actuelles, en principe indexées par la loi sur l'inflation, sont désormais quasiment gelées au-dessus de 2000 € et le resteront sans doute par la suite (sauf les années d'élections !). Toutes les pensions seront ramenées à terme à ce seuil d'un smig et demi au-dessus duquel nos aînés sont considérés comme « d'abominables » profiteurs. La promesse de M. Philippe selon laquelle la transition pour les régimes spéciaux se fera en douceur n'est pas détaillée. Va-t-on accorder un délai de 5,10 ou 20 ans ? Le gouvernement exige en fait qu'on lui donne un chèque en blanc sur ce point essentiel et les syndicats ont raison de se méfier. Seule concession réelle obtenue, le décalage de la réforme qui ne concernerait que les Français nés après 1975 (au lieu de 1963). Mais rien ne dit qu'en 2027, après l'élection d'un nouveau Président, la réforme étant entrée dans les mœurs depuis 5 ans, on ne rabaissera pas ce seuil de 1975 à 1970 voire 1968 ! La deuxième concession importante mis en avant est encore plus illusoire : les droits acquis jusqu'au 1 janvier 2022 par le système actuel seraient maintenus ; la pension serait calculée en partie selon l'ancien mode et complétée par le nouveau mécanisme à points. Les premiers à partir selon ce système mixte (à ce moment-là 50% pour le nouveau 50% pour l'ancien système) le feront en théorie en 2037. D'ici là un gouvernement sous prétexte de simplification basculera les droits acquis par l'ancien système dans le nouveau. Le système mixte dévoilé par M. Philippe est bien trop compliqué pour être effectivement mis en œuvre. Sa seule fonction est de servir de leurre. Le gouvernement veut endormir les Français, apaiser la contestation, faire voter le cadre fondamental. Ses successeurs termineront le travail, en démantelant les derniers restes de l'ancien système, tâche bien plus aisée que celle de M. Macron.

Les promesses de revalorisation des salaires des enseignants seraient risibles s'il ne s'agissait pas d'un problème aussi crucial. Elle est budgétairement impossible à tenir. La baisse avec le système à points étant de 20% minimum des pensions, le salaire moyen étant de 2000 € Il faudrait donner 400 € par mois de plus à chacun des 850 000 enseignants, soit 10 000 € charges comprises par an soit 8,5 milliards d'euros. (somme calculée au plus juste) Avec les autres fonctionnaires on doublerait cette somme, qui est bien au-delà de nos capacités budgétaires. (dixit M. Macron) D'après des chiffres qui circuleraient, le gouvernement ne prévoirait que 400 millions et encore sur 5 ans, soit une augmentation de 8 € par mois par enseignant ! Somme ridicule qui s'accompagnera en outre d'un gel du point d'indice, (qui dure depuis 2010 !). Or 1,5% d'inflation annuelle ampute de 2,5 € par mois le salaire d'un professeur. M. Philippe n'a en rien infléchi son discours.

Annonces de M. Macron vont creuser dramatiquement le déficit : 12.12.2019

M. Macron a dû lâcher du lest et ses mesures vont dans le bon sens, puisqu'elles ne profiteront qu'à ceux qui travaillent, notamment à ceux qui effectuent des heures supplémentaires. Mais elles auront un coût de l'ordre au total de 14 à 15 milliards (2,5 milliards pour l'abandon de l'augmentation de la taxe sur les carburants, 12 milliards pour les mesures annoncées lundi).

Or notre budget avant ces annonces connaissait déjà un déficit dramatique : désormais il est épouvantable ! Il manque 115 milliards pour que les recettes (un peu plus de 300 milliards au total) compensent les dépenses ! Les premières couvrent moins de 75% des secondes. Quel ménage serait capable de vivre avec un tel déséquilibre ! Pour minimiser ce désastre, on compare le trou du budget au PIB du pays. Au lieu d'un chiffre choquant de 25 % de déficit on le réduit à 3,4% du PIB, ce qui paraît plus rassurant. (Illusion complète !) Notre gouvernement prévoyait en novembre 2,8 % de déficit. Bruxelles s'accroche à un chiffre maximal de 3% choisi parce qu'il est net, mais sans justification économique particulière. L'Italie qui était à 2,8% s'est fait taper sur les doigts, car elle aggravait le pourcentage de sa dette par rapport au PIB (Il est autour de130% contre 100% en France). Si aucune mesure correctrice n'est prise, nous serons nécessairement condamnés par l'U.E. Mais tout sera gelé jusqu'en mars, car l'Europe se base sur notre premier budget et ne se penchera sur nos récents dérapages qu'au printemps. Une chance ! Paris plaidera sans doute que le déficit 2019 est dû au CICE (d'un montant de 20 milliards) qui devient une baisse des charges et donc est exceptionnellement compté deux fois en 2019. Sans ce CICE le déficit serait de 2,5 %, mais cet argument convaincra-t-il Bruxelles ? Nous aurons donc en mars l'ouverture d'une procédure pour déficit excessif, qui n'aura aucun effet et qui sera rapidement enterrée. Mais l'Italie est ravie de notre dérapage, car les critiques contre son budget vont tomber d'elles-mêmes, puisqu'un état de l'UE fait pire qu'elle.

Or ce chiffre de 3,4% risque d'être dépassé, car il est bâti sur des prévisions de croissance obsolètes. On attendait 0.4% au dernier trimestre 2018. Nous serons contents si nous atteignons 0.2% et la croissance de 2019 dépend de l'élan pris à la fin de cette année. Le mouvement des gilets jaunes a eu des effets délétères sur l'économie et les recettes, notamment sur la TVA. Il est loin d'être fini et le bilan final risque d'être terrible, même si on peut avoir de la sympathie pour cette révolte de contribuables.

Si nous étions « bien gouverné » l'État taillerait dans ses dépenses, comme les collectivités locales l'ont fait avec succès. Dégager 20 milliards par an en éliminant les dépenses improductives et sans ralentir l'économie est tout à fait possible. En 5 ans nous pourrions équilibrer les comptes. Là si aucun krach ne se produit, nous serons sans doute encore à 2% en 2022 (et non pas à 0% comme promis par M. Macron) et à 4%-6% si une crise se produit.

Certes la France emprunte toujours à des taux négatifs qui ont même tendance à baisser. Pour l'instant, le poids des remboursements est soutenable, même s'il pèse 45 milliards par an. Mais quand la conjecture se retournera, quand les taux remonteront, nous serons incapables de faire face par les voies classiques. Resteront les solutions non orthodoxes : saisie de 20% des comptes en banque, confiscation de 10% de tous les terrains ou inflation à 2 chiffres.

Le gouvernement indien ne veut régulariser que les réfugiés non musulmans : 18.12.2019

L'Inde est la plus grande démocratie au monde (1,34-milliard d'habitants). Elle est en proie à de violentes émeutes suite à l'adoption par le Parlement d'une loi facilitant la naturalisation des immigrants hindous, sikhs (religion syncrétiste entre l'Islam et l'hindouisme), parsis (adeptes de l'ancienne religion de l'Iran), chrétiens, bouddhistes, et jaïns (leur culte, présent surtout dans le Deccan, pratique un véganisme total) victimes de persécutions dans 3 pays voisins de l'Inde : le Pakistan, le Bangladesh et l'Afghanistan. Les réfugiés musulmans sont exclus des bénéfices de cette loi. Jusqu'en 1987 l'Inde pratiquait le droit du sol comme actuellement en France. En 2004 les conditions ont été durcies : ne pouvaient désormais obtenir la nationalité indienne que ceux dont les parents étaient eux-mêmes Indiens, ou ceux qui sont nés sur le sol indien et dont l'un des deux parents est indien et l'autre un immigré non clandestin. La nouvelle loi permet donc d'assouplir ces conditions pour les non-musulmans uniquement.

La question de la nationalité est cruciale en Inde, principalement dans les régions frontalières du Bangladesh. Ce pays est accusé de persécuter ses minorités hindoues (25% en 1971, 9,7% en 2019) chrétiennes et bouddhistes. Dacca dément ces discriminations, mais en 2012, le Bangladesh a connu de violentes émeutes antibouddhistes organisées par de jeunes musulmans ; de plus, les autochtones Jummas (bouddhistes) ont été selon leurs organisations de défense, victimes d'un génocide dans les années 1990 et expulsés de leurs terres ancestrales. Les états indiens de l'Assam et du Bengale accueillent plusieurs millions de réfugiés qui prétendent fuir les persécutions bangladaises. Le gouvernement régional de l'Assam a entrepris de vérifier la nationalité de tous ses résidents à partir de 2015. 1,9 millions d'habitants (principalement musulmans) de l'Assam n'ont pu prouver qu'eux ou leurs ancêtres habitaient cet état avant 1971 (date de l'indépendance du Bangladesh). Il s'agit le plus souvent de personnes aux faibles revenus, qui n'ont pas pu retrouver les papiers nécessaires. Les procédures d'appel ne sont pas terminées, mais près de 2 millions de personnes risquent d'être déclarées apatrides avant d'être expulsées vers le Bangladesh. Le BJP au pouvoir à New-Dehli envisage d'étendre ce recensement à l'ensemble de l'Inde. En attendant, la loi récemment adoptée pour faciliter la naturalisation a été conçue en réponse à ce problème, mais uniquement en faveur des non musulmans.

Cette loi considérée comme raciste et injuste a provoqué un tollé chez les musulmans et les défenseurs des droits de l'homme. Les heurts ont fait 6 morts et 200 blessés. La communauté musulmane de l'Inde est forte de 170 millions de membres (13% de la population) contre 9% lors de l'indépendance en 1947. Une partie des Hindous ont peur d'une submersion démographique et le parti au pouvoir le BJP joue sur ces craintes.

Les tribus locales de l'Assam refusent également que les réfugiés chrétiens ou hindous venus du Bangladesh soient naturalisés. De violentes émeutes ont pour cette raison secoué le Nord-Ouest de l'Inde. Cette crise identitaire est profonde, multiforme et ne s'apaisera pas facilement.

Montgisard, la victoire qui aurait pu sauver le royaume Franc de Jérusalem (et l'Occident !) : 17.12.2019

Les Croisades ont mauvaise presse chez les bien-pensants, alors que les états fondés par les chevaliers venus avec Godefroy de Bouillon en 1099 étaient bien plus légitimes que ne l'étaient les émirats musulmans auxquels ils succédaient. Les chrétiens étaient à cette époque majoritaires au Moyen-Orient et les guerriers fidèles à Mahomet n'étaient que des envahisseurs qui ne tenaient leur légitimité que de la force de leurs glaives. De plus les croisades ont été provoquées par la destruction du Saint sépulcre en 1009 par le calife fatimide du Caire et par la tentative d'interdiction du pèlerinage à Jérusalem par les Turcs Seldjoukides après la prise de la ville sainte en 1079.

Bénéficiant de l'anarchie musulmane entre 1100 et 1170, les états croisés, ont pu établir des fondations solides. La Palestine fut entièrement occupée par les Francs après la prise d'Ascalon en 1153. Mais en 1174, Saladin réussit à unifier l'Égypte et la Syrie musulmanes. La même année, la couronne du royaume de Jérusalem échut à Baudoin IV, un remarquable homme d'état qui était malheureusement atteint de la lèpre depuis son enfance. Il montra néanmoins un courage admirable et mena ses troupes au combat tant que ses forces le lui permirent se faisant porter en litière à l'extrême fin de sa vie. Les guerriers Francs qui vivaient dans les états croisés étaient peu nombreux. Heureusement pour eux des seigneurs européens effectuaient régulièrement avec leurs armées personnelles le pèlerinage à Jérusalem et acceptaient de guerroyer quelques mois pour le compte des souverains chrétiens. En 1177, le comte de Flandre visita la Terre Sainte. Il refusa de participer à une expédition importante contre l'Égypte qui avait l'appui de la flotte byzantine. Le roi Baudouin étant trop malade pour prendre la tête de l'attaque sur le delta du Nil, celle-ci fut annulée. Le comte de Flandre accepta en compensation de prêter main-forte à une expédition plus limitée contre la forteresse musulmane d'Hama emmenant avec lui la grande part de l'armée du royaume de Jérusalem. Apprenant cette nouvelle, Saladin envahit avec une armée de 30 000 hommes la Terre sainte dégarnie de défenseurs. Malgré sa maladie, Baudouin remonta à cheval et rassembla autour de lui toutes les forces franques restantes y compris la garnison de Jérusalem. Il repoussa dans un premier temps un assaut sur Ascalon. Saladin apprenant que la ville sainte n'avait pratiquement plus de défenseurs décida de s'y diriger escomptant s'en emparer sans coup férir, mais son armée, persuadée de la victoire finale, s'attarda à piller et s'éparpilla en Judée-Samarie. Baudoin sortit alors d'Ascalon et réussit à faire mouvement sans se faire repérer. Le 25 novembre 1177, à Montsigard, avec seulement 500 chevaliers et 3000 hommes il tomba par surprise sur l'armée de Saladin et l'anéantit. Saladin lui-même échappa de peu à la mort et s'enfuit en Égypte. Le butin fut considérable.

Cette victoire inespérée à 1 contre 10 eut un retentissement considérable en Europe et sauva pour 10 ans le royaume de Jérusalem. Malheureusement, Saladin reconstitua rapidement ses forces. En 1187, à Hattin, il détruisit l'armée franque imprudemment aventurée dans une zone aride avant de s'emparer de Jérusalem quelques semaines plus tard. La Ville Sainte fut perdue pour les croisés si on excepte une courte période entre 1229 et 1240 où elle fut un curieux condominium franco-musulman.

On peut rêver à ce qui se serait passé si Saladin avait été tué en 1177. Son empire se serait probablement disloqué rapidement, comme cela s'est produit après sa mort en 1193. L'émiettement aurait été même sans doute encore plus important, car l'emprise de la famille de Saladin était en 1177 encore mal assurée et les anciennes familles régnantes à l'affût pour récupérer leurs biens. Devant l'anarchie musulmane, les croisés auraient sans doute pu conserver Jérusalem et la catastrophe d'Hattin facilement évitée. Une croisade d'envergure comme celle conduite par Richard cœur de Lion et Philippe Auguste avait de grandes chances néanmoins de se produire, vu le contexte de l'époque. Elle se serait peut-être emparée de l'Égypte, terre à majorité chrétienne (Copte) ce qui aurait définitivement assuré la survie des états croisés. La prochaine crise se serait produite avec l'irruption des mongols en 1268 ; ils ont alors conquis l'Iran et l'Irak musulmans. Les mongols étaient à l'époque dirigés par des généraux nestoriens et étaient par principe favorables à une alliance avec les croisés. La poussée mongole se serait sans doute dirigée contre les Turcs, qu'ils auraient anéantis sauvant de ce fait Byzance. L'Empire ottoman n'aurait jamais existé.

Avec des si, on mettrait Paris en bouteille, dit-on souvent avec justesse. Néanmoins que si Saladin était mort en 1177 à Montgisard, l'histoire du monde aurait été considérablement changé et l'Islam ne serait plus en 2019 aussi puissant qu'actuellement. Le destin de l'Occident aurait probablement basculé.

Hold-up sur les assurances-vie : 19.12.2019

Selon un projet d'arrêté qui sera probablement signé, la provision pour participation aux bénéfices (PPB) sera désormais comptée dans les fonds propres des assureurs. Il s'agit des fonds systématiquement mis de côté par les assureurs, des bénéfices anciens non distribués et économisés dans une cagnotte en prévision d'une période économique difficile. Cet argent appartient sans conteste aux assurés.

Si les banques ou les compagnies d'assurances se retrouvent au bord de la faillite, ils pourront utiliser ces PPB comme fonds propres, c'est-à-dire les confisquer pour payer leurs créanciers. Bien sûr des garde-fous seront établis ; s'ils sont utilisés par les assureurs pour leur éviter la banqueroute, les PPB devront être remboursés dès que la conjoncture le permettra. Mais cette promesse risque d'être écrite sur le vent, car rien ne dit que les assureurs après avoir frôlé la faillite, puissent se remettre suffisamment pour rembourser leurs emprunts forcés. En outre les PPB ne seront plus distribués comme ils l'étaient jusqu'à présent. Alors que jusqu'à maintenant, les assureurs puisaient dans ce fond pour améliorer le rendement anémique des fonds euros afin de faire mieux que la concurrence et attirer le maximum d'usagers, les compagnies d'assurances garderont jalousement ce trésor qui garantit leur solvabilité. Pire ils diminueront drastiquement les rendements qu'ils pourraient éventuellement verser pour faire grossir cette cagnotte.

Après avoir longtemps été favorisés, les fonds euros dont le montant est garanti, sont devenus des boulets du fait de la raréfaction des emprunts à taux positifs. L'affaissement de leurs rendements à un taux guère supérieur à celui de la caisse d'épargne incitera les assurés à ne plus effectuer de versements dans ces fonds euros et les encouragera à transférer leur épargne actuellement placée en fonds euros vers les unités de compte, basées sur des actions ou des SCPI, le montant de celles-ci n'étant plus garanti et pouvant s'effondrer en cas de krach boursier.

Les assurances-vie vont-elles devenir pour autant un placement risqué ? De toute façon depuis la loi Sapin 2, le gouvernement en cas de crise (épouvantable, bien pire que celle de 2008) pourra suspendre, retarder ou limiter les retraits, avances et arbitrages, empêchant les assurés de réagir pour limiter la casse. Faut-il alors s'affoler et retirer tous ses fonds de l'assurance-vie ? Bien sûr que non, le remède étant encore pire que le mal. À moins de les convertir en billets ou en lingots d'or, mis à l'abri chez soi (attention alors aux vol) et non dans les coffres de banques, les fonds récupérés des assurances-vie seront placés nécessairement sur des dépôts bancaires qui seront aussi bloqués en cas de crise particulièrement grave. Les épargnants finiront néanmoins par récupérer une fraction de leurs fonds. Or La solution d'un effondrement bancaire et boursier total passera par une inflation élevée. Les fonds placés en assurance-vie suivront en partie cette inflation, alors que les simples dépôts bancaires seront implacablement dévalués. De plus fermer ses assurances-vie revient à se priver de l'avantage successoral, les héritiers risquant de payer au fisc 25% des sommes perçues au lieu de 7,5%.

2020

La rupture conventionnelle étendue à la fonction publique : 04.01.2020

Jusqu'à présent un fonctionnaire souhaitant quitter la fonction publique devait donner sa démission et partir sans aucune indemnité si on excepte quelques cas particuliers. Désormais la rupture conventionnelle a été étendue aux agents des 3 fonctions publiques (de l'état, territoriale ou hospitalière). Des indemnités sont prévues, calquées sur celles du privé : elles ont un plancher calculé sur différentes tranches en fonction de l'ancienneté du fonctionnaire : 1/4 de rémunération mensuelle brute par année d'ancienneté jusqu'à dix ans, 3/5 de rémunération mensuelle brute d'ancienneté à partir de 20 ans et jusqu'à 24 ans. Il y a également un plafond : une somme équivalente à 1/12 de rémunération brute annuelle par année d'ancienneté dans la limite de 24 ans. Par exemple, un agent au salaire brut (et non net) de 2000 euros par mois touchera après 10 ans d'ancienneté entre 5000 € et 20000 €. Après 30 ans de service entre 28800 et 48000 €. Ces conventions seront expérimentées pendant 6 ans et un bilan sera tiré à l'issue de cette période. Elles sont étendues à l'ensemble de la fonction publique et non plus comme jusqu'à présent aux seuls secteurs en sureffectifs. L'indemnité pour départ volontaire instaurée sous Nicolas Sarkozy dans les secteurs en restructuration est supprimée. Sont également abolies l'indemnité prévue dans les fonctions publiques d'état et territoriale en cas de reprise ou de création d'entreprise et celle pour projet personnel en vigueur dans la seule fonction publique territoriale.

Jusqu'à présent les fonctionnaires bénéficiaient de la garantie de l'emploi. Ils n'étaient licenciés qu'en cas de faute vraiment grave et cette sanction n'était pas prononcée par la hiérarchie du fonctionnaire fautif, mais par une commission paritaire souvent indulgente. Rappelons que dans une célèbre affaire de pédophilie le juge d'instruction qui avait mis en examen en dépit de tout bon sens des personnes innocentes et ruiné leur vie, n'a récolté qu'un blâme, alors que son incompétence était manifeste. Il faut qu'un fonctionnaire commette un délit sanctionné pénalement pour qu'il perde son emploi.

Désormais, sa hiérarchie peut convoquer un fonctionnaire et lui proposer une rupture conventionnelle. Dans le privé, l'employé qui refuse l'entretien proposé par son employeur est le plus souvent licencié et reçoit une indemnisation minimale qu'il peut éventuellement contester devant les prud'hommes. Le fonctionnaire pourra (pour l'instant) rejeter l'entretien et garder son emploi. Mais ne risque-t-il pas des représailles sur son emploi du temps, sur la date de ses congés, sur son avancement ? Sa vie risque de devenir un enfer, ou du moins c'est ce que redoutent les organisations syndicales qui s'opposent à cette rupture conventionnelle. Ils ont été échaudés par ce qui s'est passé à la poste et à France télécom. En réalité le harcèlement existe déjà, et les malheureux fonctionnaires victimes de leurs supérieurs n'avaient aucune porte de sortie, si ce n'est la démission. Ce nouveau dispositif évitera peut-être le scandale de fonctionnaires territoriaux payés depuis 5 ou 10 ans à ne rien faire car exclus de leur ancien poste sans avoir postulé à un nouvel emploi (ou ayant été systématiquement refusé). Cette nouvelle rupture conventionnelle doit impérativement être acceptée par l'intéressé, mais elle ouvre qui sait la voie au licenciement et à la fin de l'emploi à vie.

Des livres un peu particuliers pour les enfants : 06.01.2020

Quand j'ai vu la première couverture de cette série sur Facebook « L. et M. ont un tonton en prison » j'ai cru à un montage comme on en voit avec la série des Martine, comme celui qui a valu des ennuis à un haut fonctionnaire « Martine prend l'avion et se fiche de Greta Thunberg ». Cependant, quand j'ai vu une photo d'un tourniquet rempli de livres de ce type, j'ai été pris d'un doute et j'ai vérifié sur Amazon. Oui ! il existe bien une série dont je cite quelques titres : « le cousin de L. et M. se drogue » « L. n'aime pas que sa maman boive » « L. se fait piéger sur Internet » « M. et L. ne font pas leur devoir » « M. se fait insulter à la récré » « L. va chez la psy » « La copine de L. est en famille d'accueil » « L. a été suivie » « M. ne pense qu'au zizi » « Le chien de M. et L. est mort » « M. et L. volent des bonbons » « Le père de M. et L. est au chômage » « La maison de M. et L. a été cambriolée » . À côté de ces titres choc on trouve d'autres plus anodins, plus « gentillets » (ils sont même bien plus nombreux) : « M. et L. ont peur du noir » « L. ne veut manger que des frites » « L. ne veut plus se laver ». Si les premiers sont trop violents à mon goût, je trouve les derniers tout à fait attrayants et je pourrais les acheter pour mes petits-enfants. Ces courts romans vendus 5,5 € l'unité et mettent en scène deux enfants espiègles un frère et une soeur. Une centaine de titres sont parus depuis 1992 et présente tout un petit monde de personnages récurrents entre parents grands parents, amis, ennemis et animaux de compagnie.

Le but des quelques livres problématiques (encore une fois, ils sont une minorité) est de préparer les enfants à affronter toutes sortes de situations dysfonctionnelles. L'humour et le côté enfantin du dessin permettent de traiter « en douceur » des sujets parfois difficiles Est-ce louable ? Est-ce utile d'angoisser les enfants en leur présentant une vie imaginaire, noire et inquiétante. Combien d'enfants ont un proche incarcéré ? Vu le nombre de personnes en prison, on peut estimer à 300 000 au maximum le nombre d'enfants et d'adolescents ayant un parent (père, oncle, grand-père) en cellule sur 15 millions. Ce n'est quand même pas une situation de la vie courante. À quel public est bien destiné « M. et L. ont un tonton en prison ? » Le fléau de la drogue touche plus de familles, mais reste heureusement marginal. Peut-être que si votre enfant est harcelé à la récréation lui offrir un livre sur ce phénomène peut l'aider à relativiser et à surmonter le problème.

Et si ces titres sont une nécessité ou sont simplement utiles, ne conviendrait-il pas aller plus loin ? Je propose une nouvelle série bien plus dure que L. et M. qui est respectable et a toute sa place dans la littérature. Je suggère : « A. apprend une prière en arabe qui lui sauve la vie » « La maman de P. est poignardée par un déséquilibré », « Le cousin de P. se radicalise sur Internet », « A. est prostituée par un réseau pédophile. » « A. rencontre un vieux monsieur qui aime trop les enfants » « P. veut changer de sexe » « Le papa de P. devient sa maman » « P. va à la manifestation LGBT ». « A. avorte à 10 ans »

Je vous laisse compléter la liste au gré de votre imagination. Je serais quand même perplexe devant ce type de lectures. Pour ma part je continuerai à lire à mes petits-enfants des livres de la série « Petit ours brun » « Petit Ours brun aime beaucoup sa maman » est quand même plus mignon que « A. ne cesse de donner des coups de pieds à sa maman ».

Les actionnaires chinois de l'aéroport de Toulouse ont réalisé une belle plus-value : 12.01.2020

Casil est un fond d'investissements à capitaux chinois. En 2015 il a acquis 49,99 % des parts de l'aéroport de Toulouse-Blagnac pour 308 millions d'euros. 40% des parts sont restés aux mains de collectivités et d'investisseurs locaux et 10% ont été conservées par l'État. Selon son contrat, Casil devait investir une soixantaine de millions d'euros pour le développement de Toulouse-Blagnac. Il aurait, pour finir, injecté 84 millions. Mais la gestion de Casil a été contestée. On lui a reproché de « se payer sur la bête » c'est-à-dire de se verser de gros dividendes au détriment de la trésorerie et des réserves de l'aéroport. En 2019 les actionnaires ont récupéré 16,9 millions d'euros de dividendes.

Devant les critiques, l'État a refusé de se délester des 10% qu'il avait conservés. Casil a pris prétexte de ce changement de stratégie du gouvernement pour annoncer son intention de se retirer. Il vient de vendre sa part à Eiffage pour 500 millions d'euros. Casil a gagné 140 millions d'euros en estimant à 32 millions le montant des dividendes (en se basant sur 2019) pour un investissement de 392 millions d'euros soit 37,5 % de rendement pour 5 ans soit 6,3 % par an, ce qui est confortable et rentable.

Ces plus-values créent le malaise : visiblement le prix de départ de 2015 était sous-évalué, car en 5 ans Toulouse-Blagnac ne peut pas avoir pris 40% de valeur (50% valaient 308 millions en 2015, 500 en 2020). Ses capacités n'ont pas été développées outre mesure. Casil n'a eu aucun mal à trouver un investisseur pour le remplacer. Il s'agit d'Eiffage qui cherche à damer le pion à Vinci qui lui aussi investit dans le domaine aéroportuaire.

Le principe même des privatisations pose problème. En vendant ses « Bijoux de famille » l'État reçoit un peu d'argent, mais souvent le montant que les concessionnaires lui versent est remboursé par dix ans d'exploitation ! Par exemple, les heureux bénéficiaires qui ont acquis les autoroutes mises en vente, en 2005, ont payé à cette époque 14,8 milliards d'euros et ont récupéré ensuite 1,5 milliard par an. La rentabilité des autoroutes est montée de 9% en 2005, au temps de l'état à 22 % en moyenne en 2016. Pour cela, les nouveaux concessionnaires ont comprimé les coûts en diminuant le nombre d'employés et en les remplaçant par des automates. Les concessionnaires (Vinci, Eiffage) ont effectué les travaux promis dans leurs cahiers de charges en faisant appel à leurs propres entreprises, ce qui a maximalisé leur profit. L'état n'aurait pu effectuer ces travaux qu'en empruntant, mais dans ce cas il aurait récupéré plus que sa mise grâce aux dividendes qu'il aurait conservés. Il en sera de même pour Toulouse-Blagnac : si de nouvelles pistes sont construites, elles le seront par Eiffage qui s'est positionné en partie pour cette raison. Certes 25% des bénéfices versés aux concessionnaires retournent dans les poches du trésor après impôts, certes l'état est rarement un excellent gestionnaire et la rentabilité flambe après la privatisation. Néanmoins, les prix obtenus sont trop faibles. À l'heure où on a privatisé la Française des jeux et que bientôt ADP le sera la recherche du juste prix est une question délicate et primordiale.

Livret A : la spoliation des épargnants continue : 16.01.2020

Le calcul du taux du livret A vient changer. Désormais on l'établit en additionnant désormais le taux Eonia à la moyenne de l'inflation (hors tabac) sur les six derniers mois avant de diviser le tout par 2. Le taux du livret A ne saurait être inférieur à 0.5 %. À noter que le gouvernement conserve le droit de modifier unilatéralement le taux du livret A, à la baisse comme à la hausse, s'il l'estime utile pour l'économie. Le taux Eonia est la moyenne des taux des prêts interbancaires. Il est actuellement négatif à –0,455 %. Il sert de référence à de nombreux contrats et notamment pour les prêts à la consommation et immobiliers délivrés aux particuliers. Un scandale de manipulation de son cours a été découvert il y a 2 ans ; cette malversation qui a enrichi quelques spéculateurs et plusieurs établissements bancaires a été possible, car les statistiques manquent et que les banquiers doivent procéder à des estimations. Conséquence de ce scandale, L'Eonia sera bientôt remplacé par l'Ester taux officiel calculé sur les mêmes bases que l'Eonia par la banque centrale européenne et non plus par les banquiers, ce qui laisse présager l'intégrité des résultats. Le livret A dépendra de l'Ester quand ce dernier sera créé.

L'inflation vient d'exploser en décembre. Alors que le glissement sur un an était de 0.8 % en octobre 2019 de 1 % en novembre 2019 elle a atteint 1,4 % en décembre 2019. La moyenne des 6 derniers mois est de 1,05 % Nous devrions donc avoir un taux du livret A d'un peu plus de 0.25 % [(1.05%–0.455%)/2]. Grace à la clause de sauvegarde, il sera néanmoins de 0.5%, ce qui induira un décrochage de près de 1% par rapport à l'inflation récente. Nous avons connu des époques où le livret A était par principe supérieur à l'inflation, mais ce temps-là est bien terminé. Le livret d'épargne populaire (LEP) lui est réservé aux contribuables les plus modestes (environ 40% de la population). Un célibataire doit en effet gagner moins de 1400 € net par mois pour y accéder alors que chaque conjoint d'un couple avec deux enfants doit gagner moins de 1900 € net pour pouvoir ouvrir un LEP. Le plafond du LEP est modeste 7700 euros et le taux servi en février 2020 n'est que de 1%, M. Lemaire comme tous les ministres confrontés à la baisse du taux du livret A vante le LEP et promeut son développement. En effet, beaucoup de personnes ne font pas appel à ce placement alors qu'elles y ont droit. Existe également le livret jeune au plafond faible de 1600 € pour ceux qui ont entre 12 et 25 ans dont le taux est fixé librement par les banques, mais ne saurait être inférieur à 0,75% actuellement.

Les 295 milliards d'euros placés sur le livret A financent d'abord le logement social ; les HLM ont recours à ce pactole, en empruntant grâce à lui moins cher qu'auprès des banques. Une partie de ces 295 milliards est également utilisée pour financer les PME, les collectivités locales et accessoirement la dette de l'état. De ce fait, le taux du livret A doit nécessairement rapporter moins que l'inflation, puisqu'un grand nombre d'organisme empruntent à bon compte grâce à ce différentiel, qui pourtant spolie les Français.

Comment la France s'est sortie du surendettement au cours de son histoire : 20.01.2020

Notre pays a souvent fait faillite. Pendant le moyen âge les méthodes employées par le roi pour se soustraire à ses obligations étaient de 2 types : le premier moyen consistait à saisir les biens d'habitants riches, surtout s'ils étaient créancier de l'état ; le second consistait à expulser les créanciers, soit pour des raisons prétendument raciales et religieuses (les Juifs) en fait pour confisquer leurs biens et saisir leurs créances, soit pour des raisons dites « morales » (expulsion en 1268 des banquiers lombards par Saint louis et destruction de leurs créances).

Le dernier moyen, employé déjà par les Empereurs romains consistait à manipuler la monnaie. Les pièces avaient un poids fixé en argent ou d'argent. Le souverain diminuait d'autorité la quantité de métal utilisé. Par exemple si un écu contenait 50 g d'argent on n'en mettait plus que 30 g. Avec 1000 écus anciens on en créait 1666 nouveaux. Si le roi avait emprunté 1000 écus anciens, il en rendait 1000 nouveaux et gardaient 666 écus nouveaux. Cela revenait à diminuer d'un tiers le poids des emprunts. Quand la monnaie était trop altérée, on revenait à l'ancienne valeur, mais le roi prenait garde de préciser qu'il paierait ses créances au taux existant avant la réévaluation.

Les banquiers expulsés, saisis, ruinés par la manipulation monétaire ne prêtaient plus pendant une dizaine d'année avant que le souverain ne fasse un geste vers eux. Ils ouvraient à nouveau leurs bourses, se gavaient avec les premiers remboursements jusqu'à qu'une nouvelle crise intervienne et qu'ils perdent de l'argent. On a expulsé ainsi les Juifs de France en 535, 633, 1254, 1292, 1322, 1394, 1491 et 1501. On les autorisait à revenir en échange d'une forte somme d'argent. L'expulsion de 1501 fut définitive jusqu'en 1789 si on excepte Metz, l'Alsace et les marranes de Bordeaux.

Après la guerre de succession d'Espagne, les finances de la France étaient dans un état épouvantable. Les dettes s'élevaient à 2,8 milliards de livres et correspondaient à dix ans d'impôts, un record (cela équivaudrait à 4000 milliards d'euros de dettes en 2020 200% du PIB). On a commencé par taxer les créanciers de l'état et à annuler arbitrairement certaines créances. Le régent accorda ensuite sa confiance à Law. Ce dernier créa plusieurs établissements dont il vendit plusieurs milliards d'actions de papier en échange de monnaie métallique en promettant un taux de 4% qu'il servit les premières années. Il put ainsi prêter 1, 5 milliards à l'état. La confiance dans son système s'érodant, il fut contraint d'interdire aux particuliers de détenir de trop grandes quantités d'or, organisa des perquisitions, ce qui amena plusieurs actionnaires à retirer leur fond et précipita la faillite de Law. Si beaucoup de Français furent ruinés et quelques seigneurs furent enrichis le principal gagnant fut l'état, qui n'avait plus à rembourser les établissements de Law et avait ainsi allégé sa dette. Comme elle restait néanmoins substantielle on créa un organisme *la commission des visas* qui examina chaque créance. Celle qui furent jugées de bonne foi furent immédiatement remboursés tandis que les plus douteuses furent annulées. On économisa ainsi 1,5 milliards d'euros et on régla le problème de la dette pour 50 ans. La crise revient en 1783 à la fin de la coûteuse guerre d'indépendance américaine. Louis XVI et ses ministres entreprirent plusieurs réformes et essayèrent notamment de faire payer des impôts aux nobles et aux membres du clergé, en vain. Le roi fut contraint de convoquer les États généraux ; on connait la suite. La révolution Française revient au papier monnaie gagé sur les biens nationaux (biens de l'église et des émigrés). On atteignit en 1795 un montant exorbitant de 18 milliards de livres entraînant une inflation qui ruina les rentiers et les populations les plus modestes. Un assignat de valeur nominal de 100 livres ne valait plus que 0,75 livres en monnaie. Le directoire commença par imposer aux plus riches un impôt forcé de 600 millions en monnaie métallique, par émettre des pièces d'or et par brûler la planche à assignats. Néanmoins ceux qui détenaient de la monnaie métallique la thésaurisaient car ils n'avaient pas confiance ; le directoire fut contraint d'émettre pour un montant de 2,4 milliards d livres une nouvelle monnaie papier les mandats territoriaux dont la valeur s'effondra encore plus vite que les assignats. En 1797 la France fit faillite officiellement : elle remboursa les 2/3 de sa dette avec des papiers sans valeur et inscrivit le 1/3 restant sur un registre permettant d'obtenir des intérêts et d'être remboursés en monnaie métallique. On nomme cet événement la banqueroute des 2/3.

Les comptes et le niveau des prix restèrent stables jusqu'en 1914. Le versement en 1870 d'une indemnité de guerre à la Prusse équivalent à 25% du PIB de l'époque fut absorbé sans problèmes grâce à 2 emprunts : l'un national de 2 milliards de francs l'autre international de 3 milliards de francs.

En 1919 à l'issue de la grande guerre la dette de la France correspondait à 200 % du PIB. Elle fut rapidement remboursée grâce à l'inflation. En 1925 la dette n'était plus que 80% du PIB, mais ceux qui avaient prêté de l'argent à la France en 1914 étaient ruinés. Les prix avaient passé d'un indice 15 en 1914 à 80 en 1920 avant de redescendre à 60 en 1924. Autrement dit, le créancier qui avait prêté 100 francs à 4% à l'état en 1914 en recevait 148 en 1924 mais ne pouvait plus acheter avec l'argent reçu que le tiers que ce qu'il aurait pu acquérir en 1914.

La dette remonta à 200% du PIB en 1932 avec la crise de 1929 avant de redescendre à 90% grâce à la politique de déflation de Laval qui comprima les revenus des Français et provoqua la montée du chômage. La dette remonta en 1945 à 200% du PIB ; elle fut absorbée en deux ans par une explosion de l'inflation et redescendit à 35% du PIB en 1947. Le minimum de la dette fut de 25% du PIB en 1974. Actuellement elle est de 100% ce qui reste au vu de l'histoire soutenable.

Si elle devenait incontrôlable, les moyens que pourraient employer l'état pour le supprimer seront de deux ordres : le premier moyen consisterait à confisquer une partie des dépôts bancaires et des assurances-vie (entre 20% et 40%) ce qui est dangereux politiquement, choquant sur le plan moral, mais sain économiquement. L'autre moyen serait de lâcher la bride à l'inflation. Il existe un troisième moyen qui ne sera sans doute pas employé car il pose des problèmes : ne plus rembourser les emprunts. L'Argentine l'a fait a réussi à persuader 97% des débiteurs de ne recevoir qu'une partie des sommes prêtées, mais à l'issue d'une guérilla juridique, de multiples saisies de biens (avions, navires et même œuvre d'art) a été contraint de rembourser au prix fort les 3% restant. Si l'Argentine a été pour finir gagnante, son développement économique a été entravé pendant 10 ans aussi aucun pays ne suivra cet exemple.

Les graves menaces qui pèsent l'assurance-vie : 23.01.2020

Un groupe « d'experts » viennent de remettre à la Garde des sceaux, Nicole Belloubet un rapport qualifié de volcanique par le magazine *capital*. Ces « spécialistes » préconisent de faire entrer les assurances-vie dans le calcul de la réserve héréditaire et de la quotité disponible.

La loi Française protège les héritiers naturels (les enfants). Alors qu'aux États-Unis vous pouvez choisir votre héritier, tout donner à l'un de vos enfants et rien à un autre ou avantager votre dernière épouse, dans notre pays, les enfants (ou si le défunt n'a aucun descendant en vie, le conjoint) sont assurés de recevoir une part minimale des biens du défunt. Cette fraction dite part réservataire est de la moitié des biens en présence d'un enfant, des deux tiers pour deux (donc, chaque enfant est assuré de toucher le tiers de la fortune du défunt) et de 75% pour 3 enfants ou plus. Si un enfant est décédé, ses descendants encore en vie se substituent à lui, Le reste s'appelle la quotité disponible et peut être légué à une personne choisie en toute liberté par le défunt sachant que les droits de succession atteignent rapidement 60% quand les héritiers ne sont pas les enfants ou le conjoint. À noter que le conjoint peut recevoir la totalité des biens du défunt en usufruit ou le quart en pleine propriété et les trois quarts en usufruit. Il obtient la totalité des biens en l'absence d'héritiers naturels.

Un héritier réservataire majeur peut renoncer à sa part à l'avance et devant notaire avant le décès de son père ou de sa mère. Il souhaite par ce moyen favoriser un de ses frères et sœurs, qui a besoin d'être aidé ou par exemple qui est handicapé.

Il existe un autre moyen pour contourner la réserve testamentaire : l'assurance-vie. Le défunt choisit en toute liberté le bénéficiaire du contrat ainsi que le montant des sommes léguées. Les frais prélevés par l'État sont bien plus réduits que les frais de succession classiques. Grâce à l'assurance-vie on peut donner bien plus au fils préféré, aux enfants du second lit au détriment de ceux du premier, aux enfants de son conjoint ou à sa deuxième femme. Il existe des limites à l'assurance-vie : le montant des assurances-vie ne doit pas être disproportionné par rapport à la fortune du défunt. Par exemple, il est interdit en principe de transmettre ainsi 100% de ses biens (néanmoins la justice entérine parfois ce genre de partage léonin, mais le plus souvent elle fixe à 50% la limite maximale). On ne peut pas non plus à la veille de la mort tout placer sur l'assurance-vie.

Si le gouvernement suit le rapport remis au ministre de la justice, les sommes léguées par l'assurance-vie seront intégrées à la part réservataire et à la quotité disponible. Ce qui serait une révolution. On pourrait comprendre cette évolution, mais la suite risque d'être douloureuse : si les assurances-vie perdent leur statut à part, seront-elles pour finir aussi lourdement taxées que le reste de la succession ? Un premier pas en amenant rapidement un autre, les Français seront spoliés d'une partie de leur héritage.

Deux courtes interviews du Président Macron contribuent à enflammer le Liban : 09.02.2020

Depuis le 18 octobre 2019, de violentes manifestations de rue secouent le Liban. Elles ont été provoquées au départ par un projet de taxe sur la populaire application WhatsApp et se sont poursuivies malgré le retrait de la mesure qui avait mis le feu aux poudres. Le mouvement est une conséquence de la gestion désastreuse du Liban ; les protestataires accusent l'ensemble de la classe politique d'être corrompue, d'être incapable de gouverner et d'être à l'origine du naufrage économique du pays du cèdre. Les coupures d'eau et d'électricité sont fréquentes, l'inflation galopante et le chômage endémique. Les sanctions Américaines contre le Hezbollah, considéré comme un mouvement terroriste par les USA et l'afflux de réfugiés (1 million de Syriens, 450 000 Palestiniens pour un pays de 6 millions d'habitants) aggravent la situation. La spectaculaire crise des ordures que le Pouvoir Libanais n'arrive pas à résoudre depuis des années est l'illustration pour beaucoup de l'incompétence totale des dirigeants libanais. Les manifestants exigeaient la démission collective du Président et de tous les Parlementaires ainsi que la formation d'un gouvernement restreint composé de technocrates et destiné à prendre les problèmes du pays à bras-le-corps. Les protestataires ont formé le 27 octobre 2019 une gigantesque chaîne humaine de 170 km et ont établi des barricades sur les principaux axes, obligeant l'armée à intervenir pour rétablir la circulation. Le Premier Ministre Saïd Hariri (qui est également l'un des 7 milliardaires qui possèdent autant que le reste de Libanais) a été alors contraint de quitter son poste et a été remplacé par Hassan Diab après de difficiles négociations et le renoncement de Mohamed Safadi, autre milliardaire. Le nouveau gouvernement est appuyé uniquement par les deux partis chiites, *Amal* et *Hezbollah* ainsi que par le *courant Patriotique Libre* du Président chrétien Aoun.

L'équipe de M. Hariri comprenait également des ministres sunnites membres du *courant du futur*. M. Diab a obtenu le soutien du Parlement par 69 voix sur 120 députés, les représentants du *courant du futur* s'étant abstenus. Depuis la formation de ce gouvernement, les manifestations ont repris de la vigueur, d'autant plus que la crise économique s'est encore aggravée et que les retraits bancaires sont désormais limités. Certains salaires ne sont plus versés plongeant de nombreux Libanais dans la misère. Les banques sont asphyxiées et proches de la faillite, alors qu'elles étaient jusqu'alors le fer de lance de l'économie Libanaise. Le débat actuel tourne autour de la restructuration de la colossale dette libanaise (108 milliards d'euros ,158 % du PIB en 2018 dont 48,3 milliards de dette intérieure). Le pays n'arrive plus à la rembourser et c'est pour cette raison que le gouvernement de M. Hariri avait projeté de taxer WhatsApp avec les conséquences que l'on connaît.

Deux courtes interviews du Président Macron réalisées par Léo NIcolian ont ajouté de l'huile sur le feu. M. Nicolian, Arménien né à Beyrouth, est un journaliste qui a effectué de nombreux reportages dans des pays en guerre ; Depuis le début de la contestation, il s'est lancé dans de nombreuses actions pour soutenir le mouvement. Il a notamment réussi à interviewer à deux reprises le chef de l'état et en a tiré des vidéos qui tournent dans le pays du cèdre grâce à WhatsApp et attisent la colère contre M. Macron. Dans la première, réalisée lors d'une visite du chef de l'état à l'usine Whirpool d'Amiens, le Président a annoncé qu'il irait au Liban célébrer le centenaire de la proclamation du Grand Liban par le Général Gouraud le premier septembre 1920. Or cet événement est rejeté par les manifestants, car la France a, à la demande de l'épiscopat maronite et pour des raisons économiques, rattaché artificiellement des terres musulmanes au Mont-Liban. Le Mont-Liban était une entité autonome au sein de l'Empire

Ottoman, mise en place en 1860 et dont la grande majorité des habitants étaient chrétiens. Ce rattachement a conduit en 1940 à l'établissement du confessionnalisme qui selon les manifestants étouffe le pays. Rappelons que le Président Libanais est nécessairement chrétien maronite, le Premier ministre sunnite et le Président du Parlement chiite et que le découpage électoral ne tient pas compte des réalités religieuses sur le terrain. En outre, la création du Grand Liban est pour beaucoup la cause directe de la terrible guerre civile libanaise (1975-1990). La réaction de M. Macron à Amiens appelant à célébrer le centenaire de la création du Grand Liban a donc été considérée comme maladroite par beaucoup de manifestants et perçue à tort ou à raison comme un appui aux autorités contestées du Liban.

Dans la seconde vidéo, M. Macron renouvelle ses propos malgré les objections de M. Nicolian qui prétendait se faire le porte-parole des protestataires. M. Nicolian a également vivement accusé le Président Macron d'avoir fait empêcher la diffusion de la vidéo de la première interview par l'AFP. Cet organisme aurait déclaré être intéressé dans un premier temps avant de se rétracter.

De toute façon la France et ses dirigeants au Liban marchent sur des œufs au Liban. L'ancienne puissance coloniale se doit d'appuyer le gouvernement libanais quel qu'il soit. S'il ne le faisait pas, elle serait accusée d'ingérence post colonialiste. Elle ne peut pas non plus se désintéresser de son ancien protectorat. Elle porte aussi le poids des fautes qu'elle a commises dans le passé : en 1920, elle aurait dû insister pour que le Liban reste un état à grande majorité chrétienne et ne pas lui adjoindre les terres chiites du Sud Liban et sunnites de la région de Tripoli. En 1932, elle n'aurait pas dû démanteler l'état des Alaouites qui s'étendait sur la côte actuelle de la Syrie et était peuplé aux deux tiers d'Alaouites. La guerre civile Syrienne est la conséquence directe de ce choix. Elle est avant tout une guerre de religion et la révolte de sunnites contre le chef d'état Alaouite El Assad. Le grand-père de ce dernier était d'ailleurs un chaud partisan du maintien de l'état des Alaouites et un partisan du protectorat français. Pour que la Syrie eut un port nécessaire à son développement économique, la France aurait pu lui rétrocéder Tripoli, puisque le port d'Antioche avait été donné, en 1939 à la Turquie pour la dissuader de s'allier avec Hitler.

Les employés de la Banque de France sauvent en partie leur régime de retraite : 15.02.2020

Selon le magazine Capital, les employés de la Banque de France viennent d'obtenir le maintien de leur caisse de retraite spécifique, la CRE, qui ne sera incluse qu'en partie dans la réforme à venir : la CRE, dépend la banque de France. Elle est financée par les cotisations des employés (11,1% des salaires depuis 2007, contre 16% pour les fonctionnaires). Néanmoins, la Banque de France complète ce qui manque dans les caisses de la CRE pour assurer leurs pensions de ses 17000 retraités et se charge de gérer les 14 milliards de réserve de ce fond de pension spécifique (soit 50 000 euros par employé ancien ou actuel de la banque de France qui sont au total 27 000). Ce financement du régime de retraite pèse de plus en plus dans les comptes de la Banque de France. Cette branche connaît en effet un taux catastrophique de 0,58 actifs par retraité contre 1,7 actifs par retraité dans le reste de la France. Le salaire moyen des employés de la banque de France étant de 33 000 euros par an, les seules cotisations des actifs ne permettraient de verser environ que 2500 euros annuels par retraité. Les employés ont consenti de gros efforts depuis 2009 : ils ont renoncé à une surprime de 14% qui leur était versée, le nombre de trimestres de cotisation nécessaires pour obtenir une pension complète est montée progressivement de 150 trimestres à 164. En outre les employés ont accepté depuis plus de 10 ans une modération de leur rémunération en échange du maintien du financement du CRE, les pensions étant vues comme un salaire différé.

Selon l'accord négocié et accepté par les syndicats, les personnes qui prendront leur retraite avant le 31 décembre 2024 ne verront aucun changement. Ceux qui seront embauchés après le 1 janvier 2025 seront assujettis au régime commun. Les autres auront une partie de leur pension versée par la CRE proportionnellement au temps passé entre leur embauche et le 31/12/2024 le reste de leur revenu étant fourni par le régime commun. La CRE va donc entrer en extinction et sera supprimée lorsque son dernier bénéficiaire sera décédé. L'État a accepté le maintien en partie du CRE, car ce système est lourdement déficitaire ; son absorption par le système commun aurait fortement pesé sur les comptes publics. Il s'agit donc d'une situation inverse que celle qui prévaut pour les avocats : la caisse de ces derniers étant excédentaire, l'État lorgne sur les réserves accumulées et sur les cotisations versées par les avocats. Celles-ci ramenées au taux moyen et donc augmentées (on parle de les tripler dans certains cas) apporteraient des ressources non négligeables à la caisse commune. Néanmoins en multipliant les exceptions après la police et l'armée, la réforme proposée par M. Macron devient illisible. Un homme politique lucide renoncerait à cette mascarade et se contenterait de démanteler progressivement les régimes spéciaux comme on a commencé à le faire pour la Banque de France. Mais M. Macron semble dépourvu de tout sens politique.

Record de chaleur en Antarctique : autopsie d'une exagération médiatique : 19.02.2020

Une grande partie des médias se sont déchaînés ces derniers jours, comme le prouve une rapide recherche sur Google : un record de chaleur inquiétant aurait été battu en Antarctique : 20,75 ° ! Au vu de ce chiffre les rédactions se sont affolées, puisque par inculture totale, elles sont persuadées qu'il fait toujours -15 ° à -50 ° dans ce vaste continent gelé. L'Apocalypse était en marche, l'inlandsis de l'Antarctique allait fondre en partie, voire en totalité, les mers monter de plusieurs mètres et les côtes submergées.

Or cette information est à replacer dans son contexte. D'abord, le précédent record prétendument battu était de 19,8 °. Il a été établi en 1982 sur l'île Scilly des Orcades du Sud, au tout début du réchauffement indéniable que nous connaissons depuis les années 1970 (+1,1° en moyenne sur l'ensemble de la planète après avoir perdu 0.3° entre 1940 et 1970). Si on ne s'intéresse qu'à l'Antarctique continental, le record est de 18,4 ° (7 février 2020) à la base argentine Esparanza, située dans la pointe nord de la péninsule Antarctique : or celle-ci remonte fortement vers l'Amérique du Sud et peut être épisodiquement touchée par des vents chauds qui font brutalement remonter les températures ; deux jours avant le 5 février à la même heure la température n'était que 0.3 ° ! La situation de cette base n'est absolument pas caractéristique du continent Antarctique. À noter également que l'ancien record était de 17,5 ° établi en 1975 dans des circonstances analogues.

Quant au « record » de 20,75 °, il ne sera pas comptabilisé, car il n'a pas été pris dans des conditions standard : l'instrument était placé à 1 mètre du sol, et non 2 mètres comme d'ordinaire. Il s'agit en fait d'une mesure prise dans le cadre d'une étude géologique et non météorologique. L'appareil était trop exposé au rayonnement solaire, ce qui a faussé le résultat.

En outre, personne n'évoque un résultat plutôt rassurant : cette année, la banquise antarctique est proche en février 2020 de sa moyenne établie dans les années 1980-2010 comme le prouve le site suivant : http://nsidc.org/arcticseaicenews/

Si l'Antarctique était confronté dans son ensemble à un réchauffement lors de l'été austral de 2020, la banquise serait proche de ses minimas ou même les aurait largement dépassés. Il n'en est rien et nous pouvons nous rassurer : le réchauffement (indéniable) constaté est purement local et ne concerne que la péninsule Antarctique.

D'autre part, l'extension de la banquise Arctique était bien supérieure à celle de l'an dernier, mais elle vient de subir comme cela est fréquent un net coup d'arrêt, dont on n'est pas encore sorti et dont il est difficile de mesurer l'ampleur. Néanmoins, il est probable qu'on dépassera l'étendue de 2019. En outre, au Groënland, le grand glacier Jakobshavn a repris son expansion à la grande surprise des scientifiques.

Les médias se ruent sur le sensationnel ; ils n'ont aucun recul et ne cherchent pas à remettre les résultats dans leur véritable contexte scientifique. Il faut avant tout affoler les foules, leur faire croire que notre civilisation va s'effondrer du fait d'un réchauffement devenu incontrôlable. Mais comme disait Talleyrand « tout ce qui est excessif est insignifiant »

Y avait-il moins d'affaires sexuelles dans le passé que de nos jours ? : 20.02.2020

Après la pantalonnade de l'affaire Griveaux, beaucoup déplorent les mœurs actuelles en y voyant une décadence irrémédiable propre à notre époque. Or autrefois les scandales étaient aussi nombreux et aussi croustillants que de nos jours, la constante des « élites » dans « la dépravation » étant remarquable. Une des affaires les plus spectaculaires s'est produite en février 1899. le Président Félix Faure est alors mort d'apoplexie à l'Élysée peut-être lors d'une fellation effectuée par sa maîtresse Marguerite Steinheil. Néanmoins quelques historiens avancent que se sentant mal M. Faure aurait rejoint son bureau et serait décédé, entouré de sa famille et de son médecin. Selon certains journaux de l'époque, le chef de l'état aurait absorbé une dose trop importante de cantharide officinale, un insecte qui réduit en poudre peut provoquer une irritation de l'urètre et une érection réflexe. (Le viagra d'autrefois) Néanmoins ce produit, loin d'être anodin a des effets secondaires importants. Madame Steinheil, exfiltrée en catastrophe par le chef de cabinet, ne fut bien entendu pas poursuivie pour cette mort, mais le scandale fut énorme. En outre, les obsèques du Président Faure furent marquées par le seul coup d'état effectué sous la troisième république. Paul Déroulède, personnage complexe, nationaliste pro Dreyfusard, voulut profiter de l'atmosphère délétère pour s'emparer de l'Élysée : il saisit la bride du général Roget pour le diriger avec ses troupes vers le Palais présidentiel. Évidemment, le militaire malgré ses convictions personnelles refusa de suivre Déroulède, conscient qu'un coup de force échouerait nécessairement.

Madame Steinheil continua à défrayer la chronique : en mai 1908, son mari fut découvert, étranglé, dans son cabinet de toilette, sa femme étant bâillonnée et attachée sur son lit. La mère de cette dernière en visite chez sa fille décéda également pendant cette nuit tragique d'une crise cardiaque. Mme Steinheil prétendit qu'elle et son époux avait été attaqués par deux hommes et une femme rousse tous les trois habillés de noirs : ils cherchaient paraît-il des documents appartenant au Président Faure. Mme Steinheil fut vite soupçonnée d'avoir tué elle-même son mari et d'avoir maquillé son meurtre, mais elle ne fut inculpée et écrouée que plusieurs mois après : ayant faussement accusé le domestique qui avait découvert le crime, elle avait été démasquée. Elle avoua même le crime devant les policiers avant de se rétracter. Emprisonnée pendant 300 jours elle fut finalement acquittée par un jury populaire, bien que le Président du tribunal nota que ses explications n'étaient qu'un tissu de mensonges. L'opposition antidreyfusarde pendant tout le procès affirma que Mme Steinheil avait empoisonné le Président Faure pour le compte d'un évanescent « syndicat juif ». M. Faure en effet refusait la révision du procès de Dreyfus alors que son successeur Émile Loubet avait mis un terme à l'affaire en graciant le capitaine.

Un autre exemple des mœurs de la « belle époque » nous est donnée par la cruelle mésaventure vécue par Mary Plummer la femme de Georges Clémenceau, alors ministre de l'intérieur : séparée en 1876 de son mari qui multipliait les conquêtes féminines, elle commit « l'erreur » de prendre pour amant le jeune tuteur de leurs enfants. Surprise en flagrant délit d'«adultère » (après 16 ans de séparation de corps !) par la police de son époux, elle fut emprisonnée 15 jours, fut divorcée d'office lors d'un procès express organisé pendant sa période de détention et perdit la garde de ses enfants. Étant de nationalité américaine, elle fut en outre expulsée de France sur ordre de son ancien mari, avec un billet de troisième classe (le moins cher !). Elle put revenir plus tard en France après les déboires de Georges Clémenceau alors accusé de corruption lors du scandale de Panama. Cependant Mary Plummer ne put jamais rétablir entièrement ses liens avec ses enfants et mourut seule en 1922.

Au Moyen Âge, deux des belles filles du roi Philippe le Bel, furent accusées d'avoir commis l'adultère avec deux frères (elles étaient probablement « coupables »). L'épouse du dernier fils fut emprisonnée dans un couvent car, informée des incartades de ses belles-sœurs elle ne les avait pas dénoncées ; quand son mari accéda au trône, il lui pardonna et elle put récupérer son rang. Quant aux deux amants ils furent dépecés vivants.

Nous pourrions fouiller à toutes les époques sous Louis XIV, Louis XVI, Napoléon, la présidence du Général de Gaulle, nous tomberons toujours sur des scandales où sexe et politique se mêlent intimement. Il en sera de même dans cinquante, cent ou mille ans. L'être humain est capable du pire comme du meilleur et ne changera jamais !

Placements, comptes en banque : ne cédons pas à la panique ! : 21.02.2020

Sur le web des articles alarmants somment leurs lecteurs de vider leurs comptes en banque et de retirer tous leurs fonds des assurances-vie qu'ils possèdent ; en effet une gigantesque crise économique se profilerait et selon ces prophètes de malheur, les banques finiront tôt ou tard par proscrire tout retrait. Évidemment, pour éviter une ruine totale, les auteurs de ces articles inquiétants proposent le plus souvent d'investir dans un produit qu'ils fournissent ou d'acquérir de l'or (ils ont alors des adresses à vous fournir). Ceux qui se fient à ces augures économiques anxiogènes peuvent s'affoler et prendre des mesures qui pour finir se retourneront contre eux.

D'abord, une crise économique va fatalement arriver en 2020, en 2021 voire plus tard, dix ans d'expansion sans récession constituant déjà un record. Actuellement cohabitent plusieurs bulles (immobilières, sur les prêts étudiants américains, …) et un moment ou à un autre il sera nécessaire de les purger pour que l'économie reparte de l'avant. Cependant, rien ne dit que la crise qui vient sera pire que celle de 2008 ou celle de 1929. Les prophéties sont souvent démenties (dans les deux sens !) On s'attend à une bourrasque et la situation se rétablit très vite ou au contraire, on estime que l'économie traversera un simple trou d'air passager alors qu'en fait, il s'agit d'une dépression gravissime qui s'éternisera. En dehors d'un chômage massif qui fragilisera la société, les cassandres économiques craignent surtout une faillite généralisée des établissements bancaires. Ce type de cataclysme est rarement arrivé dans le passé, mais nous avons quelques exemples : les États-Unis, en 1933, Chypre, l'Irlande et l'Islande, en 2008, la Grèce, en 2015, le Liban actuellement. Comment ces crises ont-elles été résolues ? Les États-Unis ont fermé toutes leurs banques pendant une semaine. Comme aucun chèque n'était accepté, que les cartes de crédit n'existaient pas, seuls les chanceux possédant des espèces ont pu faire des achats dans les magasins pendant les 7 jours de fermeture. Le gouvernement du Président Roosevelt a pendant ce temps pris la seule mesure adéquate : le budget fédéral a recapitalisé et restructuré les banques en faillite au prix d'un déficit budgétaire important, mais les USA pouvaient se le permettre, car ils étaient alors peu endettés. En 2008, l'Irlande a procédé de même, son déficit atteignant le taux extraordinaire de 32% du PIB, avant de se résorber rapidement. L'Eire a dégagé en 2019 un excédent budgétaire et le chômage a considérablement baissé. L'Islande a d'abord mis les banquiers en prison avant de confisquer les dépôts des étrangers (néerlandais et britanniques). L'île nordique est portée aux nues par les milieux de gauche, pour avoir prétendument résisté aux (affreux) capitalistes ; néanmoins sa politique se résume une extorsion de fonds. En effet, les contribuables des Pays-Bas et de la Grande Bretagne ont dédommagé leurs compatriotes lésés, au détriment des pauvres de ces deux pays : ceux-ci auraient été ravis de toucher le pactole ayant servi à maintenir le niveau de vie (confortables) des Islandais qui avaient pour la plupart largement profité dans le passé des investissements étrangers. La Grèce a, pendant 3 ans, limité les retraits et n'a levé que progressivement les restrictions. Le Liban suit la même politique qu'Athènes, mais la crise vient de débuter, on ignore donc son issue. Reste Chypre le modèle qui fait peur : on a confisqué, au-dessus d'un seuil assez bas, 20 % de l'argent placé sur les comptes de l'une des deux grandes banques du pays qui a été fermée. Or alors qu'autrefois l'État Français garantissait l'intégralité des dépôts bancaires, il vient sous l'impulsion de l'Europe de changer les règles : désormais ne sont garantis que 100 000 euros pour l'ensemble des comptes déposés dans une banque et 70 000 euros pour les assurances-vie. Si on possède des comptes dans des établissements différents, chacun est garanti séparément et on n'additionne pas leur montant. Enfin pas pour l'instant ! De toute façon en cas de crise bancaire, les règles existantes seront assouplies ou aggravées suivant la conjecture et la pression populaire.

À mon sens, si le pire se produit, le gouvernement Français garantira, malgré Bruxelles, tous les dépôts : en effet seuls 20 000 particuliers (sur 20 000 000) perdraient de l'argent du fait des mesures actuelles pour un total proche de 6 milliards d'euros (alors que l'ensemble des dépôts se montent à 2000 milliards d'euros !) Spolier « les riches » coûterait pour finir bien plus cher que les 6 milliards en jeu, les déposants lésés (à haut potentiel fiscal) fuiraient par la suite notre pays. D'autre part, les comptes des entreprises poseront problème : ils sont souvent largement approvisionnés (au-delà de 100 000 €). Or aucun gouvernement responsable ne prendra le risque de provoquer un chômage massif en ne remboursant pas intégralement les dépôts des entreprises. Mais comment les séparer de ceux des particuliers ? Surtout serait-ce constitutionnel de le faire ? J'en doute fort. Pour toutes ces raisons, j'estime qu'en cas de crise bancaire, l'État Français renflouera systématiquement les banques en difficultés d'autant plus que la France a encore de la marge pour emprunter : la dette d'un pays devient vraiment insoutenable lorsqu'elle atteint 150 % du PIB. Nous pourrions donc lever encore 1000 milliards sur les marchés. Cette somme serait rapidement couverte, car dans le désastre général les investisseurs rechercheront des placements sûrs. Enfin, seule une minorité d'établissements bancaires feront faillite allégeant d'autant la facture.

Retirer ses fonds des banques est donc à mon sens une mesure désespérée et inopportune, car que faire ensuite de l'argent récupéré ? Garder des espèces chez soi ? Au vu des innombrables cambriolages, je déconseille fortement cette solution surtout que nous sommes sous la menace d'une hyperinflation mondiale (cf supra) qui toucherait toutes les monnaies du dollar au yuan en passant par l'euro et le yen. Toutes les devises sans exception risquent de perdre rapidement de la valeur d'achat. Contrairement aux crises passées, aucune ne peut servir de refuge, toutes les banques centrales ou presque ayant augmenté la masse monétaire d'une manière excessive. En 1924, l'impression d'un trop grand nombre de billets a conduit à l'effondrement du mark allemand. Acheter de l'or pour se protéger est-il une bonne idée ? Certes ce métal est une valeur-refuge depuis la nuit des temps, mais l'acheteur de lingots paiera (à fonds perdus) 11,8 % de taxes lors de la vente sans compter que ses éventuelles plus-values seront imposées à 36,2 % ! Autre question essentielle où va-t-il par la suite garder son stock d'or ? Chez lui ? Le risque de cambriolage est bien trop important. En outre, les lingots d'or doivent être stockés dans des conditions particulièrement strictes, sinon ils perdent une bonne partie de la valeur. Les mettre dans un coffre à la banque les expose à être confisqués, en cas de grave crise bancaire. Je déconseille évidemment d'acheter des bitcoins ou autres monnaies électroniques, vu leur volatilité. En outre, il semblerait que des aigrefins manipulent les cours pour obtenir des profits juteux au détriment des investisseurs lambdas. En outre de nombreux vols de Bitcoin ont eu lieu dans le passé et des investisseurs trop confiants ont été intégralement dépouillés. Acheter des biens immobiliers ? Ils sont sans doute surévalués : on parle d'une surcote de 30 % due au taux d'emprunts trop bas. Reste les forêts et les terres agricoles : hélas l'offre est faible, ils sont soumis en outre à des taxes importantes et ne rapportent rien ou presque.

Casser ses assurances-vie risque de coûter très cher à celui qui s'y risquerait, l'état étant gourmand et se servant largement au passage. Et que faire ensuite des fonds récupérés ? Les laisser sur un seul compte n'aurait aucun sens. Les disperser sur plusieurs banques pour ne jamais dépasser 100 000 euros pourrait se justifier. Mais le nombre de banques indépendantes est limité et toutes ne présentent pas le même degré de solidité selon les crash-tests (Mais je rassure mes lecteurs, toutes les banques les ont passés avec succès !). En outre, si l'État refuse de rembourser au-dessus d'un certain seuil les dépôts bancaires, tolérera-t-il qu'un particulier échappe à la ponction, car il a fractionné ses avoirs ? Celui qui aurait ouvert 5 ou 6 comptes dans des établissements différents risque donc d'être perdant, car on additionnera pour finir le montant de ses dépôts et que la dispersion de ses fonds a un coût important.

En fait que doivent redouter les Français ? Dans le pire des cas (mais ne nous affolons pas cette éventualité a très peu de chances de se produire), un prélèvement de 20 % ou 30 % sur les avoirs financiers se mettra en place sous forme d'un emprunt forcé. Cela peut paraître une lourde ponction, mais son montant serait moindre que les sommes perdues en vendant son or, que les frais de notaire ou les inévitables décotes sur les biens immobiliers. Il se peut aussi que l'État nationalise une partie du foncier, impliquant de verser un loyer pour le terrain à l'État (si le contribuable n'a pas les fonds nécessaires, la note sera réglée lors de la vente du bien). Mais, plutôt que de prendre ces mesures, la BCE préférera sans doute favoriser une forte inflation de l'ordre de 50 %. C'est par ce biais que notre pays s'est débarrassé, en 1920 et en 1945 des dettes des 2 guerres mondiales. Hélas il n'existe guère de moyens de se protéger préventivement contre d'éventuelles pertes dues à une crise économique gravissime. On peut juste noter que les assurances-vie libellées en fonds euros ou basées sur des SCPI suivront plus ou moins l'inflation. Cependant, le seul conseil que je donnerai est de diversifier ses placements en espérant que l'un d''entre eux passera à travers les gouttes.

L'incapable gouvernement de M. Macron n'arrive pas diminuer le déficit : 25.02.2020

Alors que l'ensemble de la Zone Euro (hors la France et l'Allemagne) a en moyenne réussi en 5 ans à baisser de 9 points du PIB la dette publique, la nôtre a continué de filer pour atteindre 98,8 % du PIB en décembre dernier. Notre déficit budgétaire a été de 3.1% en 2019, mais ce chiffre est à moduler : du fait du CICE, 20 milliards d'euros d'allégements de charges ont été comptés 2 fois. Hors cette dépense conjoncturelle, notre déficit ne serait que de 2,3% en 2019 contre 2,5 % en 2018 et 2,8 % en 2017. Il est prévu à 2,2 % en 2020 avec une dette (prévue) de 98,7% du PIB en 2020. La Cour des comptes citée par le Point s'alarme de l'arrêt du redressement de nos finances. En effet, par rapport aux prévisions faites en 2017, nos finances dérapent en 2019 de 0.55 % : 0.25 % du fait d'une maîtrise insuffisante des dépenses et 0.3 % de baisses d'impôts non prévues. L'équilibre du budget pour 2022 annoncé en 2017 ne se produira pas. L'action des gilets jaunes a conduit le gouvernement a lâché 21,4 milliards de baisses d'impôts supplémentaires (Gel de la taxe carbone 6,8 milliards, exonération des heures supplémentaires 2,1 milliards, chèque énergie 1 milliard, annulation de la hausse de la CSG pour les petites retraites 1,1 milliards, hausse de la prime d'activité 4,2 milliards, indexation des petites pensions 1 milliard baisse de l'impôt sur le revenu 5 milliards) compensés en partie par 4,1 milliards d'impôts nouveaux. En outre, la dépense publique a augmenté plus vite, en 2019 qu'en 2018 (22 milliards) soit une augmentation de 1,7 % en 2019 contre 1,4 % en 2018. Ce qui est inquiétant, c'est que ce résultat de 1,7 % a été facilité par la baisse de 4,4 milliards des intérêts de la dette et par la fin du remboursement d'une taxe indûment perçue (3 milliards). Pour finir, si ces 2 éléments favorables ne s'étaient pas produits, la dépense publique aurait filé de 2,4 % ce qui est excessif, l'inflation étant à 1,5 % ! M. Macron est vraiment un très mauvais gestionnaire.

En 2020 les dépenses devraient encore filer de 1,7% selon les prévisions, mais celles-ci sont très optimistes et un dérapage important est plus que probable, même le Coronavirus n'a aucun effet sur nos finances et si aucune crise économique cataclysmique ne se produit. En effet si la baisse des taux d'intérêt (qui sont négatifs) va sans doute encore s'accentuer, rien ne dit que la participation de la France au budget de l'U.E n'augmentera pas avec le Brexit. D'autre part, les prévisions de dépenses de santé sont jugées « optimistes » par les sages de la Cour des Comptes, les économies prévues semblant irréalistes. Les prestations vieillesse vont augmenter en 2020 de 2,8 % après 2,5 % en 2019 et les réformes successives ne freinent plus les départs en retraite. Quant aux collectivités locales, qui se sont montrées très sages ces dernières années, elles risquent d'augmenter à nouveau leurs dépenses. Dans sa réponse à la Cour des comptes, Bercy prétend que le gouvernement consolidera le redressement de nos Comptes, mais sans indiquer par quels moyens il espère y arriver. En fait, il n'en existe aucun sauf à réduire drastiquement le nombre de fonctionnaires dans les secteurs où ils sont en surnombre.

Quand les islamistes Français attaquent Asia Bibi : 03.03.2020

Les chrétiens pakistanais (ils sont 3 millions soit 1,14% de la population) sont victimes de graves discriminations. Exclus par leurs compatriotes, ils vivent dans des bidonvilles, sans accès à l'eau courante ou à l'électricité. Les femmes chrétiennes sont parfois enlevées et obligées d'épouser contre leur gré un musulman et de changer de religion. Huma Younus, une adolescente chrétienne de 14 ans a été ainsi mariée de force, en octobre 2019 ; malheureusement la cour suprême du Sind vint de rejeter au nom de la Charia le recours formulé par ses parents, bien que la loi du Pakistan interdise formellement le mariage des enfants. De nombreux chrétiens sont également accusés de blasphèmes contre l'Islam ou le Coran et condamnés à mort. Cette mésaventure est arrivée à Asia Bibi ; en juin 2019, elle avait osé puiser de l'eau dans un puits en principe réservé aux musulmans (Imaginez le tollé international si en France des lieux publics n'étaient réservés qu'aux chrétiens !). Accusée d'avoir souillé l'eau (elle serait impure !), elle s'est défendue en rétorquant que le Prophète Mahomet ne serait pas d'accord avec les femmes qui l'accablaient. Pour avoir invoqué le Prophète, Asia Bibi a été condamnée à être pendue à l'issue d'une procédure irrégulière, sa peine a été confirmée en appel. Heureusement, elle a été blanchie par la cour suprême. Néanmoins, le parti Islamiste TLP a exigé à plusieurs reprises son exécution. De nombreuses manifestations ont eu lieu ; elles se sont amplifiées en novembre 2018, au moment de l'examen par la cour suprême du Pakistan d'un recours des islamistes contre l'acquittement d'Asia Bibi. Le Gouvernement d'Islamabad a pris les émeutiers de vitesse et a permis à Asia Bibi de s'envoler pour le Canada, le 8 mai 2019. M. Tasheer, gouverneur musulman de Lahore, qui avait pris parti pour Asia Bibi et l'avait visitée en prison a été assassiné. M. Batthi, ministre fédéral (catholique) des minorités religieuses a été également abattu pour son rôle dans cette affaire.

Asia Bibi a formulé le souhait de se réfugier en France et a été reçue par le Président Macron, le 28 février 2020. M. Guez Guez

L'avocat du CICF, le nébuleux comité contre l'islamophobie a affirmé : « Faut-il que je demande à mes clients de se convertir au catholicisme pour être reçu par le ministre de l'intérieur ?» cette remarque est un peu surprenante : Asia Bibi risque sa vie ce qui n'est pas le cas en général des migrants musulmans. De même, selon le Figaro, Idriss Sihamedi le président de l'association « humanitaire » islamique *Baraka City* aurait déclaré : « Une pakistanaise vivant au Canada, acquittée au Pakistan pour « blasphème » reçoit une invitation du Président Macron qui lui offre l'asile politique, comme pour la remercier de sa haine pour l'islam. La France déteste profondément l'Islam ». Je vous laisse juge ! Asia Bibi qui a été condamnée iniquement à mort et est victime d'une haine irraisonnée et sans fondement des islamistes, devient pour M. Sihamedi une odieuse criminelle. Ces propos vaudront-ils à son auteur des poursuites pour incitation à la haine religieuse ? M. Zemmour a été traîné devant les tribunaux pour des propos 10 fois plus anodins.

La Russie accuse la France d'avoir volé une province à la Syrie : 06.03.2020

Le 5 mars 2020, un article de la version française de Sputnik, un organe de presse contrôlé par le pouvoir Russe, a accusé la France d'avoir volé la province du Hatay à la Syrie et de l'avoir offerte à la Turquie.

Il s'agit d'un vieux contentieux entre Paris et Damas, qui plonge ses racines loin dans l'Histoire. En 1918, après l'armistice de Moudros entre les puissances alliées et l'Empire Ottoman, la France a cherché à occuper le maximum de territoires au Moyen Orient. Ses troupes déjà présentes au Liban (où elles étaient bien accueillies) ont entrepris de s'emparer de la Cilicie, région fertile, où des financiers Français avaient acquis en 1909 une immense ferme de 1100 km^2 (la taille de la Martinique). Nos soldats ont affronté non les forces du Calife (qui régnait encore à Istanbul), mais l'armée nationaliste que Kemal Atatürk avait réunie à Ankara. Après de durs combats, nos forces aidées par une légion arménienne de 10 000 hommes ont été victorieuses. L'appui des Arméniens s'explique par leur haine des Turcs après les massacres de 1915, par la guerre impitoyable alors en cours entre la république d'Erevan et les nationalistes d'Atatürk et parce que de nombreux Arméniens habitaient en Cilicie. Leur présence était ancienne et datait de l'exode des Arméniens chassés de leur pays d'origine par l'invasion turque de 1085. Ce peuple a été assez puissant pour créer en Cilicie un royaume, dit de Petite Arménie, qui a duré entre 1130 et 1375. Après avoir arraché de haute lutte son indépendance face aux Byzantins, cet état allié des Croisés s'est maintenu bien après la chute du royaume de Jérusalem en 1291, grâce surtout au protectorat Mongol.

Mais après sa victoire militaire, la France a choisi de se retirer de Cilicie en 1922 et de la rendre au gouvernement d'Atatürk en échange de concessions économiques importantes. L'hostilité croissante des populations, une guérilla endémique, la déroute des Grecs lors de leur invasion de l'Anatolie en 1920, l'habilité d'Atatürk qui a su ménager les intérêts Français expliquent ce retrait. Il s'est accompagné de l'exode de nombreux Arméniens qui ont fui la Cilicie par peur des représailles.

Malgré les traités qu'elle avait signés, la Turquie continua à réclamer le Sandjak d'Alexandrette, l'antique Antioche, que la SDN avait confié par mandat à la France avec le Liban et la Syrie. En 1920, la population du Sandjak était mélangée : 33 % des habitants étaient turcophones 43 % alaouites (une secte musulmane à laquelle appartient le Président actuel de la Syrie Bachir El Assad) 13 % sunnite, 9 % chrétiens orthodoxes. Le Sandjak comptait également deux fortes minorités arménienne et juive. Lors du mandat Français, la population était divisée entre partisans du rattachement à la Turquie, pro-syriens qui voulaient être intégrés à la Syrie voisine et indépendantistes (surtout chrétiens ou juifs). Dans un premier temps le Sandjak fut érigé en 1920 en territoire autonome, rattaché à l'état d'Alep (un des 4 protectorats français de la région) avant de rejoindre la Syrie nouvellement constituée en 1925. Des députés du Sandjak ont siégé de 1925 à 1936 au Parlement de Damas. Mais, en 1936, devant la pression d'Ankara et sur recommandation de la SDN, la France a détaché à nouveau le Sandjak d'Alexandrette de la Syrie et après un vote, en 1937, où les partisans des Turcs obtinrent 47 % des voix et 22 députés sur un total de 40, notre pays donna, en 1938, son indépendance (sous mandat Français) à la région sous le nom de République du Hatay. Ce scrutin favorable à Ankara avait été truqué, beaucoup d'électeurs ont été intimidés et de nombreux Turcs, attirés par des primes, s'étaient installés dans la région d'Alexandrette changeant la composition ethnique du territoire. Le Hatay vota le 29 juin 1939, par referendum son rattachement à la Turquie, mais ce vote a été considéré par beaucoup d'observateurs comme bidon et truqué. Notre pays appuyé par la Grande Bretagne avait choisi de favoriser l'annexion, pour dissuader la Turquie de s'allier avec l'Allemagne, ce qu'elle aurait fait immanquablement si nous ne lui avions pas cédé le Hatay. La Turquie est restée neutre jusqu'en février 1945 ; elle déclara alors la guerre au troisième Reich. Néanmoins, la Turquie a signé un pacte d'amitié avec l'Allemagne en 1941 et a entamé la même année des négociations avec les envoyés d'Hitler pour appuyer, en échange de la région de Mossoul, l'insurrection antibritannique qui a enflammé l'Irak entre le 18 avril 1941 et le 30 mai 1941. Si les forces du Royaume Uni n'avaient pas très rapidement étouffé la rébellion, la Turquie aurait sans doute rejoint l'Axe, voire attaqué l'Union Soviétique, ce qui aurait peut-être changé le cours de la seconde guerre mondiale. On le voit donc la cession problématique du Hatay qui s'est faite à l'encontre du droit des peuples à disposer d'eux-mêmes a failli ne pas être déterminante pour conserver la neutralité d'Ankara.

En 1939, juste après la cession 15 000 Arméniens, Arabes, Chrétiens, Assyriens ou Grecs sur une population totale de 200 000 personnes ont quitté la région d'Alexandrette en abandonnant tous leurs biens. Un lugubre convoi placé sous la protection de soldats français a été organisé, mais on déplore un grand nombre de victimes lors de ce long périple à pied.

En 2020, 13 % des 1,6 millions d'habitants du Hatay seraient arabophones de confession sunnite et 12 % alaouites. Néanmoins, selon des chiffres vigoureusement contestés par Ankara et peu fiables, les alaouites formeraient 65 % de la population. Comme tous les habitants sont systématiquement alphabétisés en turc tout décompte ethnique est en fait impossible.

La Syrie n'a jamais accepté l'annexion du Sandjak d'Alexandrette. Avant 1939, de nombreuses manifestations ont eu lieu à Damas, pour s'opposer à la cession. Dès son indépendance officielle en avril 1946, la Syrie a demandé la rétrocession de cette province. En 1989 un avion turc a été abattu au-dessus du Hatay par les Syriens, provoquant de part et d'autre des déclarations martiales. L'Arabie Saoudite en soutien à Damas a décidé en 1985 de ne plus attribuer de visas aux personnes nées dans le Hatay. Quand en février 2020 les affrontements entre Turcs et Syriens se sont intensifiés dans la province Idlib, les revendications de Damas ont ressurgi avec une virulence accrue. Elles sont appuyées par les Russes qui s'en servent comme un levier pour intimider et faire céder Erdogan. Nous sommes pris à partie dans cette lointaine querelle en tant qu'ancienne puissance mandataire du Hatay. La position de Damas serait renforcée, si nous déclarions illégale la cession de

1939, mais cette dénonciation a bien peu de chances de se produire. On ne doit pas non plus craindre une invasion russo-syrienne du Hatay même si la crise actuelle dérapait en une déflagration majeure. En effet, la Turquie est membre de l'Otan et toute attaque contre son territoire reconnu internationalement entraînerait une réaction de l'alliance.

Le Liban va-t-il faire faillite lundi ? : 09.03.2020

Le Liban connaît une crise politique, économique et bancaire : les manifestations qui se sont succédé ont amené la démission du Premier Ministre milliardaire Saad Hariri, remplacé par l'homme d'affaires Hassane Diab. Mais, alors que M. Hariri était à la tête d'un gouvernement d'union nationale, M. Diab n'est soutenu au Parlement que par les partis chiites (Amal et Hezbollah) et les partisans du Président chrétien Michel Aoun. L'ancien pouvoir aux abois avait essayé d'augmenter les recettes en taxant les plus pauvres : son projet de taxe sur WhatsApp, un réseau social prisé des Libanais a provoqué les manifestations. Depuis, la crise économique s'est aggravée. Le Liban est endetté (91.86 milliards de dollars de dettes en décembre 2019 soit plus 150 % du Pib). Il devait notamment rembourser le 9 mars 1,2 milliards d'eurobonds alors que ses caisses sont vides. Le recours au FMI est rejeté par le Hezbollah : ce mouvement prétend défendre l'indépendance du pays, en fait il refuse que l'ingérence éventuelle par le biais du FMI des États-Unis ; Washington en effet applique à son encontre des sanctions financières drastiques qui sont en partie à l'origine de la crise. La Présidence de la République du Liban vient d'annoncer que le pays n'honorera pas ses engagements et donc que le pays du Cèdre est en cessation de paiements. Le but est de faire pression sur les créanciers pour les obliger à réaménager la dette et à la rendre soutenable. Comme cela a été le cas en Grèce ou en Argentine, les négociations finiront par aboutir, les créanciers préférant perdre le tiers de ce qu'ils avaient prêté plutôt que de ne rien recevoir. Parallèlement M. Diab serait sur le point d'annoncer des mesures d'austérité sans précédent : on appliquerait une décote sur les dépôts bancaires au-dessus d'un certain seuil (en clair on confisquerait 20% ou plus des placements bancaires) on augmenterait la TVA qui passerait de 11% à 15% sur certains produits, on augmenterait l'essence (actuellement subventionnée) ainsi que l'électricité publique. Enfin, la Livre Libanaise qui s'effondre sur le marché noir, verrait son cours officiel fortement dévalué, ce qui augmenterait les prix des produits importés. Une thérapie de choc !

En outre, le Liban connaît une dramatique crise bancaire. Les retraits sont drastiquement limités et les transferts d'argent interdits ce qui rend furieux les Libanais : ils ont peur de perdre tout ou partie de leurs économies. Les contestataires exigent que les « corrompus » paient la note. En effet, 7 milliardaires possèdent ensemble 10 fois plus que les 50 % des libanais les plus modestes. Les libanais sont d'autant plus en colère que les grandes fortunes, bénéficiant de complicités bancaires auraient contourné l'interdiction des transferts et réussi à envoyer leurs fonds à l'étranger. En représailles, le procureur financier a gelé les avoirs des 20 plus grandes banques et de leurs dirigeants, mais la mesure a été levée par le procureur général au bout de quelques heures ajoutant à la confusion. Le naufrage du Liban est un avertissement pour la France : nous découvrons ainsi les mesures qui seront prises si la dette de notre pays devient incontrôlable. Rassurons-nous cependant, notre déficit n'est qu'à 100% du Pib, nous avons encore de la marge jusqu'à 150%.

La rupture conventionnelle des fonctionnaires va-t-elle coûter cher à l'État ? 11.03.2020

Depuis le 1/01/2020, les fonctionnaires titulaires peuvent bénéficier d'une rupture conventionnelle : leur contrat est rompu et en échange ils obtiennent une indemnisation. Ce dispositif est interdit à ceux qui ont 62 ans et remplissent les conditions pour toucher une pension de retraite à taux plein. S'ils ont moins de 10 ans d'ancienneté les fonctionnaires toucheront ¼ de leur rémunération brute mensuelle (primes comprises) multiplié par le nombre d'années de service. On passe à 2/5 ième entre 10 et 15 ans, à ½ entre 15 et 20 ans et enfin à 3/5 [ième] entre 20 et 24 ans. 24 ans est le nombre maximum d'années pouvant être prises en compte. Par exemple un professeur engagé à 25 ans qui veut partir à 60 ans et qui perçoit un salaire net de 3000 € (soit 3300 € net) touchera 47 520 euros. En dessous de 82 000 € l'indemnité est exempte de CSG et est le plus souvent exonérée de l'impôt sur le revenu. Le fonctionnaire ou sa direction peuvent prendre tous les deux l'initiative de la rupture, une négociation est prévue. Il n'est pas nécessaire d'avoir un projet de reconversion, mais si le démissionnaire remplit certaines conditions (notamment s'il doit se former pour une nouvelle activité) il peut toucher en outre toucher des indemnités chômage.

Le Pouvoir escomptait autour de 1500 ruptures conventionnelles par an pour une dépense moyenne de 69000 € par départ. En deux mois, il y a eu 5000 demandes de dossiers. Toutes ne seront pas acceptées, l'administration conservant le droit de refuser le départ de son agent. Les syndicats prétendent (c'est de bonne guerre) que cette explosion de demandes est la marque d'un profond malaise dans la fonction publique. En fait, si le nombre de 5000 dossiers déposés peut paraître important, il faut le mettre en perspective avec les 5,5 millions d'agents du public (0,0009 %) et même avec les 100 000 agents en détachement administratif : ils ne touchent plus de rémunération, peuvent tester une autre activité dans le privé ou acquérir un statut d'auto-entrepreneur avant éventuellement de revenir au sein de la fonction publique si leur reconversion a échoué et si la suspension du contrat de fonctionnaire date de moins de 3 ans. Avec la rupture conventionnelle, le départ sera définitif.

Le statut de fonctionnaire reste donc une valeur sûre et même si les agents souffrent parfois au travail, ils ne se précipitent pas en sortir. En réalité les ruptures conventionnelles concerneront d'une part les fonctionnaires proches de la retraite, ayant la totalité de leurs annuités et qui souhaiteront cesser leurs activités autour de 60 ans en partant avec les 2/3 de leur ancien salaire (24*3/5=12,4 sans CSG et sans impôt sur le revenu). Cependant l'État va probablement s'opposer à ce qui ressemble trop à un dispositif de retraite anticipé. Autre grande catégorie concernée par la rupture conventionnelle les fonctionnaires en conflit avec leur direction. Néanmoins, le scandale des fonctionnaires territoriaux sans affectation qui touchent la moitié de leur rémunération en restant chez eux ne cessera pas pour autant, vu qu'ils doivent impérativement accepter les conditions qui leur sont faites. Pour finir aucune économie n'est à prévoir avec la rupture conventionnelle.

Les actions sont-ils le placement le plus rentable sur le long terme ? : 17.03.2020

Les conseillers bancaires qui essayent de convaincre leurs clients d'investir leurs assurances-vie en unité de compte libellés en actions en sont persuadés : parmi les placements, celui en actions serait le plus rentable sur le long terme. Est-ce la réalité ? *France inflation* nous fournit 2 graphiques intéressants : une reconstitution du CAC 40 depuis 1900 et un calculateur d'inflation. Rappelons que le CAC 40 a atteint en début d'année un maximum de 6100 points et ne cesse actuellement de faire le yo-yo autour de 4100 points.

En 1900 le CAC 40 était à 100 pts (soit avec l'inflation 260 000 pts de 2020 !) il a été stable jusqu'en 1928 où il a brusquement monté à 500 pts (= 210 000 pts de 2020) il a redescendu à 250 pts en 1932 (104 000 pts 2020). Il a remonté un peu pendant la guerre pour stagner d'une manière remarquable à 1000 pt entre 1950 et 1987 (1000 pts 1950= 21 500 pts 2020, 1000 pts 1987= 1732 pt 2020). Le CAC 40 a explosé en 1987 et 1998 elle a atteint 4100 pts en 1999 (= 5486 pt 2020) et 6947 pt en 2000 (= 9366 pt 2020). Depuis ce record le CAC fait des montagnes russes : il part d'un plus bas autour de 4000 points et remontent sur 7 ans jusqu'à 6000 pts avant de redescendre de nouveau à 4000 souvent brutalement. On peut craindre qu'une crise économique sévère n'amène le CAC 40 à 3000 pts. Je pense qu'il n'ira pas plus bas du fait des dividendes.

En conclusion le prix des actions (sans tenir compte de l'inflation) a stagné pendant de longues périodes : par exemple entre 1950 et 1987 le CAC 40 a tourné autour de 1000 pts de 1950 à 1987 (ce qui veut dire qu'avec l'inflation le prix réel des actions ont été divisé par 10 !). On a vécu une décennie magique entre 1987 à 2000 qui a multiplié par 4 le cours réel des actions. Depuis 20 ans nous sommes revenus à la stagnation avec un comportement cyclique d'oscillation entre 4000 pts et 6000 pts. Néanmoins, en tenant compte de l'inflation, le pouvoir d'achat réel de ces titres diminue depuis 1990. Les actions n'ont été un très bon placement que si on en a acheté entre 1980 et 1987 ! Encore une fois nous ne vivons que sur les acquis de la période magique 1987-2000.

On peut bien sûr gagner de l'argent en 2020 à la bourse. Celui qui achète au plus bas et revend au plus haut peut faire fortune, hélas les maximas et les minimas boursiers sont difficiles à appréhender pour un non-initié et pour finir cela revient à jouer au loto. De même, il existe des actions miracles dont le cours de bourse est multiplié par 100 en quelques jours, mais parfois ces hausses sont artificielles et dues à des manipulations de cours. Par exemple si un laboratoire découvre un vaccin contre le covid

19, ses actionnaires se frotteront les mains ; Mais comment détecter le bon cheval ? Je n'en ai aucune idée !

En outre l'étude que je viens de vous faire ne tient pas compte des dividendes. Or ils atteignent parfois 4% de cours de bourse, ce qui avec les impôts français de 2020 restitue 2,8% aux actionnaires ce qui peut se révéler intéressant, mais il faut ne choisir systématiquement que les actions qui versent des dividendes. En outre en 2020 ceux-ci sont gelés du fait de la crise.

Pour ma part, je garderai la même ligne de conduite : je n'investirai qu'une fraction marginale de mon patrimoine dans les actions. Je ne suis pas un joueur de loto.

Les épidémies du passé : pestes et *grande suette* : 19.03.2020

Depuis l'invention des antibiotiques, notre époque croyait avoir dompté la nature et vaincu les maladies infectieuses. Hélas, la crise du coronavirus nous prouve qu'il n'en est rien. Dans les temps passés, les épidémies revenaient à intervalles réguliers et prélevaient leur dû de victimes. Le cycle tournait sans fin : la population croissait et saturait les possibilités écologiques d'un pays : la peste ou la fièvre dysentérique tuaient alors 25% à 30% des habitants permettant aux survivants d'avoir suffisamment de terres pour se nourrir, prospérer et faire des enfants.

La peste dite de Justinien a débuté en 541, peut-être en Éthiopie, mais plus probablement en Asie centrale. Elle aurait remonté la roue de la soie qui liait alors l'Inde et l'Abyssinie. Elle a touché une partie de l'Europe et de la Perse Sassanide, elle semble néanmoins avoir épargné les régions froides ; elle a connu son paroxysme en 591. Elle ne s'est arrêtée qu'en 767, sans qu'on ne sache pour quelle raison. (Était-ce le dépeuplement de l'Europe du Sud qui est l'origine de cette disparition du fléau ?). Son bilan est impossible à tirer. Dans certaines régions surtout celles qui sont situées le long des fleuves, elle a tué entre le tiers et la moitié des habitants. Elle a sans doute modifié l'Histoire Européenne, car elle a brisé l'élan des armées romaines d'Orient qui s'apprêtaient à reconquérir l'Occident.

À la fin du Moyen Âge, l'épidémie de peste noire peut-être partie de Wuhan en Chine (déjà !) a ravagé le monde entier sauf les Amériques. Elle a été propagée en Europe à partir du comptoir génois de Caffa en Crimée. En effet, l'armée mongole qui assiégeait cette forteresse a envoyé par catapulte au-dessus des remparts des corps de pestiférés. Mais plus sûrement les rats ont amené la maladie dans la ville. Le siège levé, les bateaux ont transporté la peste à Constantinople et en Italie, touchant des populations démunies de toute immunité biologique, car la peste ne les avait pas frappés depuis 6 siècles. Une fois installée l'épidémie durait entre 6 mois et 9 mois ; un tiers de la population et 60% des infectés en mouraient. Des villes comme Bruges ou des régions comme le Béarn ou la Pologne ont été épargnées du fait sans doute des consignes de confinement strictes mises en place par les dirigeants de ces territoires.

On connaît la bactérie responsable de ces 2 épidémies, mais d'autres maladies contagieuses restent mystérieuses. La *grande suette* en fait partie. Ceux qui en étaient atteints éprouvaient d'abord un grand effroi, des maux de tête, des frissons, de la grande fatigue. Cette phase froide durait de 30 minutes à 3 heures. Puis venait la phase chaude, de grandes suées, une accélération du pouls, une soif intense et une grande fatigue. Une première poussée ne conférait pas l'immunité et on pouvait succomber après plusieurs épisodes de *grande suette.* Jusqu'à 90 % de la population était atteinte et la mortalité a parfois grimpé jusqu'à 60%. L'épidémie dans un territoire restreint était brève, un à deux jours. Les rescapés mettaient 6 mois à s'en remettre et étaient victimes de dysenterie. La *grande suette* a frappé les îles Britanniques en plusieurs vagues : en 1486 (peut-être amenée par des mercenaires Français du prétendant Tudor Henri VII), en 1507, en 1529 et en 1551, apparaissant brutalement et disparaissant mystérieusement, La flambée de 1529 a également touché l'Europe du Nord. Elle est aussi la plus grave des poussées d'épidémie. À Oxford et à Cambridge, la moitié des habitants sont décédés. Après 1551, la maladie n'est plus réapparue, sans qu'aucune raison n'ait pu être avancée. Que l'infection frappe plus les riches que les pauvres, à rebours de ce qui se passait d'habitude, a marqué les auteurs contemporains.

Il existe une autre maladie qui porte le même nom mais dont les symptômes étaient un peu différents *la suette milliaire* ou *suette picarde* car cette maladie a été longtemps endémique dans la région d'Amiens. La mortalité était moindre et la poussée amenait des éruptions cutanées qui n'existaient pas dans la *grande suette*. La France a connu 194 épidémies localisées de *suette milliaire*, la dernière en 1906 en Charente. La plus virulente de ces poussées a frappé l'île d'Oléron en juillet 1880. Sur 20 000 habitants, on a eu un millier de cas graves et 150 décès.

Les chercheurs n'ont pas encore identifié l'agent infectieux responsable de ces épidémies de *suette*. On évoque la famille des hantavirus, mais ceux-ci s'ils peuvent donner des symptômes pulmonaires similaires à la *suette*, n'ont aucune transmission interhumaine connue. Mais peut-être s'agissait-il d'une mutation comme celle qui semble concerner le Covid 19 ?

Pourquoi ne pas pister électroniquement les délinquants ? : 05.04.2020

Les derniers développements de la crise sanitaire ont mis l'accent sur un point important : la technologie permettant de pister la population et de savoir à tout moment où un citoyen se trouve, existe et fonctionne parfaitement. Elle peut s'appuyer sur le téléphone portable des habitants surveillés ou sur un objet électronique plus spécifique. À Taïwan, les résidents doivent à tout moment pouvoir envoyer un selfie à la police si celle-ci leur demande, faute de quoi les forces de l'ordre arrivent dans le quart d'heure qui suit. La technologie du pistage est donc bien au point.

Une question me taraude : Pourquoi alors ne pas pister systématiquement ceux qui ont été pénalement condamnés par un tribunal ainsi que les fichés S. Si cette mesure de bon sens était adoptée, le nombre de délits en récidive s'effondrerait car la police saurait à tout moment où se trouvaient les délinquants lorsqu'un délit a été commis. Comment cambrioler une maison, si votre téléphone ou un bracelet électronique vous dénonce immanquablement ? La mesure outre son efficacité générerait des économies substantielles, car la prison (qui coûte cher) se révélerait moins nécessaire. On pourra systématiquement proposer le sursis pour un premier délit même grave, en assortissant de l'obligation de porter un « mouchard » électronique pour une durée plus ou moins longue. La liberté et l'intimité des délinquants ne seraient en aucun cas limités, la surveillance n'entrant en jeu seulement si un délit est commis. La police cherchera alors à déterminer parmi les délinquants déjà condamnés ceux qui sont susceptibles d'être coupables et en les localisant aura les armes suffisantes pour résoudre des affaires criminelles jusque-là impunies. Nous pourrions de même équiper de cette façon tous les demandeurs d'asile, ce qui permettrait de les localiser une fois que tous leurs recours auront été épuisés et qu'ils devraient être expulsés.

Bien entendu, les organisations de gauche et les thuriféraires des prétendus « droits de l'Homme » hurleront à la dictature, alors qu'ils sont aux abonnés absents lorsqu'un projet de pistage généralisé des Français est proposé pour éviter la contagion au Covid 19, alors que la mesure que je propose ne limitera que fort peu les droits des délinquants condamnés par un tribunal. L'immense majorité des citoyens ne sera d'ailleurs pas concernée par ce projet, car 90 % des Français n'ont jamais affaire à la justice pénale. La loi devra veiller à les protéger de toute intrusion dans leur vie privée. Cette politique permettra de limiter les emprisonnements et les trop longues peines. La prison est criminogène ; un petit délinquant embastillé risque vite de basculer et à sa sortie de cellule de commettre des crimes bien plus graves que ceux qui lui ont valu sa première peine. La prison ne devrait être réservée qu'aux récidivistes endurcis, qu'à ceux qui refusent obstinément de revenir dans le droit chemin.

Puisque la technologie est au point, un gouvernement responsable soucieux du bien-être de sa population devrait immédiatement étudier la mise en place de cette mesure à la fois efficace et susceptible de générer des économies.

La vieille proposition du FMI de confisquer 10% de nos économies est remise au goût du jour : 06.04.2020

La dette française qui est déjà à 100 % du PIB risque de grimper à 116 % en 2024, si on en croit le Figaro. Et que dire de l'Italie où on envisage d'atteindre 180 % du PIB ? Les états qui en arriveront à de tels taux seront asphyxiés et auront du mal à emprunter sur les marchés. Les pays du Sud de l'U.E proposent bien que l'Europe emprunte à leur place, en fait que les états du Nord payent à leur place, mais ces derniers qui ont mieux géré leurs finances refusent et refuseront catégoriquement cette solution.

Dans ce contexte une vieille proposition de 2013 du FMI a été évoquée à l'antenne de BFM par M. Emmanuel Lechypre (celui qui vient d'être banni une semaine pour une blague douteuse sur les Pokémons) : confisquer 10 % des économies de tous les particuliers. Et sans doute n'est-il pas le seul à y penser. On peut même se demander si le Pouvoir ne lancerait pas des ballons d'essai.

En se limitant aux dépôts bancaires et aux assurances-vie, la mesure rapporterait 700 milliards soit 30 % du PIB, ce qui rendrait la dette soutenable. Si en outre on taxe l'immobilier (prétendument pour des raisons d'équité) on frôlerait une collecte totale de 1000 milliards.

Cette mesure a déjà été appliquée en Europe. En Italie en 1992 le gouvernement confronté à une dette de 120% du PIB a appliqué une taxe de 0,6% à tous les dépôts bancaires. Elle a rapporté 15 milliards et a été très impopulaire. L'Espagne en 2013 a imposé une taxe de 0.2% sur les dépôts bancaires payée par les établissements. Cette mesure a été applaudie (Enfin un gouvernement qui s'attaque aux banques !) mais en réalité cette dépense a été répercutée sur les Espagnols par l'intermédiaire des frais de tenue de comptes qui ont explosé. Enfin, en 2013, le gouvernement chypriote, confronté à la faillite de nombreuses banques et étant incapable de le renflouer du fait de l'hypertrophie du secteur bancaire, a imposé un remède de cheval : on a saisi 47,5 % des dépôts au-dessus de 100 000 euros. Une taxe complémentaire de 6,5% pour la part entre 0 et 100 000 € a été abandonnée devant les réactions des chypriotes. Cette mesure n'a suscité que peu d'oppositions, car la grande majorité des possesseurs des comptes qui ont été spoliés étaient Russes et filtraient avec la mafia. Leur comportement avait d'ailleurs provoqué la crise qui a frappé Chypre.

Une taxe de 10% à 20%, si elle est appliquée, devra l'être dans le secret le plus absolu pour éviter les fuites de capitaux et surtout ne pourra être mise en œuvre qu'une seule fois. Dans le même temps, l'obligation de l'équilibre budgétaire devra être inscrite (et respectée !) dans la constitution.

Il existe une alternative déjà appliquée dans le passé, l'hyperinflation. Notre pays avait en 1944 une dette qui dépassait les 200 % du PIB. Une inflation de 170 % entre janvier 1944 et décembre 1946 a ramené en 1950 la dette à 40% du PIB en dépit de la guerre d'Indochine. Je crains qu'il ne faille administrer à notre pays l'un ou l'autre de ces remèdes de cheval. Lequel préférez-vous ?

Espagne, France retour de l'utopie du revenu universel : 08.04.2020

L'Espagne possède un gouvernement (minoritaire) très à gauche, surtout depuis que Podemos, le parti antisystème l'a intégré. Alors que la crise économique consécutive à la crise sanitaire déferle sur la Péninsule Ibérique, le gouvernement ressort de ses cartons une vieille idée, pourtant impossible à mettre en place : le revenu universel. Tout dépendra néanmoins de ce que le Premier Ministre espagnol placera derrière ce mot. En principe « revenu universel » signifie que chaque citoyen reçoit la même allocation de base et que personne n'est exclu. Si on impose des conditions plus ou moins drastiques, on se rapproche alors du RSA français, aide justifiée et indispensable mais qu'il ne faut pas qualifier de revenu universel. Selon des journaux espagnols on s'acheminerait vers une aide de 440 euros par mois soit 5280 € annuels. Ce chiffre est inférieur au montant du RSA Français, mais le smig ibérique est de 1123 € brut contre 1423 € brut en France et le niveau de vie est moindre outre Pyrénées. L'établissement d'un RSA espagnol concernerait 3 millions de personnes et coûterait 16 milliards auxquels il faudrait retirer les aides actuelles. Cela est cher, mais soutenable. Or le gouvernement de Madrid parle d'aider 10 millions d'Espagnols pour un coût de 53 milliards insupportable avec un budget de 340 milliards.

En France où le RSA existe des présidents de conseil généraux socialistes appellent à l'établissement du revenu universel. Cette demande est tout bonnement effrayante et dévoile la totale incompétence de ces hommes politiques de gauche. Si on se contente d'étendre le RSA aux jeunes âgés de 18 ans à 25 ans qui sont soit chômeurs soit étudiants, cela coûterait autour de 28 milliards, ce qui est déjà infinançable avec l'explosion du déficit. Mais si on suit les présidents de conseil socialistes, si on étend le RSA à tous les travailleurs pauvres la facture doublera ou triplera suivant les modalités retenues. Effrayant !

Bien sûr on ressortira le slogan « faites payer les riches » ; on peut bien entendu taxer ceux dont le patrimoine est supérieur à 500 000 €, mais ce type de prélèvements atteint vite ses limites. Les « riches » déménagent et leur départ contribue à l'appauvrissement de l'État : trop d'impôts tuent l'impôt. Seule piste sérieuse évoquée un temps par M. Hamon, diminuer drastiquement les retraites, les écrêter par exemple à 1500 €. Le montant total des retraites atteignant 320 milliards, économiser sur elles 25% rapporterait 80 milliards mais cette mesure est politiquement impensable. En fait, quoiqu'on fasse Le revenu universel qui va plus loin que le RSA se révélera insoutenable sur le long terme pour les finances du pays qui l'instaura. Depuis 1 mois dans l'U.E, on a jeté l'austérité à la poubelle, on distribue des milliards sortis d'un chapeau magique ; cela n'aura qu'un temps. Quand les taux des emprunts Français, Espagnols, Italiens dépasseront les 2 % quand ces pays seront incapables de régler leurs dettes, le réveil sera douloureux. Les acquis sociaux disparaîtront rapidement. Il n'est pas sûr que dans la France de 2030 le RSA existe toujours !

Le revenu universel provoque l'enthousiasme, mais il est temps d'arrêter de rêver et de revenir aux réalités.

Effondrement du PIB de la France au premier trimestre 2020 : 30.04.2020

Alors que la France n'était confinée que du 17 mars au 31 mars, son PIB a diminué de 5,8 % au premier trimestre 2020. Il s'agit d'un record depuis la création de l'INSEE : les deux autres effondrements s'étant produits pendant le second trimestre de 1968 (-5.6% consécutivement à la grève générale de mai) et pendant le premier trimestre 2009 (-1,6 %). Le PIB ayant reculé de 0,1 % au dernier trimestre 2019, nous sommes entrés en récession. Le second et le troisième trimestre 2020 devraient également être catastrophiques, chaque mois de confinement coûtant 3% de perte de PIB sur un an ! Pour finir en 2020 le recul du PIB sera au minimum de 8%. Au premier trimestre 2020, les exportations se sont repliées de 6,5 % alors que les importations ne fléchissaient que de 5,9 %, diminuant ainsi le PIB de 0,2 %, les dépenses des ménages ont reculé de 6,1 % suite à la fermeture de nombreux commerces, des restaurants des cafés et des cinémas. L'investissement est en chute libre (−11,6 %) ce qui se comprend en cette période d'incertitude maximale. La demande intérieure induit une perte de 6,6% du PIB. En revanche la reconstitution des stocks a eu un effet positif de +0.9% du PIB.

La reprise sera lente ; si notre pays affichera sans doute en 2021 un taux record de croissance au-dessus de 5%, nous ne retrouverons pas le niveau de 2019 avant plusieurs années. Le chômage va exploser. L'augmentation de 7,6% déplorée en mars n'est qu'un avant-goût de la déferlante qui va submerger Pôle emploi. La France va emprunter pour faire face à ce tsunami (200 milliards en 2020); la facture finale sera peut-être en 2024 d'un demi billlion d'euros de nouveaux emprunts. Que la dette monte jusqu'à 124 % du PIB avant de stabiliser est l'un des scénarios les plus probables. Faut-il s'affoler ? La situation peut perdurer des années, tant que les taux d'intérêts sont négatifs. L'exemple du Japon ou la dette est à 230 % du PIB depuis quinze ans nous prouve que tout est possible.

En fait la dette n'est pas un problème difficile à résoudre, même si les solutions sont politiquement douloureuses (mais pas économiquement). Le Pouvoir peut saisir 10 % des économies des Français, nationaliser tous les terrains et obliger les propriétaires à payer un loyer, provoquer une inflation sur un an de 100 % ou créer une dette perpétuelle qui pour finir dépouillera par une inflation continue ceux qui auront cru à ce type de placements. Tous ces scénarii impliquent néanmoins que le budget soit équilibré, or actuellement les recettes de l'État Français ne couvrent que 75 % de ses dépenses. Le déficit (et uniquement lui) est insoutenable sur le long terme. L'exemple d'autres pays européens qui ont retrouvé l'équilibre budgétaire en 2019 avant le grand confinement, prouve que rétablir les comptes est toujours possible.